New 축구교본
네덜란드 토털 사커편

HOLANDA NI MANABU SOCCER SENJUTSU RENSHU MENU 120
ⓒ IKEDA PUBLISHING CO., LTD. 2009
Originally published in Japan in 2009 by IKEDA PUBLISHING CO., LTD.
Korean translation rights arranged through TOHAN CORPORATION, TOKYO.,
and BC AGENCY, SEOUL
Korean translation rights ⓒ 2011 by SAMHO MEDIA

이 책의 한국어판 저작권은 BC 에이전시와 TOHAN 에이전시를 통한
저작권자와의 독점 계약으로 삼호미디어에 있습니다. 저작권법에 의해
한국 내에서 보호를 받는 저작물이므로 무단 전재와 복제를 금합니다.

네덜란드
토털 사커편

New Soccer

New 축구교본

하야시 마사토 지음 | 조미량 옮김
홍명보 · 최재호 · 정재곤 감수

Message by Masato Hayashi

네덜란드 축구의 기본 강좌
What's The Netherland's Football?

왜 네덜란드 축구인가?

네덜란드 축구는 현대 축구의 기반

네덜란드 출신 지도자들이 세계적인 명성을 얻고 있다. 2006년 독일 월드컵에서는 총 4명의 네덜란드 출신 감독이 각국의 대표팀을 이끌었고, 2010년 남아공 월드컵 티켓을 따내기 위한 예선에서도 많은 네덜란드 출신 감독들이 각국의 대표팀을 지도했다. 그중에서도 거스 히딩크는 2002년 월드컵에서 대한민국 대표, 2006년 월드컵에서 오스트레일리아 대표, 2008년 유로 선수권에서 러시아 대표팀을 이끌며 축구팬들의 머릿속에 강한 인상을 남겼다. '히딩크 마법'이라는 말이 있을 정도로 기발한 아이디어와 작전을 갖춘 그는 '사람을 키우는 지도자'다. 축구 후진국을 이끌고 여러 축구 강국을 쓰러뜨린 업적이 이를 증명한다. 문제를 갖고 있던 팀이 본 실력을 발휘할 수 있도록 한다는 점에서 '선수 육성의 천재'라고 할 수 있다.

내가 처음 네덜란드 축구를 접한 것은 일본체육대학교에 다니던 1999년이다. 당시 소속되어 있던 축구부에 네덜란드 출신 감독이 취임했는데, 그는 이전까지와는 전혀 다른 연습 프로그램으로 선수를 지도했다. 그때 내가 받은 충격은 이루 말할 수 없다. 그는 선수 전원에게 '스스로 상황을 판단하며 플레이할 것'을 요구했다. 운동을 하면서 머리를 그렇게 많이 쓴 것은 그때가 처음이었다. 근래에 들어서야 많은 나라의 지도자들이 이런 식의 지도법을 사용하는데, 네덜란드에서는 이미 90년대부터 당연시되어왔던 지도법이었다. 독일과 프랑스 그리고 축구 종주국이라 자처하는 영국에서도 선수 육성법을 배우기 위해 네덜란드를 찾아온다. 축구 역사를 되돌아보면 70년대 세계를 주름잡았던 요한

크루이프 감독의 네덜란드 대표팀이 구사한 '토털 사커'도 세계 축구의 흐름을 선도한 축구 스타일이었다. 네덜란드는 총인구가 2,000만 명도 채 되지 않는 작은 나라지만, 환경 변화에 빠르게 적응하며 새로운 것을 시도하는 모험심이 강한 민족이다. 세계가 주목하는 네덜란드 축구는 이런 네덜란드인의 도전정신을 바탕으로 한 것이라 할 수 있겠다.

100명의 지도자가 있으면 100가지 전술이 있는 스포츠가 바로 축구다. 같은 네덜란드 출신 지도자라고 해서 모두 같은 전술을 사용하는 것은 아니다. 그러나 그들이 구사하는 전술의 기본은 같다. 이 책에서 소개하는 사고방식과 연습 프로그램은 이미 예전부터 활용되어 왔고 10~20년이 지나도 네덜란드 축구의 기본 지침으로 사용될 것이다. 내가 8년에 걸쳐 습득하여 가져온 전술 대국 네덜란드의 지도법을 이 책을 통해 하나씩 익혀가기를 바란다.

전술 트레이닝 = 상황 판단력을 기르는 일

'축구 전술'이라는 말을 들으면 어떤 이미지가 떠오르는가? '전술은 감독이 경기에서 승리하기 위해 선수에게 주입하는 것으로 개인의 자유로운 플레이를 방해하는 것'이라는 부정적인 생각을 갖고 있는 사람도 많을 것이다. 실제로 어린 선수들에게 전술을 거의 가르치지 않는다. '드리블만 하면 된다.', '무조건 기술을 연마하기만 하면 된다.', '전술은 고등학생이 돼서 가르쳐도 늦지 않는다.'라는 생각을 가진 지도자가 많지는 않은가?

오늘날 외국의 많은 유명 클럽의 지도자들이 일본을 방문해 어린이를 대상으로 하는 축구

Message by Masato Hayashi

네덜란드 축구의 기본 강좌
What's The Netherland's Football?

교실을 열고 있다. 그들은 한결같이 이렇게 이야기한다. "어린이들이 기술은 좋은데 전술을 이해하지 못하는 것 같다."

전술 대국 네덜란드에서는 초등학교 고학년 때부터 전술을 배운다. 다른 유럽의 국가들도 마찬가지다. 그들은 머리를 사용하는 '생각하는 플레이'를 하기 때문에 자발적으로 전술을 이해하고 질문하며 경기장 안에서도 서로 의견을 주고받는다. 그러나 같은 연습을 해도 일본의 어린이들은 말을 하는 경우가 없다. 공공장소에서 나서서 말하는 것을 미덕으로 여기지 않는 고유의 성향 때문일지도 모르지만, 머리를 써서 축구를 한다는 생각이 들지 않았다.

J리그가 출범한 지 15년이 지났지만 일본 리그가 세계 톱클래스의 리그와 어깨를 나란히 하지 못하는 가장 큰 이유가 바로 이 때문이 아닐까?

전술을 트레이닝하는 것은 상황 판단력을 기르는 것과 같다. 지도자가 아무리 이기기 위한 좋은 방정식을 세웠다 해도 이를 실현하는 사람은 결국 선수다. 끊임없이 변화하는 시합의 상황을 파악하고 그것에 맞춰 가장 좋은 플레이를 선택하는 것은 선수의 상황 판단력에 달린 것이다. 이 사실을 간과하면 아무리 뛰어난 기술을 갖췄다 해도 이를 시합에서 충분히 발휘할 수 없다.

연습 프로그램을 짜려면 시합을 철저하게 분석해야 한다

전술 트레이닝에는 반드시 주제가 있어야 한다. 예를 들어 '수비의 전열을 가다듬는다, 미드필더 간의 패스워크를 향상시킨다, 슈팅 찬스를 늘린다.'와 같이 과제를 만들고 그것을

연습하기 위한 프로그램을 만들어 문제점을 개선해야 한다.

그렇다면 주제는 어떻게 정해야 할까? 우선 기본적으로 팀이 지향하는 방향이 있을 것이다. 그리고 이를 실현하기 위해서는 팀의 현재 상황을 알아야 할 필요가 있다. 그래서 분석이 필요한 것이다. 시합 중 자신의 팀에서 일어나는 상황을 분석하고 그것에서 드러난 문제로 연습 주제를 만든다. 후에 문제점이 개선되었다면 다시 시합을 하고 그 내용을 분석한다. 그리고 그것에서 새롭게 발견된 문제를 다시 개선하는 식으로 주제를 하나씩 소화해가며 전술을 연습한다. 지도자는 각 시합과 연습마다 반드시 시합 분석을 해야 한다. 이렇게 MTM(Match-Training-Match)의 흐름을 만들고, 이를 통해 선수를 조금씩 성장시킨다.

〈전술 트레이닝의 흐름〉
시합 → 시합 분석 → 연습 → 시합 → 시합 분석 → 연습…

시합 분석을 해야 하는 이유를 이해했는가? 네덜란드에서는 라이선스 취득시험 과목으로 지정될 만큼 지도자의 시합 분석력을 상당히 중요하게 생각한다.

이 책은 시합 분석법과 이와 관련된 과제별 연습 프로그램으로 구성되어 있다. 네덜란드식 육성법을 사용한 전술 트레이닝으로 '스스로 생각하는 선수를 만드는 지도법'을 실현하기 바란다.

하야시 마사토

Message by Hong Myung Bo

감수자 글

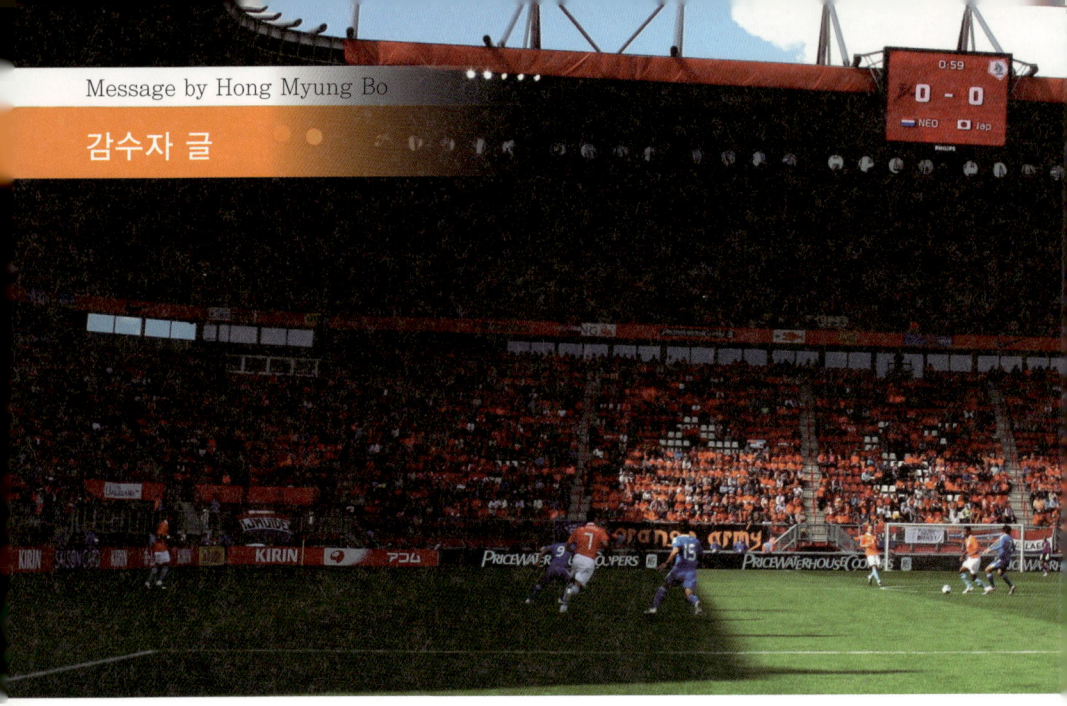

네덜란드 축구의 모든 것을 다룬 최고의 지침서

축구적 사고방식과 연습방법에 '정답'이란 없다. 무한한 가능성 안에서 승리를 쟁취하기 위해 끊임없이 노력해 나가는 것이 바로 축구의 백미다. 그리고 여기서 그 가능성을 얼마나 이끌어내고 발전시키느냐에 따라 지도자의 수완과 능력이 판가름 난다고 할 수 있겠다. 축구 지도자와 선수가 본 지침서를 읽고 전술 훈련의 '사고방식'을 이해하고, '축구란 무엇인가? 어떤 트레이닝이 좋은가?'를 다시 한 번 생각해 보기 바란다. 그리고 축구가 쏟아내는 엄청난 이야기의 바다를 즐기길 권한다.

특히 이 도서에서 주목할 부분은 토털 사커의 종주국이라고 할 수 있는 네덜란드 축구에서의

팀플레이, 팀룰의 필요성을 강조하여 팀의 중요성을 다시금 깨닫게 한다는 점이다. 뿐만 아니라 팀워크 향상을 위한 네덜란드 축구의 오랜 경험이 녹아든 방법론까지 게재했다는 점에서 단순히 기술과 이론에만 치우친 축구교본을 뛰어넘는 도서라고 감히 평가하고 싶다.

오늘날 세계 축구의 흐름에서 개인기와 더불어 팀플레이의 중요성은 날이 갈수록 강조되고 있다. 아무쪼록 본 지침서를 통해 현대 축구의 흐름을 연구하고 발전을 추구하려는 현장의 지도자가 다시 한 번 축구의 원초적 의미를 깨닫길 바라며, 더불어 지도자 개인의 축구철학을 정립하는 데에도 많은 도움이 되었으면 하는 바람이다.

2012년 런던올림픽 축구 국가대표팀 감독

홍 명 보

이 책을 활용하는 법

New 축구교본 네덜란드 토털 사커편
취급설명서

이 책의 전체 구성

이 책을 실제로 사용하기 전에 '취급설명서'를 읽어 주십시오. 각 장의 구성과 연습 프로그램 활용법을 제대로 이해한 다음 실전 연습을 시작하여 주십시오.

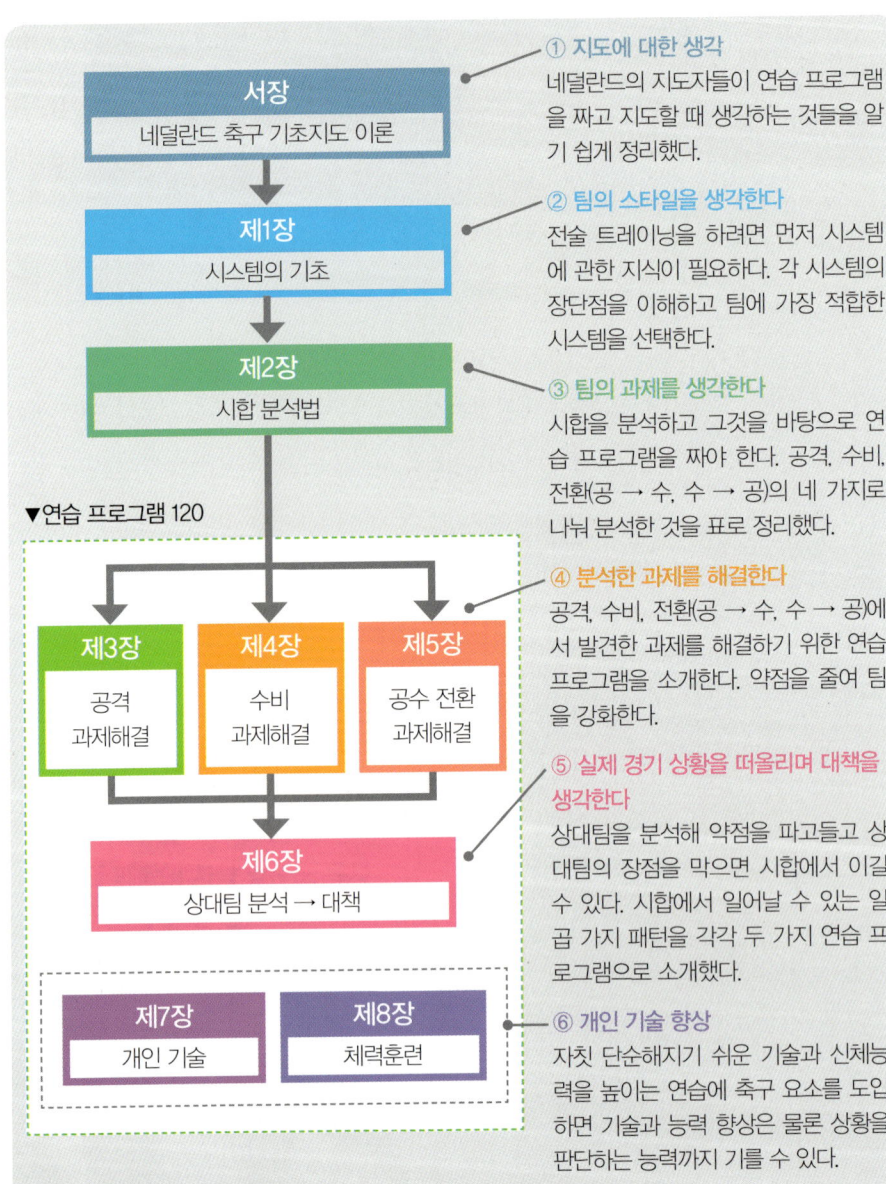

① 지도에 대한 생각
네덜란드의 지도자들이 연습 프로그램을 짜고 지도할 때 생각하는 것들을 알기 쉽게 정리했다.

② 팀의 스타일을 생각한다
전술 트레이닝을 하려면 먼저 시스템에 관한 지식이 필요하다. 각 시스템의 장단점을 이해하고 팀에 가장 적합한 시스템을 선택한다.

③ 팀의 과제를 생각한다
시합을 분석하고 그것을 바탕으로 연습 프로그램을 짜야 한다. 공격, 수비, 전환(공 → 수, 수 → 공)의 네 가지로 나눠 분석한 것을 표로 정리했다.

④ 분석한 과제를 해결한다
공격, 수비, 전환(공 → 수, 수 → 공)에서 발견한 과제를 해결하기 위한 연습 프로그램을 소개한다. 약점을 줄여 팀을 강화한다.

⑤ 실제 경기 상황을 떠올리며 대책을 생각한다
상대팀을 분석해 약점을 파고들고 상대팀의 장점을 막으면 시합에서 이길 수 있다. 시합에서 일어날 수 있는 일곱 가지 패턴을 각각 두 가지 연습 프로그램으로 소개했다.

⑥ 개인 기술 향상
자칫 단순해지기 쉬운 기술과 신체능력을 높이는 연습에 축구 요소를 도입하면 기술과 능력 향상은 물론 상황을 판단하는 능력까지 기를 수 있다.

연습 프로그램 페이지 구성 : 3~5장

공격, 수비, 공수 전환에서 자주 발견되는 문제를 준비했다. 각각의 문제를 4페이지에 걸쳐 문제제기와 초급, 중급, 상급의 세 가지 연습 프로그램으로 소개한다.

▼ 첫 번째 페이지　　　　　　　　　　　▼ 두 번째 페이지

● 첫 번째 페이지
문제 제기
일어날 수 있는 문제를 Before, 이상적인 상태를 After의 그림으로 표시했다. 시합을 이상적으로 이끌어갈 수 있도록 다음 페이지의 연습 프로그램을 실행한다.

● 두 번째 페이지
초급 프로그램
과제를 해결하기 위한 기본 연습 프로그램이다. 여기서 일어나는 문제를 정확히 이해해야 다음 연습으로 쉽게 넘어갈 수 있다.

▼ 세 번째 페이지　　　　　　　　　　　▼ 네 번째 페이지

● 세 번째 페이지
중급 프로그램
인원수를 늘린 응용 프로그램이다. 초급에서 배운 것을 인지하고, 인원수가 많은 곳에서 활용해 보자.

● 네 번째 페이지
상급 프로그램
실제로 팀이 운용하는 시스템을 사용한 실전 프로그램이다. 인원수도 실전과 유사하고 시합 형식이 많아져 난이도가 높아진다.

이 책을 활용하는 법

New 축구교본 네덜란드 토털 사커편
취급설명서

연습 프로그램 페이지 보는 법

각 연습 프로그램을 소개할 때는 내용을 구체적으로 떠올릴 수 있도록 그림을 활용해 알기 쉽게 설명했다.

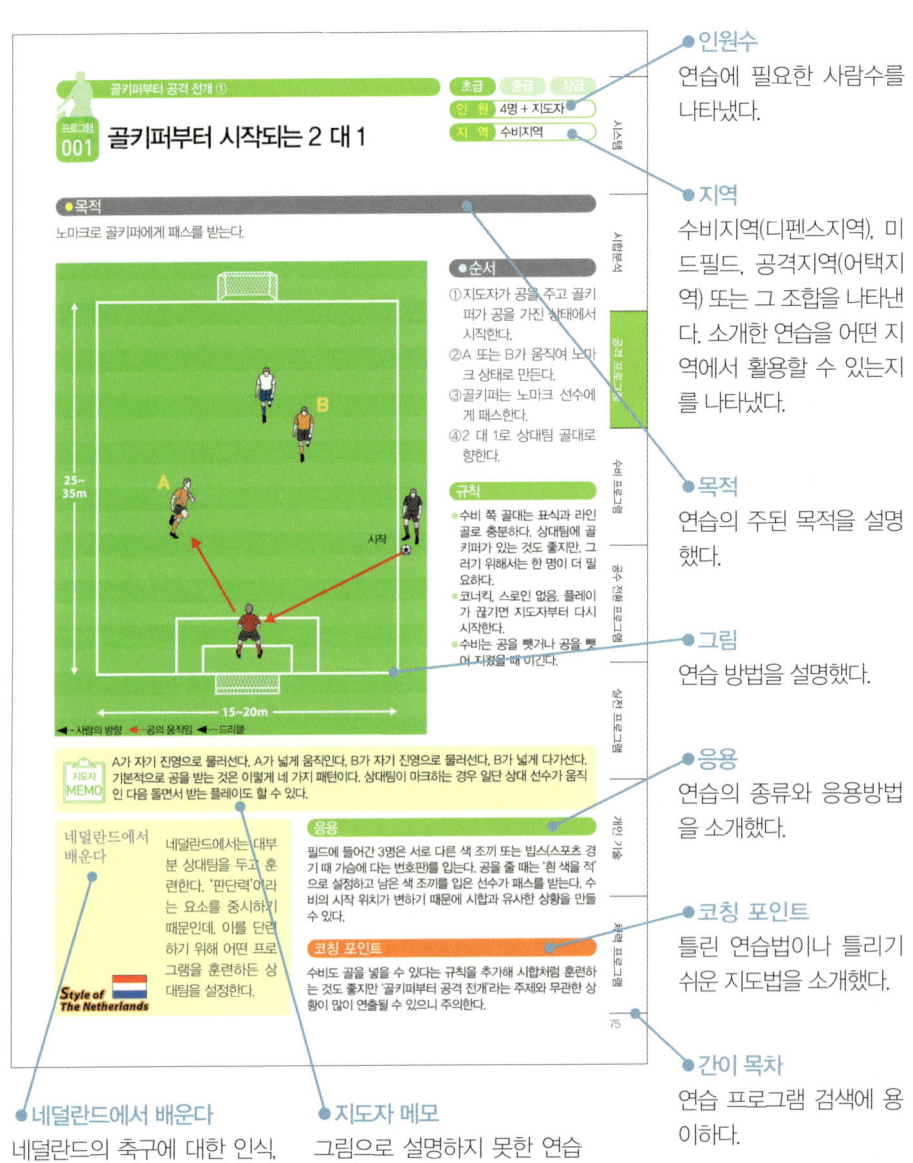

● 인원수
연습에 필요한 사람수를 나타냈다.

● 지역
수비지역(디펜스지역), 미드필드, 공격지역(어택지역) 또는 그 조합을 나타낸다. 소개한 연습을 어떤 지역에서 활용할 수 있는지를 나타냈다.

● 목적
연습의 주된 목적을 설명했다.

● 그림
연습 방법을 설명했다.

● 응용
연습의 종류와 응용방법을 소개했다.

● 코칭 포인트
틀린 연습법이나 틀리기 쉬운 지도법을 소개했다.

● 간이 목차
연습 프로그램 검색에 용이하다.

● 네덜란드에서 배운다
네덜란드의 축구에 대한 인식, 지도법, 일화 등을 소개했다.

● 지도자 메모
그림으로 설명하지 못한 연습 방법, 지도 비법, 연습해야 할 포인트를 소개했다.

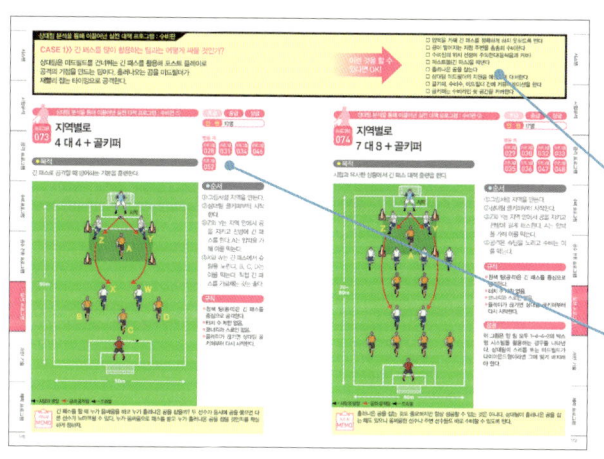

6장의 프로그램

타입별로 상대팀의 장점을 차단할 수 있는 프로그램을 두 가지씩 소개했다.

● 체크 포인트

대책을 세워야 하는 움직임과 기술을 적었다. 연습 프로그램을 끝낸 후 하나씩 체크해보자.

● 병용 프로그램의 예

3~5장의 내용 중에서 함께 하면 더욱 효과적인 연습 프로그램 번호를 골라서 기재했다. 소개한 프로그램이 어렵다는 느낌이 든다면 병용 프로그램부터 실행하자.

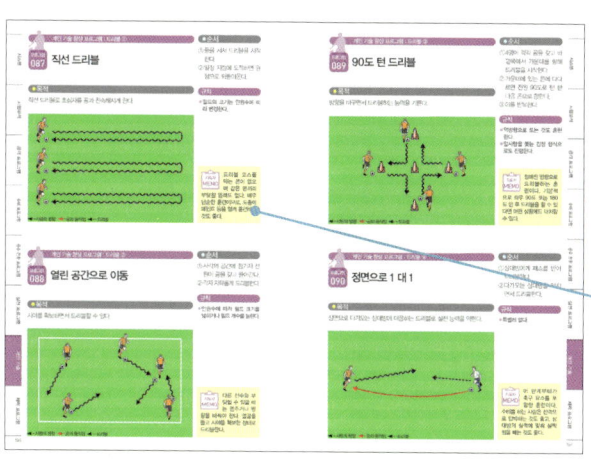

7장의 프로그램

드리블, 패스, 페인트, 1 대 1과 같은 개인 기술 연습 프로그램을 소개했다.

● 지도자 메모

평소에 하는 개인 기술 연습을 더 잘할 수 있게 도와주는 포인트, 응용방법을 소개했다.

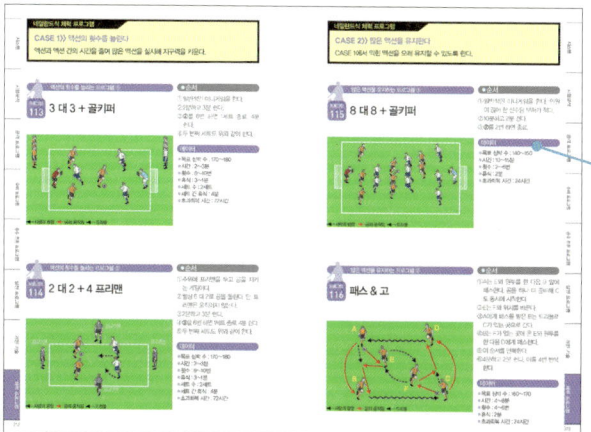

8장의 프로그램

네 가지 체력훈련의 목적을 달성하기 위한 프로그램을 두 가지씩 소개했다.

● 데이터

체력훈련을 할 때는 정해진 시간과 횟수, 휴식 시간을 지키는 것이 중요하다.

목차

왜 네덜란드 축구인가? 4

감수자 글 8

이 책을 활용하는 법 10

서장
네덜란드 축구 기초지도 이론 — 19

항상 11 대 11의 시합을 생각한다 20

네덜란드식 지도는 선수를 '이끈다' 23

칼럼01 지도자는 카멜레온이 되어야 한다!? 26

제1장
"팀 스타일을 생각한다" 시스템의 기초 — 27

축구의 3대 시스템 29

어떻게 시스템을 선택할 것인가? 31

시스템의 종류를 파악한다 32

상대팀과 시합할 때 시스템이 어떻게 돌아가는지를 배우자 ... 36

육성 세대(초심자용)의 시스템에 대해 38

제2장
"팀의 과제를 생각한다" 시합 분석법 — 39

시합 분석 40

시합분석 01 기본적인 시합의 흐름 41

시합분석 02 분석에 반드시 필요한 5W 42

시합분석 03 시합을 관찰하는 눈을 기른다 44

분석표 작성하기 45

시합분석 01 시합의 기본 정보 46

시합분석 02 시합 시작 시의 포메이션 47

시합분석 03 시합 전체의 흐름 (전반) 48

시합분석 04 시합 전체의 흐름 (후반) 49

시합분석 05 장면❶ 볼 포제션 오퍼넌트 (분석할 팀이 수비할 때) 50

시합분석 06 장면❷ 수비→공격 전환 시 52

시합분석 07 장면❸ 볼 포제션 (공격할 때) 54

시합분석 08 장면❹ 공격→수비 전환 시 56

시합분석 09 전개 변경 + 교체 선수 58

시합분석 10 세트 플레이 58

시합분석 11 득점 장면 59

시합분석 12 시합을 분석해 문제점 찾기 60

시합분석 13 초급~중급 레벨의 분석 62

시합분석 14 훈련 분석과 피드백 64

시합분석 15 잘못된 트레이닝의 전형적인 예 65

시합분석 16 시합 분석 시험 66

제3장
공격 과제 해결 프로그램 — 67

취급설명서 68

CASE 1》 골키퍼부터 공격을 전개할 수 없다 74

001 골키퍼부터 시작되는 2 대 1 75

002 골키퍼부터 시작되는 3 대 2 76

003 골키퍼부터 시작되는 실전형식 5 대 4 77

CASE 2》 수비수부터 패스가 연결되지 않는다 78

004 미드필드로 오버래핑 3 대 2 + 골키퍼 79

005 미드필드로 오버래핑 4 대 3 + 골키퍼 80

006 미드필드로 오버래핑 실전형식 5 대 5 + 골키퍼 81

CASE 3》 공을 앞으로 보낼 수 없다 82

007 미드필드로 전진 패스 4 대 2 + 골키퍼 83

008 미드필드로 전진 패스 5 대 4 + 2 프리맨 84

009 미드필드로 전진 패스 실전형식 6 대 5 + 골키퍼 .. 85

CASE 4》 미드필드의 공간이 좁아진다 86

010 미드필드에서 공 지키기 3 대 2 87

011 미드필드에서 공 지키기 2 대 2 대 2 88

012 미드필드에서 공 지키기 5 대 5 + 2 프리맨 + 골키퍼 .. 89

CASE 5》 공을 공격지역으로 가져가지 못한다 90

013 미드필드에서 전선으로 공 보내기 1 대 1 + 지원군 91

014 미드필드에서 전선으로 공 보내기 3 대 2→3 대 2 92

014 미드필드에서 전선으로 공 보내기 실전형식 6 대 5 ... 93

CASE 6》 포워드의 패스 받는 방법이 나쁘다 94

016 포워드 협력 플레이의 기본 2 대 1→2 대 1 + 골키퍼 95

017 포워드 국면 협력 플레이 3 대 1→2 대 2 + 골키퍼 .. 96

018 포워드 협력 플레이 실전형식 6 대 6 + 골키퍼 97

CASE 7》 미드필더가 포워드에게 공은 주지만 고립될 경우에는 지원하지 않는다 98

019 포워드 지원의 기본 2 대 1→1 대 1 + 골키퍼 99

020 포워드 지원의 응용 3 대 2→2 대 2 + 골키퍼 100

021 포워드 지원 실전형식 5 대 5 + 골키퍼 미니게임 ... 101

CASE 8》 슈팅으로 마무리하기 어렵다 102

022 3 대 2 + 골키퍼 103

023 5 대 4 + 골키퍼 104

024 실전형식 6 대 7 + 골키퍼 105

CASE 9》 공격이 중앙에 편중되어 슈팅하기 어렵다 . 106

025 중앙의 2 대 2 상황에서 크로스 올리기 107

026 3 대 2→중앙의 2 대 2 상황에서 크로스 올리기 108

027 실전형식 6 대 6 109

칼럼02 그들은 왜 질문하지 않는가? 110

제4장
수비 과제 해결 프로그램　111

CASE 1》 최전방의 압박이 어렵다 112

028 포워드 협력 수비 1 대 2→2 대 2 113

029 포워드 협력 수비 2 대 3→3 대 3 114

030 포워드 협력 수비 실전형식 5 대 6 + 골키퍼 115

CASE 2》 상대팀이 손쉽게 공을 전방으로 보낼 수 있도록 한다 116

031 방향 제한 수비 2 대 2 + 2 프리맨 117

032 방향 제한 수비 4 대 4 + 골키퍼 + 프리맨 118

033 방향 제한 수비 실전형식 6 대 6 + 골키퍼 + 프리맨 119

CASE 3》 상대팀의 포워드를 자유롭게 움직일 수 있도록 한다 120

034 포워드 수비 2 대 2 + 골키퍼 121

035 포워드 수비 2 대 1→2 대 2 122

15

목차

036 미니게임 5 대 5 + 골키퍼 (2구역) 123

CASE 4〉〉수비 때 마크가 벗어나기 쉽다 124

037 마크 맡기기 기본 2 대 2 + 골키퍼 125

038 마크 맡기기 (전방) 4 대 4 + 골키퍼 126

039 마크 맡기기 실전형식 6 대 6 + 골키퍼 127

CASE 5〉〉선수가 따로따로 수비한다 128

040 유기적 수비 5 대 3 공 지키기 129

041 유기적 수비 3색 조끼 8 대 4 + 골키퍼 공 지키기 .. 130

042 유기적 수비 실전형식 6 대 7 + 골키퍼 131

CASE 6〉〉압박해도 돌파당한다 132

043 2구역 압박 133

044 3 대 3 압박 134

045 압박 실전형식 6 대 6 + 골키퍼 135

CASE 7〉〉1 대 1 상황에서 간단히 무너지고 만다 .. 136

046 3개의 골대로 3 대 3 137

047 마름모꼴 2개의 골대 게임 138

048 실전형식 5 대 6 + 골키퍼 139

칼럼03 토털 사커의 상징인 크루이프의 명언 140

제5장
공수 전환 과제 해결 프로그램 141

CASE 1〉〉공수 전환의 중요성을 모른다 142

049 2구역에서 4 대 2 143

050 3개의 팀으로 6 대 3 지키기 144

051 5 대 5 + 골키퍼 + 2 프리맨 145

CASE 2〉〉공→수, 뺏긴 공에 다가갈 수 없다 146

052 1 대 1 대 1 147

053 대인방어 3 대 3 + 골키퍼 148

054 3구역 대인방어 6 대 6 + 골키퍼 149

CASE 3〉〉공→수, 압박해도 돌파당한다 150

055 공격 지연시키기 2 대 2 + 골키퍼 151

056 공격 지연시키기 2구역 4 대 4 + 골키퍼 152

057 공격 지연시키기 실전형식 7 대 7 + 골키퍼 + 프리맨 .. 153

CASE 4〉〉수→공, 뺏은 공을 아무 생각 없이 멀리 찬다 154

058 공 지키기 3 대 3 + 프리맨 155

059 수→공의 판단 5 대 4 + 골키퍼 156

060 실전형식 7 대 7 + 골키퍼 157

CASE 5〉〉수→공, 앞으로 공격을 전개할 수 있는데도 쓸데없이 패스한다 158

061 방향성을 더한 공 지키기 3 대 3 + 프리맨 159

062 전진 패스 코트 이동식 4 대 3 ↔ 4 대 3 160

063 전진 패스 실전형식 3구역 6 대 6 + 골키퍼 161

CASE 6〉〉수→공, 공을 뺏은 뒤에 패스할 곳이 없다 .. 162

064 단순한 지원 2 대 1→2 대 1 + 골키퍼 163

065 단순한 지원 3 대 2→3 대 3 164

066 실전 지원 3구역 7 대 7 + 골키퍼 165

CASE 7〉〉수→공, 빈 공간을 파고들 수 없다 166

- 004 미드필드로 오버래핑 3 대 2 + 골키퍼 79
- 005 미드필드로 오버래핑 4 대 3 + 골키퍼 80
- 006 미드필드로 오버래핑 실전형식 5 대 5 + 골키퍼 81

CASE 3》 공을 앞으로 보낼 수 없다 82
- 007 미드필드로 전진 패스 4 대 2 + 골키퍼 83
- 008 미드필드로 전진 패스 5 대 4 + 2 프리맨 84
- 009 미드필드로 전진 패스 실전형식 6 대 5 + 골키퍼 .. 85

CASE 4》 미드필드의 공간이 좁아진다 86
- 010 미드필드에서 공 지키기 3 대 2 87
- 011 미드필드에서 공 지키기 2 대 2 대 2 88
- 012 미드필드에서 공 지키기 5 대 5 + 2 프리맨 + 골키퍼 .. 89

CASE 5》 공을 공격지역으로 가져가지 못한다 90
- 013 미드필드에서 전선으로 공 보내기 1 대 1 + 지원군 91
- 014 미드필드에서 전선으로 공 보내기 3 대 2→3 대 2 92
- 014 미드필드에서 전선으로 공 보내기 실전형식 6 대 5 ... 93

CASE 6》 포워드의 패스 받는 방법이 나쁘다 94
- 016 포워드 협력 플레이의 기본 2 대 1→2 대 1 + 골키퍼 95
- 017 포워드 국면 협력 플레이 3 대 1→2 대 2 + 골키퍼 .. 96
- 018 포워드 협력 플레이 실전형식 6 대 6 + 골키퍼 97

CASE 7》 미드필더가 포워드에게 공은 주지만 고립될 경우에는 지원하지 않는다 98
- 019 포워드 지원의 기본 2 대 1→1 대 1 + 골키퍼 99
- 020 포워드 지원의 응용 3 대 2→2 대 2 + 골키퍼 100
- 021 포워드 지원 실전형식 5 대 5 + 골키퍼 미니게임 101

CASE 8》 슈팅으로 마무리하기 어렵다 102
- 022 3 대 2 + 골키퍼 103
- 023 5 대 4 + 골키퍼 104
- 024 실전형식 6 대 7 + 골키퍼 105

CASE 9》 공격이 중앙에 편중되어 슈팅하기 어렵다 . 106
- 025 중앙의 2 대 2 상황에서 크로스 올리기 107
- 026 3 대 2→중앙의 2 대 2 상황에서 크로스 올리기 108
- 027 실전형식 6 대 6 109

칼럼02 그들은 왜 질문하지 않는가? 110

제4장
수비 과제 해결 프로그램　　　111

CASE 1》 최전방의 압박이 어렵다 112
- 028 포워드 협력 수비 1 대 2→2 대 2 113
- 029 포워드 협력 수비 2 대 3→3 대 3 114
- 030 포워드 협력 수비 실전형식 5 대 6 + 골키퍼 115

CASE 2》 상대팀이 손쉽게 공을 전방으로 보낼 수 있도록 한다 116
- 031 방향 제한 수비 2 대 2 + 2 프리맨 117
- 032 방향 제한 수비 4 대 4 + 골키퍼 + 프리맨 118
- 033 방향 제한 수비 실전형식 6 대 6 + 골키퍼 + 프리맨 119

CASE 3》 상대팀의 포워드를 자유롭게 움직일 수 있도록 한다 120
- 034 포워드 수비 2 대 2 + 골키퍼 121
- 035 포워드 수비 2 대 1→2 대 2 122

목차

036 미니게임 5 대 5 + 골키퍼 (2구역) 123

CASE 4》 수비 때 마크가 벗어나기 쉽다 124

037 마크 맡기기 기본 2 대 2 + 골키퍼 125
038 마크 맡기기 (전방) 4 대 4 + 골키퍼 126
039 마크 맡기기 실전형식 6 대 6 + 골키퍼 127

CASE 5》 선수가 따로따로 수비한다 128

040 유기적 수비 5 대 3 공 지키기 129
041 유기적 수비 3색 조끼 8 대 4 + 골키퍼 공 지키기 .. 130
042 유기적 수비 실전형식 6 대 7 + 골키퍼 131

CASE 6》 압박해도 돌파당한다 132

043 2구역 압박 133
044 3 대 3 압박 134
045 압박 실전형식 6 대 6 + 골키퍼 135

CASE 7》 1 대 1 상황에서 간단히 무너지고 만다 .. 136

046 3개의 골대로 3 대 3 137
047 마름모꼴 2개의 골대 게임 138
048 실전형식 5 대 6 + 골키퍼 139

칼럼03 토털 사커의 상징인 크루이프의 명언 140

제5장
공수 전환 과제 해결 프로그램   141

CASE 1》 공수 전환의 중요성을 모른다 142

049 2구역에서 4 대 2 143
050 3개의 팀으로 6 대 3 지키기 144

051 5 대 5 + 골키퍼 + 2 프리맨 145

CASE 2》 공→수, 뺏긴 공에 다가갈 수 없다 146

052 1 대 1 대 1 147
053 대인방어 3 대 3 + 골키퍼 148
054 3구역 대인방어 6 대 6 + 골키퍼 149

CASE 3》 공→수, 압박해도 돌파당한다 150

055 공격 지연시키기 2 대 2 + 골키퍼 151
056 공격 지연시키기 2구역 4 대 4 + 골키퍼 152
057 공격 지연시키기 실전형식 7 대 7 + 골키퍼 + 프리맨 .. 153

CASE 4》 수→공, 뺏은 공을 아무 생각 없이 멀리 찬다 154

058 공 지키기 3 대 3 + 프리맨 155
059 수→공의 판단 5 대 4 + 골키퍼 156
060 실전형식 7 대 7 + 골키퍼 157

CASE 5》 수→공, 앞으로 공격을 전개할 수 있는데도 쓸데없이 패스한다 158

061 방향성을 더한 공 지키기 3 대 3 + 프리맨 .. 159
062 전진 패스 코트 이동식 4 대 3 ↔ 4 대 3 160
063 전진 패스 실전형식 3구역 6 대 6 + 골키퍼 .. 161

CASE 6》 수→공, 공을 뺏은 뒤에 패스할 곳이 없다 162

064 단순한 지원 2 대 1→2 대 1 + 골키퍼 163
065 단순한 지원 3 대 2→3 대 3 164
066 실전 지원 3구역 7 대 7 + 골키퍼 165

CASE 7》 수→공, 빈 공간을 파고들 수 없다 166

067 공간 파고들기 3 대 2 + 골키퍼 167

068 공간 파고들기 4 대 4 + 골키퍼 168

069 공간 파고들기 실전형식 7 대 7 + 골키퍼 169

정리>> 지금까지 분석한 과제를 실전에 활용한다. 170

070 3구역 게임 171

071 섀도 게임 172

072 11 대 11 풀게임 173

칼럼04 패스는 하는 사람이 결정하나? 받는 사람이 결정하나?.. 174

제6장
상대팀 분석을 통해 이끌어낸 실전대책 프로그램 175

취급설명서 176

CASE 1)>> **긴 패스를 많이 활용하는 팀과는 어떻게 싸울 것인가?** 178

073 지역별로 4 대 4 + 골키퍼 178

074 지역별로 7 대 8 + 골키퍼 179

CASE 2)>> **운동량이 많은 팀과는 어떻게 싸울 것인가?** 180

075 골대 공 지키기 4 대 4 + 2 프리맨 180

076 게임형식 7 대 7 + 골키퍼 181

CASE 3)>> **패스워크가 강한 팀과는 어떻게 싸울 것인가?** 182

077 게임 형식 5 대 5 + 골키퍼 182

078 게임 형식 8 대 8 + 골키퍼 183

CASE 4)>> **한쪽 측면이 강한 팀과는 어떻게 싸울 것인가?** 184

079 게임 형식 6 대 6 + 골키퍼 184

080 게임 형식 8 대 8 + 골키퍼 185

CASE 5)>> **압박이 빠른 팀과는 어떻게 싸울 것인가?** . 186

081 코트 이동식 3 대 2↔3 대 2 186

082 7 대 6 + 골키퍼 187

CASE 6)>> **수비 진영으로 내려가 수비에 치중하는 팀과는 어떻게 싸울 것인가?** 188

083 게임형식 6 대 6 + 골키퍼 188

084 게임형식 8 대 8 + 골키퍼 189

CASE 7)>> **지고 있는 상황에서 꼭 이겨야만 할 때, 어떻게 싸울 것인가?** 190

085 2지역 3 대 2→3 대 3 190

086 2구역 3 대 2→6 대 6 + 골키퍼 191

칼럼05 역시 히딩크는 대단했다! 192

제7장
개인 기술 향상 프로그램 193

취급설명서 194

드리블>>

087 직선 드리블 196

088 열린 공간으로 이동 196

089 90도 턴 드리블 197

090 정면으로 1 대 1 197

목차

091 대각선으로 1 대 1 198
092 2 대 2 / 3 대 3 198
093 드리블 건너기 게임 199
094 라인수비 1 대 1 199

패스〉〉

095 2인조 정면 패스 200
096 그룹 정면 패스 200
097 3인조 & 4인조 순서대로 패스 201
098 순서대로 자유롭게 패스 201
099 3 대 1 & 4 대 2 공 지키기 202
100 패스 중시 3 대 3 202
101 초심자용 공 지키기 203
102 쇼트건 게임 203

페인트〉〉

103 직선 페인트 204
104 상대 선수가 있는 90도 페인트 204
105 180도 페인트 205
106 상대 선수가 있는 180도 페인트 205

1 대 1〉〉

107 상대를 등지고 1 대 1 206
108 옆에서 따라오는 1 대 1 206
109 대각선 1 대 1 207
110 드리블로 상대 선수를 제치는 1 대 1 ... 207

종합 기술〉〉

111 공 모으기 게임 208
112 공 뺏기 게임 208

제8장
네덜란드식 체력 프로그램   209

취급설명서 210

CASE 1〉〉 액션의 횟수를 늘린다 212
　113 3 대 3 + 골키퍼 212
　114 2 대 2 + 4 프리맨 212

CASE 2〉〉 많은 액션을 유지한다 213
　115 8 대 8 + 골키퍼 213
　116 패스 & 고 213

CASE 3〉〉 액션의 폭발력을 높인다 214
　117 2조로 1 대 1 214
　118 센터링 슈팅 214

CASE 4〉〉 폭발적인 액션을 유지한다 215
　119 슈팅 전력 달리기 215
　120 루스볼로 1 대 1 대결 215

부록 216

서장

네덜란드 축구 기초지도 이론

네덜란드에서는 공, 골, 대전 상대와 같은
'축구 요소'를 조합한 연습 프로그램을 만들어 실행한다.
지도를 할 때는 직접적으로 지시를 내리지 않고 선수가 생각할 수 있도록
'이끄는' 지도법을 활용해 상황 판단력을 기를 수 있도록 한다.

네덜란드 축구 기초지도 이론 01

▶▶▶ 항상 11 대 11의 시합을 생각한다

1>> '축구 요소'인가? '개인 능력'인가?

지도자는 크게 두 가지를 가지고 팀의 훈련 프로그램을 짤 수 있다.

① '축구 요소'를 생각한다

축구 시합에 어떤 요소가 필요한지를 생각한다. 먼저 차야 할 공과 점수를 내기 위한 골 그리고 대전 상대가 필요하다. 이를 바탕으로 축구 요소를 다음과 같이 생각할 수 있다.

- 공
- 경기장
- 규칙
- 골
- 골 에어리어
- 코너
- 대전 상대
- 페널티 에어리어
- 자기편 선수
- 센터서클

이것들은 축구에서 빼놓을 수 없는 요소다.

② '개인 능력'을 생각한다

축구 시합에 필요한 능력에는 무엇이 있는가? 드리블, 패스, 트래핑과 같은 기술을 말할 수 있다. 이를 바탕으로 개인 능력을 다음과 같이 생각할 수 있다.

- 기술 (드리블, 패스, 트래핑, 슈팅…)
- 신체능력 (순발력, 지구력, 점프력…)
- 전술 (역습, 압박, 대인방어, 공수전환…)

이는 축구 시합에 필요한 능력이다.

2>> 네덜란드에서는 '축구 요소'를 중심으로 훈련 프로그램을 짠다

① '축구 요소'와 ② '개인 능력' 중 어느 것을 중심으로 훈련 프로그램을 짤 것인가? 언뜻 보면 별 차이가 없는 것 같지만 실제 프로그램을 짜보면 그 차이를 확실히 알 수 있다.

실제로 ②를 통해 짤 수 있는 훈련 프로그램은 반복 훈련뿐이다. 드리블을 능숙하게 하기 위해 끊임없이 콘 사이를 지그재그로 왕복하고 원활한 패스를 위해 인사이드킥을 훈련한다. 이는 축구에 필요한 개인 능력의 향상이 축구실력의 향상으로 이어진다는 생각이 전제된 것으로, 일본에서는 주로 이것을 염두에 두고 훈련 프로그램을 짠다.

반면 ①을 바탕으로 짤 수 있는 훈련 프로그램은 축구 시합에 가깝다. 11 대 11을 기본으로 하며, 난이도 조절이나 공 터치 수를 늘리기 위해 4 대 4나 3 대 3 또는 1 대 1로 인원수를 변형하여 훈련하기도 한다. '드리블 능력 향상'처럼 개인 능력을 높이는 것이 아닌 '현재 상황 해결'이 목적이므로, 선수가 목적 달성을 위해 드리블을 하든 패스를 하든 상관은 없다. 다만, 가장 좋은 판단으로 그 상황을 해결하기만 하면 된다.

네덜란드에서는 ①을 기본으로 지도한다. 그렇다고 ②와 같은 반복 훈련을 전혀 안 하는 것은 아니다. 기본기가 없는 초급 선수에게는 반복 훈련을 시키기도 한다. 이 경우에는 훈련의 비중을 ①에 두고 일주일에 한 번 정도 ②를 훈련한다.

① '축구 요소'를 중심으로 한 프로그램

실전에서 많은 슈팅 기회를 만들기 위해 슈팅 전 상황을 재현한 3 대 4 훈련을 한다. 축구 요소가 포함되며 스스로 상황 판단을 해야 한다.

② '개인 능력'을 중심으로 한 프로그램

슈팅 기회를 만들기 위해 드리블을 훈련한다. 그러나 이 훈련에는 골대나 상대팀과 같은 축구 요소가 포함되지 않는다.

 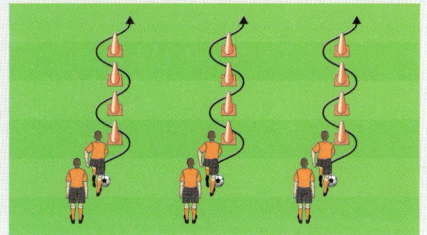

3>> 서로 다른 접근법인 두 훈련으로 어떤 차이가 생기는가?

선수는 훈련 방법에 따라 다음과 같이 성장한다.

① '축구 요소' 중심의 훈련을 한 선수

처음에는 스스로 상황 판단을 해야 하므로 성장이 더디지만, 점차 기술이 향상되고 상황 판단력이 좋아지면 실력은 월등하게 향상된다.

② '개인 능력' 중심의 훈련을 한 선수

처음에는 같은 훈련의 반복으로 공을 다루는 기술이 눈에 띄게 향상된다. 하지만 공을 다루는 기술과는 별개로 실전에서의 상황 판단력이 없어 실력은 더 이상 늘지 않는다.

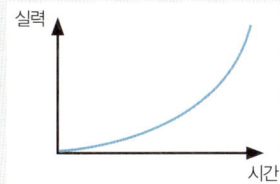 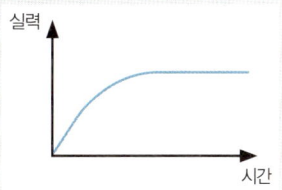

네덜란드에서는 ②의 반복 훈련을 '누구나 할 수 있는 훈련으로 축구를 모르는 사람이 하는 것'이라 혹평한다. 실제로 반복 훈련은 콘이 놓여진 형태만 외우면 누구나 잘할 수 있다. 그러나 축구 요소가 없어 실전에 취약하다.

반대로 ①과 같이 11 대 11의 시합을 바탕으로 한 훈련은 축구를 잘 아는 지도자가 지도해야 한다. 생각 없이 선수를 배치하면 단순한 미니게임이 되기 때문에 상황 판단력을 기를 수 있는 시스템을 짜고 상황을 주시하면서 배치와 규칙을 바꿔 난이도를 조절할 수 있는 지도 감각을 갖춘 지도자가 필요하다. 사실 이렇게 말하는 건 쉽지만 실제로 실천하는 것은 매우 어렵다.

네덜란드에서는 ①의 훈련이 중요시된다. 그리고 그 차이는 세계무대를 보면 알 수 있다. 공을 다루는 기술만 보면 일본 대표팀과 네덜란드 대표팀 간에 별 차이가 없다. 공을 다루는 기술은 지도자의 자질과 상관없이 반복해서 훈련만 하면 향상되기 때문이다. 그러나 그 기술을 실전에서 활용하는 힘과 통찰력, 즉 상황 판단력은 지도자에 따라 큰 차이가 난다.

이 책에서는 네덜란드식 지도법 즉, ①과 같은 지도법을 많이 소개할 것이다.

4>> 11 대 11을 생각하며 훈련 프로그램을 짠다

'축구 요소를 중심으로 훈련 프로그램을 짠다.' 처음 이 말을 들었을 때, 이해는 가지만 구체적인 구상은 떠오르지 않는 사람들이 많을 것이다. 여기서 하나의 예를 들어보자. 일본에서는 한 명당 공을 갖고 있는 시간을 줄여 빠른 속도로 훈련을 하고 싶을 때 '터치 수'를 제한한다. 그러나 네덜란드에서는 이런 규칙을 두지 않는다. 왜일까?

네덜란드에서는 축구 요소가 녹아 있는 11 대 11 실전에서의 훈련 프로그램을 고안한다. 실전에서 터치 수를 제한하는 경우는 없다. 공을 제대로 트래핑하지 못했다고 해도 다음 터치 때 패스를 할 수도 있는 것 아닌가? 또한 나쁜 자세로 트래핑을 했을 때 무리하게 두 번째 터치에 패스하는 것보다는 자세를 가다듬고 패스를 하는 것이 더 좋을 때도 있다. 터치 수를 제한하면 어떤 플레이가 더 좋은지 판단할 기회를 잃어버리게 된다.

드리블을 잘하는 선수에게 '투 터치로 플레이해라'라는 제한을 두어 옭아매버리면 과연 뛰어난 선수가 탄생할 수 있을까? 메시가 이런 규칙에 얽매여 있었다면 두 번씩이나 발롱도르(전 세계 국가대표팀 감독과 주장 그리고 기자들의 투표를 합산해 선정한 우수 축구 선수에게 주는 상)를 받을 수 있었을까? 네덜란드에서는 기술적인 제한을 두지 않고, 어떤 플레이를 할 것인지를 선수의 재량에 맡긴다. 페인트를 하든 빠른 속도로 상대팀을 제치든 결과적으로 '돌파'만 하면 된다. 중요한 건 페인트를 할 수 있는가가 아니라 어떻게 돌파하는 것이 가장 좋은가를 판단하는 능력이다.

새로운 규칙과 프로그램을 정해 훈련할 때 '이런 상황이 실전에서 일어날 수 있을까?'를 먼저 생각하자. 이 기본을 따르면 선수들의 실력을 월등히 향상시킬 수 있다.

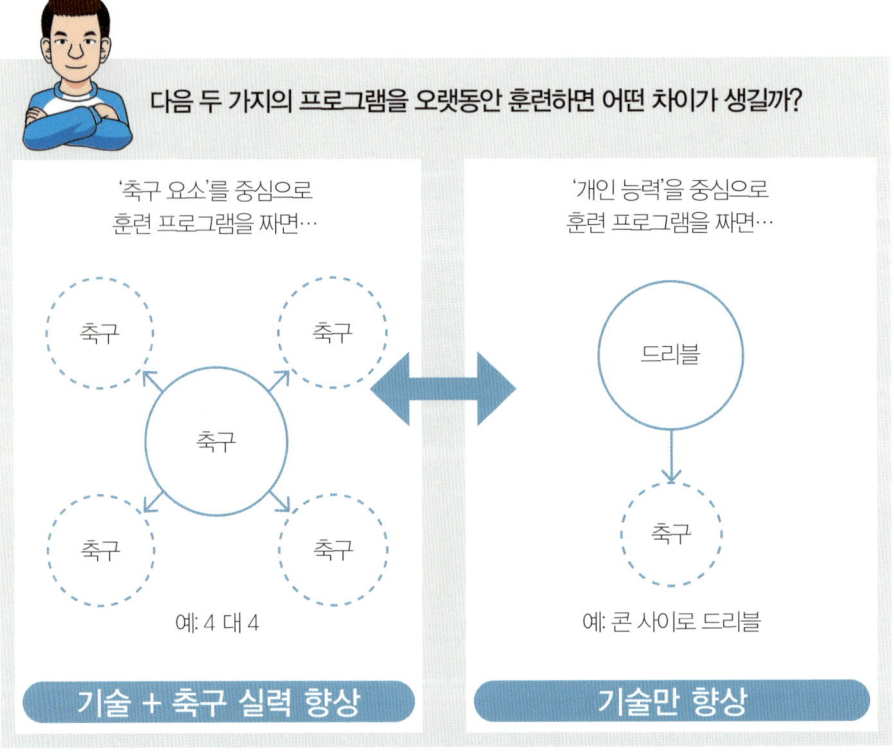

네덜란드 축구 기초지도 이론 02

▶▶▶ 네덜란드식 지도는 선수를 '이끈다'

1》 훈련 주제를 어떻게 달성할 것인지 '방법'을 알려주지 않는다

'수비수부터 공격 전개'를 주제로 훈련을 시작하려고 한다. 지도자는 어떤 방식으로 선수를 지도하는 것이 좋을까?

지도자 ① — NG

"자, 모두 모여 봐. 오늘은 수비수부터 공격을 전개해가는 훈련을 할 거야. 이때 비결은 말이지, 골키퍼가 공을 가지면 빠르게 움직여 노마크 상태로 패스를 받는 거야. 잘 알겠지? 그럼 시작해!"

①과 같은 지도자는 어떤가? 어디에서나 흔히 볼 수 있는 축구 훈련 풍경일 것이다. 그러나 네덜란드에서는 이것을 가장 좋지 않은 패턴으로 여긴다. 골키퍼가 공을 가졌을 때 노마크 상태가 되는 것은 수비수부터 공격을 전개하는 첫 단계로 가장 중요한 포인트다. 그러나 '감독이 알려준 그대로 플레이하는 것'은 훈련의 의미가 없다. 이런 경우에 선수는 생각 없이 움직이게 된다. 상황이 조금만 바뀌어도 제대로 판단하지 못하고 유연하게 대처하지 못한다. 그럼 어떻게 지도하는 것이 좋을까?

지도자 ② — OK

"자. 다들 모여 봐. A는 여기, B는 저기 그리고 C는 이쪽… 그럼 훈련을 시작하자. 코너킥하고 스로인은 없어. OK, 시작!"

②가 네덜란드식 지도 스타일이다. 훈련 주제를 선수에게 알리지 않으며 플레이를 잘하기 위한 비결도 가르치지 않는다. 순서만 알려준 채 바로 훈련을 실시한다. 물론 처음에는 실패하겠지만, 바로 그때부터 선수가 잘할 수 있도록 이끌어 준다.

여기서 중요한 것은 '질문하기'다. ③의 지도 스타일처럼 방법을 한 번에 알려주지 않고 여러 번 반복해서 질문함으로써 선수가 스스로 방법을 터득할 수 있도록 도와준다. 이것이 선수를 '이끄는' 네덜란드식 지도법으로, 상황 판단력을 향상시킨다.

지도자 ③ — OK

"지금 위치에서 패스 받기 어렵지 않았어? 그치, 어려웠지?
그럼 노마크 상태가 되려면 어떻게 해야 할까?
그래. 맞았어.
다시 한 번 해보자."

요즘의 축구 교육 현장에서는 어린 선수들에게 너무 상세히 가르치는 것이 문제점으로 지적되고 있다. 지도자가 선수에게 문제점을 알려주고 싶어하는 그 마음은 십분 이해한다. 젊은 지도자일수록 그런 경향이 강하다. 그러나 앞에서 말했듯이 '가르치는' 지도방법은 '판단력'의 성장을 방해한다. 즉, 스스로 깨닫기도 전에 지도자가 먼저 답을 알려주면 선수는 스스로 올바른 길을 찾을 수 없게 된다. 많은 것을 알려주고 싶은 지도자의 마음은 알겠지만 인내력을 갖고 선수에게 조금씩 힌트를 주며 지켜보자.

2>> 난이도를 조절한다

선수가 주어진 주제를 쉽게 해결한다면 기분 좋게 훈련을 할 수 있다. 그러나 선수의 실력은 향상되지 않는다. 난이도가 낮을 때는 지도자가 난이도를 높여야 한다.
반대로 난이도가 너무 높아서도 안 된다. 훈련이 너무 어려워 잘 해내지 못하는 것도 실력 향상에 도움이 되지 않는다. 이런 경우에는 하나의 주제를 최종 목표로 정하고 그것을 달성할 때까지의 훈련을 몇 단계로 나눠 조금씩 달성할 수 있도록 지도하는 것이 좋다.
선수를 성장시키려면 난이도를 조절해야 한다. 특히 상황 판단력을 기르는 전술 트레이닝을 할 때는 훈련 주제에 맞는 상황을 지도자가 인위적으로 만들어야 한다. 난이도를 조절하는 구체적인 방법에는 다음과 같은 것들이 있다.

필드의 크기를 바꾼다

공격 훈련의 난이도는 필드가 넓을수록 낮아지고 좁을수록 높아진다. 수비는 이와 반대다. 즉, 필드 크기를 바꾸는 것만으로도 난이도를 조절할 수 있다는 말이다. 처음에는 선수들이 쉽게 성공할 수 있도록 난이도를 낮추고 차례로 난이도를 높여가는 것이 가장 이상적이다. 이렇듯 공격 훈련을 할 때는 넓은 곳에서부터 시작해 서서히 필드의 크기를 줄여가며 난이도를 높인다. 수비는 반대로 실행한다. 참고로 필드 크기를 설정하는 기준은 연령과 플레이 수준이다. 같은 크기라 해도 초등학생과 어른이 느끼는 난이도와 훈련 효과는 전혀 다르다. 꾸준히 축구를 한 중학생과 처음 배우는 중학생도 마찬가지다. 필드의 크기는 난이도와 직접적인 관계가 있다는 사실을 명심하자.

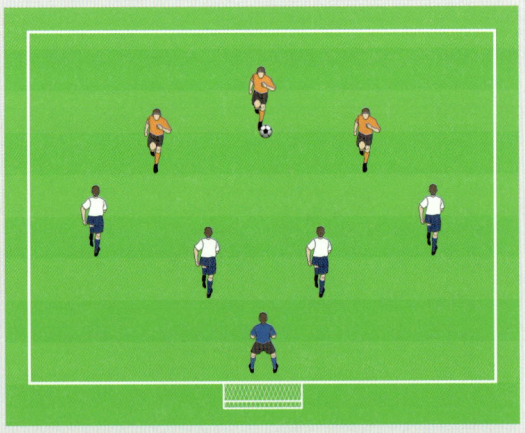

비어 있는 공간이 많아 공격하기 쉽고 공을 뺏기 어려워 수비하기 어렵다

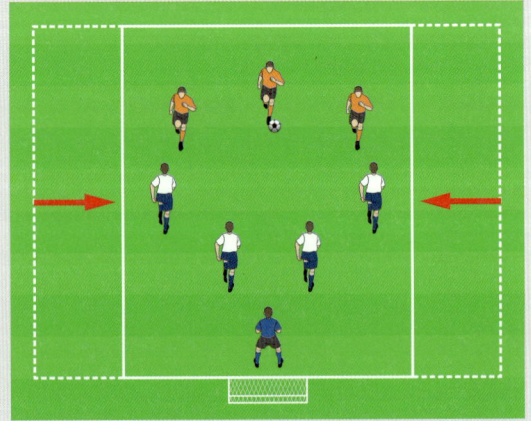

비어 있는 공간이 적어 공격하기 어렵고 공을 뺏기 쉬워 수비하기 쉽다

인원을 바꾼다

필드에 들어가는 인원을 늘리면 그만큼 파악해야 할 대상이 늘어나 상황을 판단하기 어려워진다. 2 대 2로 플레이할 때는 자신 이외에 3명의 움직임만 파악하면 되지만 11 대 11이면 7배인 21명을 파악해야 한다. 같은 주제로 훈련할 때도 인원을 줄이면 난이도를 낮출 수 있다.

'프리맨'을 투입하는 것도 훈련의 난이도를 조절할 수 있는 방법이다. 공격하는 편에만 참가하는 조건으로 프리맨을 투입하면 공격 쪽이 항상 수적 우위를 점할 수 있다. 훈련 주제에 맞춰 프로그램을 조절하자.

6 대 6 프로그램인 경우, 11명의 움직임을 파악해야 한다

3 대 3 + 프리맨 프로그램인 경우, 6명의 움직임만 파악하면 된다

상대팀을 바꾼다

축구는 상대팀이 있어야 할 수 있는 스포츠다. 같은 주제를 훈련한다 해도 상대팀이 강하면 난이도가 높아지고 상대팀이 약하면 난이도 역시 낮아진다. 지도자는 상대팀을 이용해 난이도를 자유롭게 조절할 수 있다. 구체적으로는 오른쪽과 같은 방법이 있다.

● 조언한다
전열이 붕괴된 수비 쪽에 "중앙 쪽 공간을 커버해"라고 조언하면 공격 쪽 난이도가 올라간다.

● 위치를 변경한다
측면 공격을 훈련하는 경우, 수비를 일부러 중앙으로 보내 공격하는 쪽이 측면을 공격하도록 한다.

● 터치 수를 제한한다
투 터치 또는 스리 터치 등 상대팀에 터치 제한을 두면 게임의 속도가 빨라진다. 앞서 말했듯이 터치 수를 제한한 팀은 상황 판단력이 향상되진 않지만 '전술 트레이닝의 상대팀'이 되는 것이 목적이기 때문에 문제는 없다.

하야시 마사토의 〈네덜란드에 관한 에피소드〉 ①
지도자는 카멜레온이 되어야 한다!?

선수 유형에 따라 다가가는 방식을 바꾼다

지도자는 선수마다 각자의 개성이 있다는 사실을 인지하고 그에 맞춰 다가가는 방식을 바꿔야 한다. 사람들이 지켜보는 가운데 주의를 줄 것인지, 개별적으로 주의를 줄 것인지, 엄하게 대할 것인지, 따뜻하게 격려할 것인지, 훈련 전에 주의를 줄 것인지, 훈련 후에 주의를 줄 것인지 등, 지도자는 선수의 개성에 따라 변하는 카멜레온이 되어야 한다. 특히 어린이에게 주의를 줄 때는 더욱 조심해야 한다.

인간의 개성은 적극성과 자주성을 축으로 크게 4가지로 나눌 수 있다.
① 자신의 의견을 잘 말하고 지시하지 않아도 행동하는 사람 ② 의견은 잘 말하지만 지시하지 않으면 행동하지 않는 사람 ③ 의견을 말하지는 않지만 지시하지 않아도 행동하는 사람 ④ 의견도 말하지 않고 지시하지 않으면 행동도 하지 않는 사람이다.

①은 우등생 타입으로 다루기는 쉽지만 협조성이 없거나 개인플레이를 하는 경향이 있다. ②는 말만 하는 타입으로 지도자가 훈련을 시키지 않으면 실력이 늘지 않는다. ③은 말 없이 묵묵히 훈련만 하는 타입이다. 단, 불만이 있어도 말을 하지 않으니 지도자가 신경 써서 커뮤니케이션을 해야 한다. ④는 손이 많이 가는 타입이다.

지금 소개한 내용은 책이 아니라 경험을 통해 알아가는 것이 좋다. 지도자는 변화무쌍하게 변하는 카멜레온이 되어야 한다는 것을 꼭 기억하자.

[네덜란드에서 배운다]
지도자에게는 임기응변과 원활한 의사소통 능력이 필요하다

제1장

"팀 스타일을 생각한다"
시스템의 기초

어떤 시스템으로 시합에 임할 것인지, 상대팀은 어떤 시스템을 들고 나올 것인지…
'시스템'은 전술을 세울 때 가장 기초가 되는 지식이다.
3대 시스템의 장단점을 정확하게 이해하고 파생된 시스템도 함께 익히자.
팀에 가장 적합한 시스템을 선택하는 것이야말로 전술 트레이닝의 시작이라 할 수 있다.

▶▶▶ 시스템의 기초

포메이션의 기초를 빼놓고는 전술 트레이닝을 생각할 수 없다. 이 책을 활용하기 전에 미리 알아보자.

▶알고 있나요? 포메이션과 시스템의 차이?

포메이션은 시합을 시작할 때 선수를 배치하는 것을 말한다. 반면에 시스템이란 "10번 선수를 마크해라"처럼 각 선수에게 전술적인 역할을 주어 실전에서 활용하기 위해 만들어진 팀 조직을 가리킨다.

[체크 포인트] 네덜란드에서 말하는 최고의 '시스템'이란?

네덜란드에서는 '승률을 높일 수 있으며 팀에 가장 잘 맞는 시스템을 찾으면 된다'고 생각한다. 승패를 좌우하는 것은 시스템만이 아니다. 전술, 상대팀의 수준, 시합의 흐름, 날씨, 경기장의 상태, 심판의 판정, 선수 교체, 부상, 퇴장, 운 등으로도 승부가 갈린다. 시스템이 축구의 중요한 요소이긴 하지만 그것만으로는 시합에서 이길 수 없다.

네덜란드 축구를 말할 때 빼놓을 수 없는 것이 있다. 바로 요한 크루이프 등이 들고 나와 세계를 뒤흔든 1-4-3-3 시스템의 토털 사커다. 네덜란드에서는 '1-4-3-3' 시스템의 각 포지션에 맞는 전문가를 따로 육성하며, 선수들 또한 이 시스템에 맞춰 시합하는 것을 자랑스럽게 생각한다.

그러나 최근에는 흐름이 바뀌었다. 이 시스템에 꼭 필요한 빠른 발을 가진 로벤(Arjen Robben, 네덜란드 출신으로 현재 FC 바이에른 뮌헨 소속) 같은 윙어(winger, 터치라인 쪽으로 옆쪽에 넓게 배치된 미드필더)가 모든 팀에 존재하는 것은 아니다. 그럼에도, 시스템에 맞추기 위해 무리하게 다른 타입의 선수에게 윙어를 맡기게 된다면 결국 팀의 손발은 어긋나게 될 것이다. 이런 이유로 네덜란드에서도 '선수의 능력에 맞는 시스템을 선택하는 것'을 중요하게 여기며 다른 시스템을 활용하는 팀이 늘고 있다.

축구의 3대 시스템

먼저 기본이 되는 3가지 형태를 알아보자.

《시스템의 기초 1》

1》 1-4-3-3

네덜란드의 전통적인 시스템이다. 필드를 균등하게 나눠 선수를 배치하며, 어느 위치에서 공을 가져도 패스 코스가 많은 것이 특징이다. 1 대 1에 능숙한 윙어가 있어야 한다. 네덜란드 대표팀 이외에 FC 바르셀로나도 이 시스템을 활용한다. 수비는 포백으로, 옆으로 넓게 수비할 수 있어 상대팀이 공격할 수 있는 공간을 제한할 수 있다. 그리고 상대팀이 투톱이든 쓰리톱이든, 공격하는 곳에 수비수가 있어 수비할 때도 유리하다.

잘 맞는 기본 스타일
→ 점유율 축구 (공 관리 & 패스 돌리기)

2》 1-4-4-2

현대 축구에서 가장 많이 사용되는 시스템이다. 수비는 '1-4-3-3'과 같은 포백으로 같은 장단점을 가졌다. 최전방의 인원이 줄어 전선에서부터 압박하기 어려우며 공격수 2명이 넓은 공간을 커버해야 하므로 공격수 간의 호흡과 미드필더와의 협력 플레이가 중요하다. 쓰리톱에 비해 최전방의 공간이 넓어서, 수비 진영으로 물러나 수비를 하다 공을 갖게 되면 템포를 높여 역습을 가하기 쉽다는 특징이 있다. 이 시스템을 사용하는 팀으로는 영국과 이탈리아 대표팀을 들 수 있다.

잘 맞는 기본 스타일
→ 전진 속도가 빠른 축구 : 역습(카운트어택)

네덜란드에서 배운다

Style of The Netherlands

네덜란드에서는 포메이션을 설명할 때 반드시 골키퍼를 나타내는 '1'을 적는다. 포메이션을 '4-4-2'라고 말하면 "너희 팀은 10명만 나오는 거야?"라고 반문하는 짓궂은 지도자가 있을 정도다. 골키퍼도 필드 플레이어의 일원으로 생각하는 네덜란드다운 사고방식이 녹아들어 있다고 할 수 있다.

3》 1-3-5-2

스리백의 특징은 미드필드에 많은 사람을 둘 수 있다는 것이다. 측면 미드필더가 공격과 수비에 적극적으로 가담할 수 있어 수비나 투톱을 지원하는 데도 효과적이다. 이 시스템에서는 미드필더에게 많은 운동량과 역동성을 요구한다. 그러나 빠른 축구가 대세가 되면서 스리백이 커버하지 못하는 공간의 문제와 팀 전체가 공격 진영으로 올라갔을 때, 뒷 공간을 빠르게 침투당해 쉽게 실점하는 경우가 많다. 이런 이유로 오늘날에는 스리백을 활용하는 팀의 수가 줄어들었다.

잘 맞는 기본 스타일
→ 운동량을 살린 단순한 축구

▼ 3대 시스템에서 파생된 형태

네덜란드에서는 최근 유행하는 '1-4-2-3-1'이나 '1-4-3-2-1'의 시스템을 3대 시스템에서 파생된 것이라 생각한다. 복잡한 포메이션 표기법을 좋아하지 않기 때문이다. 아래의 예를 보자. 지도자는 시스템을 통째로 외우는 것이 아니라 팀에 맞게 재배치할 수 있어야 한다.

1-4-4-2
옆으로 늘어선 투톱을 위아래로 세우면…

1-4-2-3-1
재배치 완료. 최전방의 두 공격수의 역할(포스트 플레이, 스트라이커)이 명확해진다!

1-4-3-3
측면 공격수를 중앙으로 이동시키면…

1-4-3-2-1
재배치 완료. 측면의 빈 공간으로 침투하기 쉬워진다!

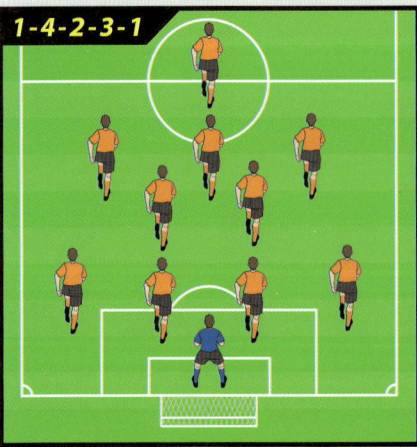

《시스템의 기초 2》

어떻게 시스템을 선택할 것인가?

3대 시스템을 기본으로 어떻게 팀의 시스템을 구축할 것인가?
이때 고려해야 할 포인트가 몇 가지 있다.

1》 선수의 능력

시스템을 선택하는 데 있어 가장 중요한 포인트다. 지도자는 선수의 능력을 자세하게 분석해 그것을 활용할 수 있는 시스템을 선택해야 한다. 각 포지션을 완벽하게 소화할 수 있는 선수가 반드시 11명이 되어야 하는 것은 아니다. 예를 들면, 특정 포지션을 완벽하게 소화하지는 못하지만 넓은 공간을 커버하는 것이 장점인 선수를 활용하면 팀 전체가 원활하게 운영될 수 있다. 시스템에 선수를 맞추려 하지 말고 선수의 능력에 맞춰 시스템을 구축해야 한다는 사실을 명심하자. 덧붙여 선수의 능력을 살리기 위해서는 각 포지션의 특성을 제대로 파악해야 한다.

▼ 각 포지션에 필요한 능력

■ 최전방 스트라이커(FW)의 특징은?

1 대 1 승부에 강하며 좋은 공이 왔을 때 정확하게 유효 슈팅을 할 수 있는 선수가 적합하다. 키가 크고 빠른 선수가 대부분 최전방 스트라이커가 되는데 문전 앞에서 슈팅 기회를 만들지 못한다면 최전방 스트라이커로는 부적합하다.

■ 미드필더(MF)의 특징은?

일반적으로 수비와 공격을 모두 무리 없이 소화하는 선수가 미드필더에 적합하며, 시스템과 전술에 따라 필요한 능력이 다르다. 수비를 잘하는 수비형 미드필더, 시합을 이끄는 미드필더, 드리블을 잘하는 공격형 미드필더, 발이 빠른 공격형 미드필더 등 여러 가지 유형이 있다.

■ 수비수(DF)의 특징은?

공을 뺏을 수 있는지 여부가 중요하다. 몸집이 작아도 파울을 범하지 않고 공을 뺏거나, 공이 오는 타이밍과 상대팀의 움직임을 예측할 수 있는 선수가 수비수에 적합하다. 헤딩을 잘하거나 발이 빠른 것은 선택 사항일 뿐 반드시 필요한 요소는 아니다.

2》 감독의 비전

네덜란드에서는 '감독이 10명이면 10가지 전술이 있다'라고 할 정도로 지도자들의 비전은 각기 다르다. 감독의 축구 스타일은 시스템 선택에도 영향을 미친다.

3》 팀의 전통

지도자는 팀의 전통과 특징을 고려해 시스템을 선택해야 한다. 공격적인 팀인지, 수비를 위주로 하는 팀인지, 짧은 패스로 슈팅 기회를 만들어가는 팀인지, 역습을 주로 구사하는 팀인지를 생각해야 한다.
지금까지 어떤 축구를 해왔는지의 여부가 팀의 특징을 구성한다. 완전히 새로운 것을 시도하는 데에는 많은 시간이 걸린다. 새로운 팀을 구성할 때는 선수에게 익숙한 시스템을 고르는 것도 좋다.

시스템의 종류를 파악한다

《《시스템의 기초 3

선수의 능력에 맞는 시스템을 고르려면 시스템의 특징과 선수 배치에 따른 장단점을 파악해야 한다.

1-4-3-3

1》》포백 시스템의 특징

최종 수비라인을 4명으로 구성해 옆으로 넓게 수비하는 것이 특징이다. 이는 상대팀이 공격에 활용할 수 있는 공간을 한정시킨다. 또한 상대팀이 투톱이나 스리톱을 구사하더라도 수비수의 수가 많기에 커버할 수 있는 범위가 넓어져 유리하다.
수비수는 대인방어에 강한 선수여야 한다. 단, 대인방어에 강한 수비수는 빈 공간에 빠르게 대처하지 못한다는 약점이 있다. 이때 커버력이 뛰어난 수비수와 짝을 지어 균형을 맞춘다. 공격을 할 때도 좌우 풀백 또는 센터백 1명이 공격에 참여하는 등 다양한 조합이 가능하다.

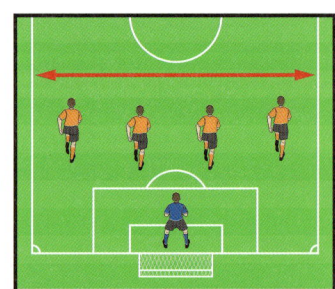

■ 라인 수비

포백이 일렬로 늘어서 전후좌우에서 오는 공을 전원이 움직이며 수비하는 방법이다. 라인은 공의 움직임에 따라 변한다. 상대팀이 자신의 수비 진영으로 공을 보내면 미드필더와 일정한 거리 유지를 위해 라인을 올린다. 공이 오른쪽 측면으로 이동하면 오른쪽 풀백이 압박하고, 이에 맞춰 다른 수비수 3명이 오른쪽으로 이동해 빈 공간을 커버한다. 이렇듯 서로 협력하며 움직여야 한다. 라인 수비는 전체가 위로 올라갈 경우, 뒤에 빈 공간이 생기게 되므로 위험을 감지하고 빠르게 커버할 수 있는 선수가 필요하다.

■ 스위퍼 시스템

센터백 한 명이 뒤로 물러나 최종 라인의 뒷 공간을 커버한다. 이로써 3명의 수비수는 자신이 담당하는 선수를 더욱 적극적으로 마크할 수 있다. 스위퍼(최종 수비수)는 뛰어난 예측 능력과 커버력을 지녀야 하며, 넓은 공간을 커버할 수 있어야 하므로 빠른 선수가 적합하다. 반대로 좌우 풀백과 센터백은 대인방어에 능한 선수여야 한다. 라인으로 수비할 때는 1 대 1에 능한 센터백 2명이 짝을 이루는 경우도 있지만, 스위퍼 시스템에서는 대인방어에 능한 선수와 커버력 있는 선수를 조합하는 것이 이상적이다.

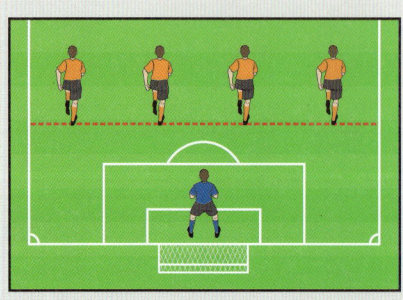

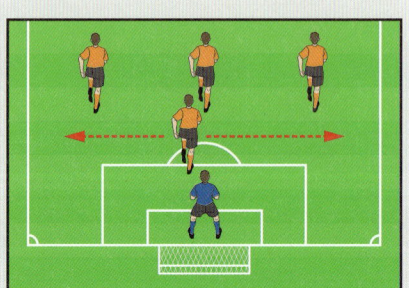

2) 미드필더 배치 예

4, 5명의 미드필더를 두는 시스템과 비교해 적은 인원으로 구성되므로 지역방어(존 디펜스) 능력과 체력이 많이 요구되며, 선수 간의 협력 플레이도 필요하다.

■ 삼각형

센터백과 수비형 미드필더로 블록을 만들 수 있어 중앙을 수비하기 쉬운 시스템이다. 공수의 열쇠가 되는 것은 윙어의 앞뒤 공간과 공격형 미드필더 근처의 공간이다. 이곳을 풀백과 함께 협력하면서 활용하는 것이 효과적이다. 공격형 미드필더는 3명의 포워드를 지원하면서 좋은 패스를 보낼 수 있어야 한다.

■ 역삼각형

공격형 미드필더가 2명으로, 포워드 앞으로 파고들 수 있다. 수비형 미드필더 주변에 공간이 생겨 수비수도 미드필더와 같이 시합을 조율해야 한다. 테크닉이 뛰어나 순간적으로 빠르게 돌파할 수 있는 미드필더를 조합하는 것도 좋다. 공격적인 배치이므로 수비형 미드필더의 수비력이 필요하다.

1-4-4-2
포백 시스템의 특징은 '1-4-3-3'과 같다.

1) 미드필더 배치 예

2명의 포워드 주변에 공간이 생기며 미드필더가 공수에서 얼마나 공헌할 수 있느냐가 시합의 향방을 좌우한다.

■ 플랫

미드필드를 2명의 중앙 미드필더와 2명의 센터백으로 탄탄히 지킴으로써 상대팀의 중앙 돌파를 막는다. 양 측면의 미드필더는 측면의 위아래로 움직여야 하므로 발이 빠르고 운동량이 많아야 한다. 결점은 중앙 미드필더와 포워드 사이에 빈 공간이 생기는 것이다. 이 공간을 어떻게 커버할 것인가가 수비의 관건이 된다.

■ 박스

중앙에 미드필더를 배치해 상대팀의 중앙 돌파를 막기 쉽지만, 측면에 빈 공간이 크게 생기는 것이 결점이다. 측면 수비를 얼마만큼 잘할 수 있느냐가 이 배치의 관건이다. 공격할 때 미드필더가 포워드를 돕기 쉽다는 특징이 있지만 이때도 측면에 빈 공간이 생기게 된다. 공격력이 있는 풀백이 있을 경우 활용하기 쉽다.

■ 다이아몬드

가운데 공간에 빈틈이 생기지 않도록 4명을 균등하게 배치한다. 측면 미드필더는 빈 공간에 빠르게 침투할 수 있는 선수가 효과적이다. 포워드는 공을 잘 지킬 수 있고 빈 공간에서의 위치 선정에도 뛰어난 선수가 좋다. 결점은 수비형 미드필더의 부담이 크다는 것이다. 뛰어난 수비력과 위험 감지 능력이 필요하다.

■ 3명의 수비형 미드필더

수비형 미드필더 3명이 수비라인 앞에 위치해 수비하기 쉬운 형태다. 대개는 측면 미드필더가 뒤로 물러나 있으므로, 포워드와 공격형 미드필더는 빈 공간에 빠르게 침투할 수 있는 선수가 효과적이다. 결점은 공격을 지원하는 것이 늦어 포워드를 고립시킬 수 있다는 것이다. 이때는 풀백의 오버래핑을 잘 활용한다.

2>> 포워드 배치 예

'1-4-4-2'의 경우 포워드를 위아래 또는 옆으로 나란히 배치할 수 있다. 포워드의 위치가 달라질 때 생기는 빈 공간을 어떻게 활용할 것인지가 관건이다.

■ 위아래 배치

최전방 양측에 빈 공간이 생기는 형태다. 미드필더와 풀백이 그 공간을 잘 활용하게 되면 매우 효과적이다. 투톱의 특성뿐만 아니라 미드필더와 수비수의 오버래핑 능력을 함께 고려해보자.

■ 나란히 배치

투톱의 앞뒤에 많은 공간이 생긴다. 상대 수비진을 순간적으로 따돌릴 수 있는 포워드와 그 포워드를 빠르게 지원할 수 있는 미드필더가 중요한 역할을 한다. 두 포워드의 공 관리 능력과 공간 침투 능력이 연계되어야 한다.

네덜란드에서 배운다

Style of The Netherlands

'1-3-4-3'은 네덜란드 1부 리그팀 아약스가 전성기 때 사용했던 시스템이다. '1-4-3-3'의 기본 배치에서 센터백 1명을 전방으로 이동시킨 형태라고 이해하면 된다. 전방에서 1 대 1 상황을 만들기 쉬우며 공격 축구의 특징이 나타난다. 1 대 1 장면이 많이 연출되어 유소년 팀에서도 많이 사용하는 시스템이다.

1-3-5-2

1)》 스리백 시스템의 특징

활동량이 많은 측면 미드필더가 필요하다. 수비 템포를 높이게 되면 미드필더의 체력 부담이 커져 일부러 천천히 플레이하게 되는 경우가 많다. 최종 수비라인이 3명밖에 없기 때문에 옆으로 넓게 수비할 수도 없고 뒤에 빈 공간도 커지게 된다. 이런 이유로, 공을 뺏긴 후 한 번의 패스만으로도 수비가 무너지는 경우가 많으며 빠른 템포의 현대 축구와도 맞지 않는 시스템이라 할 수 있다. 공격을 시작할 때도 미드필더가 후방으로 내려가 공을 받는 경우가 많아 포백과 차이가 없어질 때가 많다.

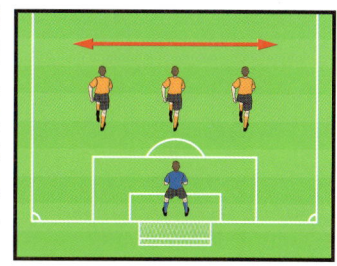

2)》 미드필더 배치 예

두 포워드 주변에 공간이 생겨 미드필더가 공수 양면에서 얼마나 활약하느냐에 따라 시합의 흐름이 좌우된다. 미드필더가 5명이기 때문에 미드필드에서 수적 우위를 점할 수 있다는 것이 장점이다.

■ 1명의 수비형 미드필더

공격형 미드필더가 포워드를 지원하기 쉬운 형태다. 최전방의 측면 공간에 공격형 미드필더, 측면 미드필더에 투톱도 침투할 수 있다는 이점이 있다. 결점은 수비수와 수비형 미드필더가 적어 상대팀에게 중앙 돌파를 당할 수 있다는 것이다. 또한, 인원이 적어 공격을 전개하는 과정에서 측면 미드필더가 수비 진영으로 돌아가 패스를 받거나 공격형 미드필더에게 빠르게 패스해야 한다.

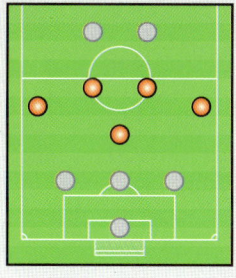

■ 2명의 수비형 미드필더

수비형 미드필더 2명 앞에 3명의 공격형 미드필더가 서는 형태다. 스트라이커 주변에 공간이 생기게 되므로 볼 컨트롤이 뛰어난 스트라이커를 놓으면 공격하기 쉽다. 결점은 최전방에서부터 압박을 가하기 어려워 주도권을 잡기 힘들다는 점이다. 그렇다고 수비의 형태를 무너트려 가며 상대팀을 압박하면 위험이 늘어나게 되니 주의해야 한다.

3)》 시스템 변경 가능성에 대해

앞에서 소개한 3대 시스템의 주요 포인트를 염두에 두고 팀을 구축했다고 가정하자. 그러나 상황에 따라서는 시스템을 변경해야 한다. 변경해야 할 상황은 구체적으로 다음과 같다.

■ 시합의 중요성
시합의 중요도가 높은 경우

■ 시합의 흐름
시합의 득점 상황과 상대팀 시스템이 변화한 경우

■ 예상치 못한 상황
선수가 부상을 당했거나 레드카드를 받아 퇴장한 경우

《시스템의 기초 4》

상대팀과 시합할 때 시스템이 어떻게 돌아가는지를 배우자

시스템의 장단점은 어떤 팀과 맞붙느냐에 따라 크게 변한다.
시스템 간의 궁합을 이해하면 시합의 핵심을 간파할 수 있다.

1-4-4-2 (다이아몬드형) VS 1-4-3-3 (삼각형)

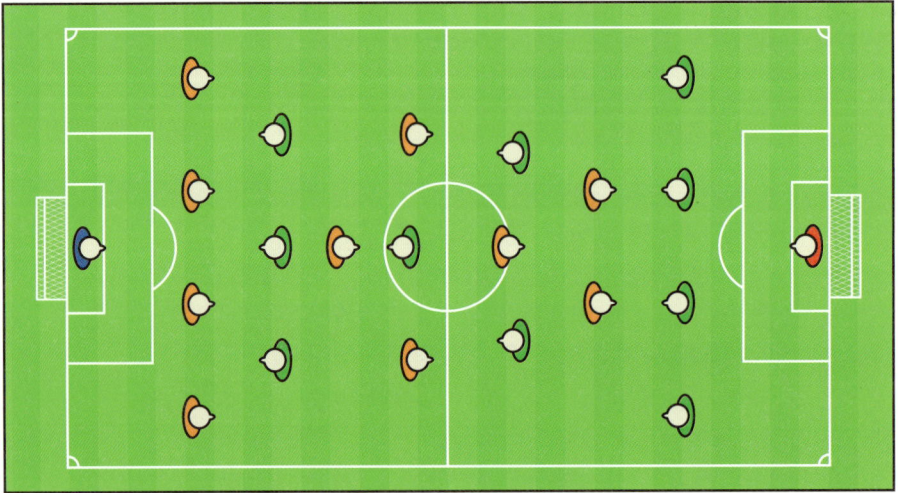

■ '1-4-4-2'의 장점

- 상대팀이 스리톱이기 때문에 수비를 할 때나 수비수부터 공격을 전개할 때도 1명의 수적 우위를 살릴 수 있다.
- 미드필더가 4 대 3이기 때문에 수적 우위를 살릴 수 있다.
- 양 측면의 미드필더가 노마크로 공을 받을 수 있다(또는 상대팀의 수비수가 앞으로 전진하면 측면에 공간이 생긴다).
- 다이아몬드형 위쪽의 공격형 미드필더(네덜란드에서는 10번이라 부름)가 상대팀 미드필더 사이에 설 수 있어 노마크로 공을 받을 수 있다.
- 투톱이 상대팀의 센터백과 1 대 1로 대치한다.

■ '1-4-4-2'의 단점

- 상대팀의 포백을 투톱만으로는 감당하기 어렵기 때문에 상대팀의 풀백이 자유롭게 공격에 가담할 수 있다.
- 포워드 수가 적어 전방에서 압박하려면 투톱과 미드필더의 유기적인 플레이가 필요하다. 여기에서 실수하게 되면 상대팀의 공격에 수비가 무너질 수도 있다.
- 상대팀의 수비형 미드필더 2명이 노마크 상태가 된다.
- 상대팀의 좌우 윙어와 풀백이 1 대 1이 되기 때문에 돌파될 경우 한순간에 실점할 수 있다.
- 중앙에 블록(수비형 미드필더 2명과 센터백 2명으로 구성된 사각형)을 만들 수 없어 중앙 돌파를 당하기 쉽다.
- 상대팀의 공격형 미드필더(10번)가 최전방에 침투하면 마크를 할 수 없어 최종 수비라인이 1 대 1이 될 위험이 있다.

1-4-4-2 (박스형) VS 1-3-5-2 (2명의 수비형 미드필더)

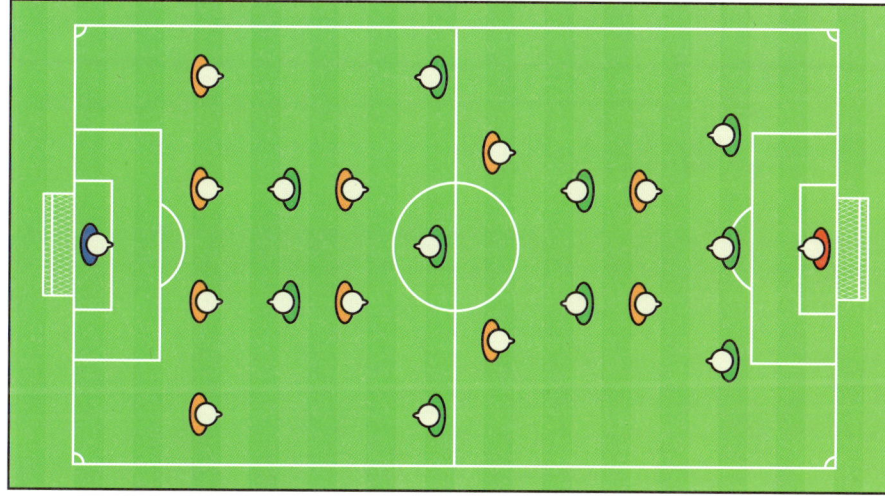

■ '1-4-4-2'의 장점

- 상대팀 포워드가 2명이므로 양옆 풀백을 자유롭게 활용할 수 있다. 상대팀의 대응에 따라 공격을 전개하면서 오버래핑하기 쉽다.
- 중앙 미드필더가 2 대 1 상태이므로 2명 중 1명이 노마크 상태로 공을 받을 수 있다.
- 양 측면의 미드필더가 1 대 1 상태이므로 수비수를 제치면 득점 기회를 만들 수 있다.
- 상대팀이 스리백 전술을 구사하므로 투톱이 넓은 공간을 사용할 수 있다(상대팀의 대응에 따라 투톱이 1 대 1로 승부할 수 있다).
- 센터백과 중앙 미드필더로 박스를 만들 수 있어 중앙 돌파에 상당히 강하다.
- 양 풀백이 센터백과 미드필더를 수비적으로 지원할 수 있다.

■ '1-4-4-2'의 단점

- 포워드의 경우, 상대팀의 수비형 미드필더 2명에게 패스 코스를 차단당하기 쉽다.
- 미드필더가 포워드와 멀리 떨어져 있어 대응이 늦으면 포워드가 고립될 수 있다.
- 투톱이 수적 열세로 스리백을 제대로 압박하지 못한다.
- 상대팀의 수비형 미드필더 2명이 노마크 상태로 공격에 가담할 수 있다.
- 미드필드에서 4 대 5의 수적 열세를 보이므로 수비수가 지원하기 위해 위로 올라가면 위험한 상황으로 몰릴 수 있다.
- 상대팀의 투톱과 센터백이 1 대 1 상황이 된다.
- 상대팀 10번(공격형 미드필더)이 수비형 미드필더 2명 사이에 있어 유기적으로 수비해야 한다.

지도자 MEMO

앞에서 언급했듯이 시스템을 어떻게 맞물리게 하느냐에 따라 1 대 1이 되기 쉬운 곳과 수적 우위를 점하기 쉬운 곳이 생긴다. 따라서 '이런 위치에 어떤 특성을 가진 선수를 배치해야 할까?'를 생각하는 것이야말로 시스템을 구상할 때 가장 흥미로운 작업이다. 시스템에 익숙하지 않을 때는 실제로 그림을 그려가며 생각하는 것이 좋다.

육성 세대(초심자용)의 시스템에 대해 《《시스템의 기초 5

네덜란드에서는 8~11세 선수의 공식전을 골키퍼를 포함한 7 대 7 하프 코트에서 치른다. 초심자~중급자에게 적절한 방법이라 할 수 있다.

7 대 7로 시합하는 이유는?

1》》 11 대 11은 너무 어렵다

처음부터 11 대 11의 시합을 하게 되면 축구의 복잡한 전술 요소를 전부 생각해야 하므로 어린이나 초심자에게는 너무 어려울 수 있다. 중간 단계인 7 대 7부터 훈련해두면 성장 후 11 대 11로 시합하기 쉽다.

2》》 한 사람당 공 터치 수를 늘린다

어린이와 초심자에게 중요한 것은 기술을 익히는 것이다. 이를 위해서는 한 사람당 공 터치 수가 늘어나야 한다. 인원을 7 대 7보다 적게 설정하면 드리블만 하는 등 다른 문제가 생긴다. 네덜란드에서 실시한 통계로는 7 대 7로 시합했을 때 드리블과 패스 그리고 슈팅 횟수가 가장 균형을 이룬다고 한다.

3》》 골대 앞 공방이 늘어난다

코트 전체를 사용해 시합하면 필드 크기가 커서 선수가 골대에 도착하는 데 시간이 걸린다. 그 결과 축구의 목적인 '골을 넣고 지키는' 공방이 이루어지지 않는다. 따라서 코트를 반으로 줄여 레벨에 맞는 적당한 거리에서 골을 둘러싼 공방이 일어나게 해야 한다.

4》》 11 대 11에 가까운 시스템을 구축한다

인원이 적을지라도 11 대 11의 실전과 가까운 형태로 '포워드 + 미드필더 + 수비수 + 골키퍼'의 시스템을 구축할 수 있다. 아래는 한 예다.

■ 게임은 반드시 시스템을 구축해 실행한다

일본의 미니게임을 보면 좁은 공간에서 5 대 5로 시합하는 탓에 포워드 수비수 할 것 없이 서로 얽히고설키는 경우가 많다. 전술 대국인 네덜란드에서 보면 '아무 생각 없이 쓸데없이 움직인다.'라고 할 것이다. 4 대 4든, 5 대 5든 반드시 시스템을 만들어 포지션별로 조직을 구축해 시합하는 것이 좋다. 그래야 '전방으로 올라간다, 후방으로 내려간다, 공간을 만든다, 공간을 사용한다.'와 같은 움직임을 생각하면서 플레이할 수 있다. 일본에서 시스템 없이 미니게임을 할 수 있는 이유는 필드 크기가 너무 작기 때문이다. 좁은 필드의 경우에는 이것저것 생각하지 않고 열심히 뛰어다니기만 해도 어떻게든 게임은 돌아간다. 그러나 넓은 필드에서는 열심히 뛰는 것은 물론 머리를 써서 플레이할 필요가 있다. 이때 중요한 것이 바로 상황 판단력이다. 이런 작은 차이가 일류 선수와 그렇지 않은 선수의 차이로 나타난다.

11 대 11의 실전처럼 각 포지션의 균형을 맞추는 것이 좋다

제2장

"팀의 과제를 생각한다" 시합 분석법

훈련 프로그램은 시합을 분석해 얻은 결과를 바탕으로 짜야 한다.
실전이든 실전형식의 훈련이든 상관없다.
약점을 모두 찾아내, 이를 과제로 정리하자.
이제부터 네덜란드에서 실제로 사용하는 자료 작성법을 소개한다.

▶▶▶ 시합 분석

모든 훈련은 시합을 분석한 결과를 바탕으로 짠다.
네덜란드식 분석 비법을 배워보자.

▶ 실수와 성공의 원인을 찾자

지도자에게 '축구를 보는 눈'은 상당히 중요하다. 결과뿐만 아니라 실수와 성공의 원인을 비롯해 시합에서 눈여겨봐야 할 포인트가 무엇인지를 알아야 한다. 그런 다음 이를 토대로 분석표를 작성하면 팀의 문제점을 여러 사람과 공유할 수 있다.

[체크 포인트] 왜 '시합 분석'을 해야 하는가?

시합을 분석하는 이유는 '필드에서 일어나는 일'을 정확하게 이해하기 위해서다. 지도자는 선수가 자신의 역할을 제대로 수행하는지, 팀이 어떤 문제점에 봉착했는지, 어떤 부분을 수정하면 실력이 향상되는지를 파악해야 한다.

네덜란드에서는 초등학교 6학년 이상의 시합일 경우, 분석하여 찾아낸 문제점을 토대로 훈련 프로그램을 짜고 그것을 해결해간다. 이 과정은 약 1년간 지속된다. 아이들은 스스로 생각하게 되며, 시합을 마친 후 실시하는 훈련 전, 약 30분을 선수의 생각을 듣고 토론하는 시간으로 갖는다. 이를 반복하면 선수들의 실력이 서서히 늘어난다. 시합을 분석하는 일은 팀을 만들어가는 데 있어 가장 큰 첫걸음이라 할 수 있다.

시합 분석에 따라 훈련 프로그램이 달라진다. 이 책에서 소개할 훈련 프로그램을 가장 효과적으로 조합해 활용하려면 자신의 팀을 제대로 분석할 수 있어야 한다. 지도자의 역량이 시험되는 부분이다. 분석력이 확실하다면 처음에 잘못된 훈련 프로그램을 짰다 해도 큰 문제가 없다. 훈련 중에 분석하고 잘못된 점을 수정해 프로그램을 재구성하면 된다. '보는 눈을 길러야 한다는 것'을 항상 명심하자.

기본적인 시합의 흐름

《시합 분석 1

축구 시합은 4가지의 기본 포인트를 반복하면서 진행된다.
이는 시합을 분석하는 데 상당한 도움을 주므로 꼭 외워두자.

시합의 4가지 포인트

이 책은 시합을 분석함에 있어 4가지 포인트를 중시해 3장을 '공격', 4장을 '수비', 5장을 '공 → 수', '수 → 공' 전환 프로그램으로 구성했다. 또한 분석할 때도 네덜란드에서 자주 사용하는 표현을 영어로 번역해 수비를 '볼 포제션 오퍼넌트(Ball Possession Opponent)', 공격을 '볼 포제션(Ball Possession)'으로 표기했다.

포인트 1 : 볼 포제션 오퍼넌트 (수비)

상대팀이 공을 갖고 수비할 때
- 상대팀의 세트 플레이(코너킥과 프리킥 등)로 시작할 때
- 공을 갖고 있다가 상대팀에게 뺏기고 몇 초 지났을 때

포인트 2 : 수비 → 공격 전환

수비에서 공격으로 전환할 때
- 상대팀에게서 공을 뺏었을 때
- 세트 플레이에서 빠르게 시합을 재개할 때

포인트 3 : 볼 포제션 (공격)

분석할 팀이 공을 갖고 공격할 때
- 세트 플레이(코너킥과 프리킥 등)로 시작할 때
- 상대팀에게서 공을 뺏고 몇 초 지났을 때

포인트4 : 공격 → 수비 전환

공격에서 수비로 전환할 때
- 상대팀에게 공을 뺏긴 순간
- 세트 플레이에서 빠르게 시합이 재개되는 때

≪ 시합 분석 2

분석에 반드시 필요한 5W

분석할 때 축이 되는 포인트는 크게 5가지로 나눌 수 있다.
5가지의 W를 확실하게 분석해 어떤 프로그램으로 훈련하는 것이
가장 좋을지를 명확히 한다.

1》 When = 언제?

언제 이 상황이 일어났는가?

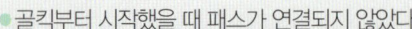

공을 갖고 있었을 때인지, 공을 뺏겼을 때인지 등 앞 페이지에 기재한 4가지 포인트를 참고하자. 똑같이 '패스가 연결되지 않는 상황'이 발생했다 하더라도 훈련 프로그램은 전혀 다르다.

- 골킥부터 시작했을 때 패스가 연결되지 않았다
- 상대팀에게서 공을 뺏었을 때 패스가 연결되지 않았다
- 측면에서 공격을 시도할 때 패스가 연결되지 않았다

2》 Where = 어디서?

필드 어디서 이런 상황이 일어났는가?

센터서클 부근인지, 공격 진영인지, 수비 진영인지, 골대 앞이었는지 등, 장소에 따라 선수의 역할과 생각이 미묘하게 바뀐다.

- 공격 진영에서 패스가 연결되지 않았다
- 하프라인을 넘은 후, 패스가 연결되지 않았다
- 골대 앞에서 패스가 연결되지 않았다

3》 What = 무엇이?

필드 위에서 무엇이 일어났는가?

결과에 따라 실패와 문제점이라 할 수 없는 경우도 있다. 일어난 상황을 정확하게 분석해야만 한다.

- 패스가 연결되지 않아 긴 패스로 위험을 모면했다
- 패스가 연결되지 않는데도 무리를 해 여러 번 공을 뺏겼다

4» Which (player) = 어떤 선수가?

그 상황에서 중요한 선수는 누구였나?

축구는 11명이 하는 스포츠지만 각각의 상황에 따라 키를 쥐는 선수가 따로 있다. 그 점을 이해하면, 선수에게 개선해야 할 문제점을 전달하기 쉽다.

- 뒤처진 스트라이커가 포스트 플레이를 하는 스트라이커에게 패스하지 못했다
- 미드필더가 오버래핑한 측면 선수를 공격 전개 시 활용하지 않았다
- 수비형 미드필더가 전진 패스할 수 있는데도 횡패스했다

5» Why = 왜?

그런 상황이 일어난 이유는 무엇인가?

똑같은 문제가 발생한다 해도 원인이 같을 수는 없다. When(언제), Where(어디서), What(무엇이), Which player(어떤 선수가)를 분석하면 Why(왜)를 알 수 있다. 5가지 W 중 가장 중요한 항목이라 할 수 있다.

- 수비수가 노마크 선수를 보지 못해 패스가 연결되지 않았다
- 패스를 받은 미드필더가 노마크 상태가 되려고 움직이지 않아 패스가 연결되지 않았다

시합을 관찰하는 눈을 기른다

《《시합 분석 3

정확한 분석을 위해서 우선, 지도자는 관찰력부터 길러야 한다.
아래에서는 시합을 분석하는 비결을 소개하고 있다.
하지만 무엇보다 경험이 중요하다는 사실을 잊지 말자.

1》 공을 간접 시야에 둔다

축구 팬들은 시합을 볼 때, 공을 쫓는다. 공을 가진 선수가 어떤 플레이를 할지 두근두근하면서 보는 것이다. 하지만 지도자는 달라야 한다. 시야를 넓히고 11명의 움직임을 항상 확인해야 한다. 머리와 눈은 고정하고 '간접적으로' 공을 보는 훈련을 하자.

지도자는 공만 쫓아서는 안 된다. ▶

2》 선수 한 명 한 명을 장기 말처럼 생각한다

필드를 보면서 머릿속에 그림을 그리고, 그 안에서 선수 한 명 한 명이 장기 말처럼 움직이는 이미지를 떠올린다. 전체적으로 보지 않으면 무슨 일이 일어났는지 정확히 이해할 수 없다. 예컨대 왼쪽 풀백이 패스를 실수했다 해도 그가 아닌 다른 곳에 원인이 있을 수 있기 때문이다.

노마크 선수가 있었는데도 활용하지 않았다거나 패스를 받는 선수의 위치 선정이 나쁜 것처럼 실수의 원인을 찾으려면 공을 받기 전의 움직임과 위치 선정 전부를 봐야 한다. 문제점에 맞춰 훈련 프로그램을 짤 때 반드시 필요한 분석이다.

3》 처음에는 무조건 메모한다

다음 페이지부터는 네덜란드식 분석표 작성법을 소개한다. 분석표는 시합 중에 적은 메모로 만들 수 있으니 처음에는 시합에서 보고 느낀 모든 것을 메모한다. 익숙해지면 메모해야 할 것과 할 필요가 없는 것을 구별할 수 있어 양이 줄어든다. 분석을 거듭하다 보면 대전할 팀의 시스템을 본 순간, '중점을 두고 봐야 할 부분'을 콕 집어낼 수 있다.

4》 초급 레벨의 시합부터 분석한다

분석에 익숙하지 않은 사람은 소년 축구와 초급~중급자 수준의 시합부터 분석하자. 갑자기 각 나라의 대표팀이나 리그 시합부터 시작하면 템포가 빨라 흐름을 쫓아가기 어렵다. 서서히 레벨을 높이자.

▶▶▶ 분석표 작성하기

실제 시합을 관찰한 다음 그 결과를 분석표로 작성하면 지도에 도움이 되는 것은 물론, 팀과 클럽의 성장을 자연스럽게 기록할 수 있다.

▶ **분석표를 보고 머릿속에 시합이 연상되는가?**

분석표를 작성했다면 시합의 이미지가 머릿속에 제대로 떠오르는지를 시험하자. 시합을 보지 않은 사람이 분석표를 보고 어떤 시합이었는지를 알 수 있다면 합격이다.

[체크 포인트] 분석은 '보는 것'에서부터 시작한다

필자는 지도자가 되고 싶어 네덜란드로 건너가 1부 리그 비테세 유스의 지도자가 되었다. 지도자가 된 후 매우 놀란 점이 있었는데 그것은 바로 선수들의 드리블과 패스 속도가 빠르다는 것이었다. 물론 코칭 속도도 빨랐다. 그곳에서 가장 먼저 배운 것은 '모든 훈련 프로그램은 분석에서 나온다.'는 것이다. 오랫동안 지도자를 꿈꿔왔음에도 분석과 분석표의 중요성을 깨닫게 된 건 네덜란드에서였다. 분석은 '보는 것'에서부터 시작한다. 지도자가 되고 한동안은 훈련과 시합을 보면서 보는 눈을 키웠다. 여기서 소개하는 분석표를 작성하려면 먼저 '보는 눈'을 길러야 함을 잊지 말자.

사진은 내가 즐겨 사용하던 분석용 메모다. 처음에는 느낀 것을 모두 메모로 적자. 익숙해지면 필요한 핵심만 메모할 수 있게 된다.

시합의 기본 정보

《《시합 분석 1

자료가 되는 데이터를 정리하자. 분석표에 적어야 할 기본 정보로, 시합에 영향을 미칠 만한 것을 모두 나열한다.

■ 기본 데이터 ※이번에 분석할 팀은 원정팀 비테세 유스다.

2005년 12월 3일 (오전 11시 시작) / 분석 담당자 : 하야시 마사토

페예노르트 유스(홈) VS 비테세 유스(원정)

- 장소 : 페예노르트
- 날씨 : 구름 낌
- 피치 상태 : 양호
- 시합 종류 : 훈련 시합
- 관객동원 수 : 100명
- 부상이 있는 선수 : 없음
- 출전정지 선수 : 없음
- 특별한 정보 : 없음
- 득점 경과 (시간, 득점자)
  1–0 (42분, ○12)
  2–0 (44분, ○8)
  3–0 (48분, ○10)

■ 선수 명단 ※ 기본적으로 왼쪽에 홈팀을, 오른쪽에 원정팀을 기입한다.

페예노르트 유스 (○표시=상대팀)			비테세 유스 (△표시=분석할 팀)		
번호	이름		번호	이름	
1.	Mulder Erwin		1.	Room Elroy	
2.	Stee Clint van	70분 교체	2.	Dee Erik van	
3.	Ramsteijin Kaj		3.	Bruinier Wesley	
4.	Nieveld Norichio	40분 교체	4.	Pesulima Joram	64분 교체
5.	Nelom Miguel		5.	Linden Jop van der	
6.	Kobussen Glenn		6.	Pluim Wiljan	
7.	Degeling Siegerd		7.	Norel Arjan van	40분 교체
8.	Wijnaldum Giorginio		8.	Buttner Alexander	
9.	Pedro Louis		9.	Wolfswinkel Ricky van	
10.	Wattamaleo Kevin	61 분 교체	10.	Azaoum Imad	
11.	Fer Leroy		11.	Verdouw Patrick	
12.	Hagary Henne	40분 교체	12.	Haar Mark ter	
14.	Leerdam Kevin	61 분 교체	14.	Kortmann Jeremiah	
15.	Barends Ruben	70분 교체	15.	Gardien Pim	
16.	Otten Robin		16.	Pereboom Niels	
			17.	Laghmouchi Soufiane	64분 교체
			18.	Chengachi Karim	40분 교체

> **지도자 MEMO** 훈련 시합인지, 우승컵을 목전에 둔 부담스러운 시합인지 등, 여러 조건을 분석표에 적는다. 선수 명단에는 교체 선수와 교체 시간을 기재하고 이름, 나이, 소속, 신장, 체중 등 알고 있는 데이터를 모두 적는다.

시합 시작 시의 포메이션

《시합 분석 2

시합을 시작했을 때의 기본 포메이션을 적는다.
양 팀이 맞물리지 않게 각자의 진영에 한팀씩 적도록 하자.

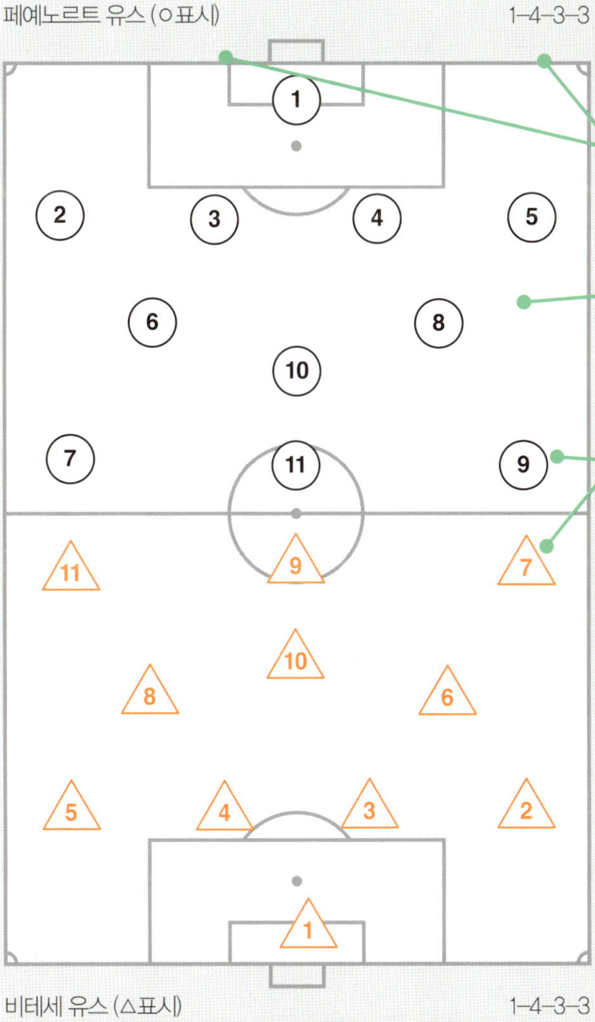

페예노르트 유스 (○표시)
1-4-3-3
1
2
3
4
5
6
8
10
7
11
9
11
9
7
10
8
6
5
4
3
2
1
비테세 유스 (△표시)
1-4-3-3

- 나중에 누가 봐도 알 수 있도록 박스 바깥에 팀명과 시스템을 메모한다.
- 분석표 보는 방법을 통일하기 위해 대전하는 팀은 위, 분석할 팀은 아래에 기입한다.
- 등번호와 함께 대전하는 팀은 ○로, 분석할 팀은 △로 표시해 선수의 위치를 기입한다.

※ 234페이지에 분석표 견본이 실려 있다. 복사해 사용하자.

지도자 MEMO 시작 시의 포메이션을 쓸 때는 각 팀의 배치를 알기 쉽게 진영을 나눠 적는다. 이것을 바탕으로 시합 중 상대팀과 맞물리게 되면 어떻게 변하는지를 다음 표에 기재한다.

시합 전체의 흐름 (전반)

《《시합 분석 3

양 팀의 시스템을 함께 적은 그림으로 시합의 대략적인 흐름을 파악한다. 느낀 점은 항목별로 메모한다.

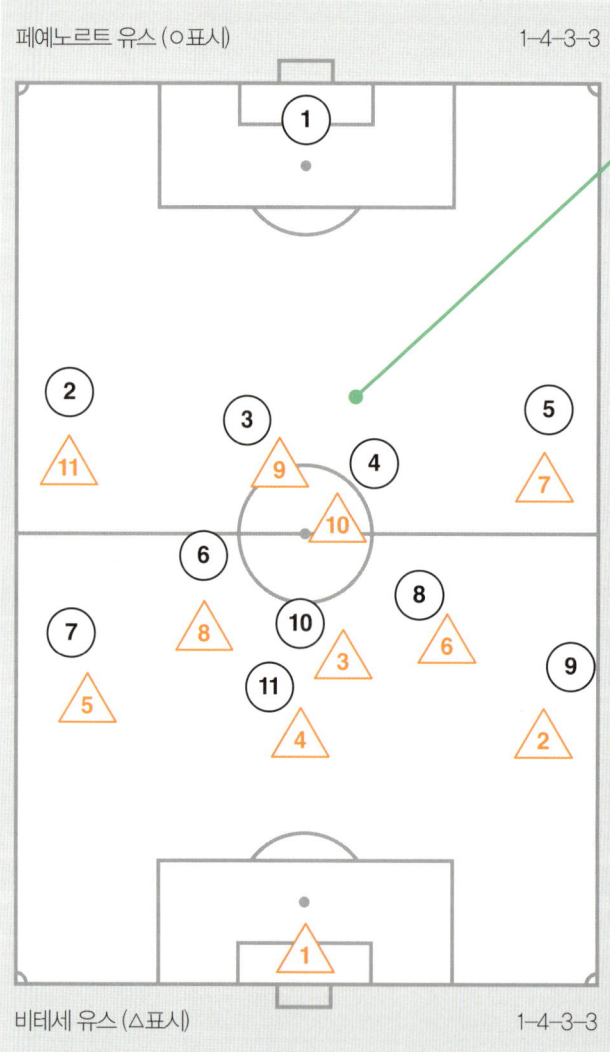

페예노르트 유스 (○표시) 1-4-3-3

비테세 유스 (△표시) 1-4-3-3

- 선수 배치는 시간이 지나면서 바뀌지만 대략적인 느낌이라도 좋으니 전반의 주요 배치를 기재한다.

- 상대팀 진영에서의 점유율이 높았다면 전체 배치를 상대팀 진영에 기입한다. 오른쪽 측면 공격이 강했다면 오른쪽 측면으로 치우친 선수 배치를 기입한다. 이렇듯 자신의 느낀 점을 잘 정리한다.

- 처음에는 분석표를 작성하는 것이 어려울지 모른다. 그러나 분석표를 만들면 선수 한 명 한 명의 움직임을 파악하는 훈련도 되고 '필드 전체를 보는 힘=지도자로서의 관찰력'도 기를 수 있다.

하야시 마사토 메모
- 중앙이 1 대 10이다
- 페예노르트 ○9번은 힘이 세다
- 비테세의 △9와 △10의 협력 플레이가 슈팅 기회를 만들어 낸다
- 포백이 유지되지 않는다
- 0-0으로 종료

시합 전체의 흐름 (후반)

《《시합 분석 4

교체 선수와 전술적인 변화 등에 유념하면서 전반과 같이 시합의 대략적인 흐름을 파악한다. 느낀 점을 3~4개의 항목으로 정리한다.

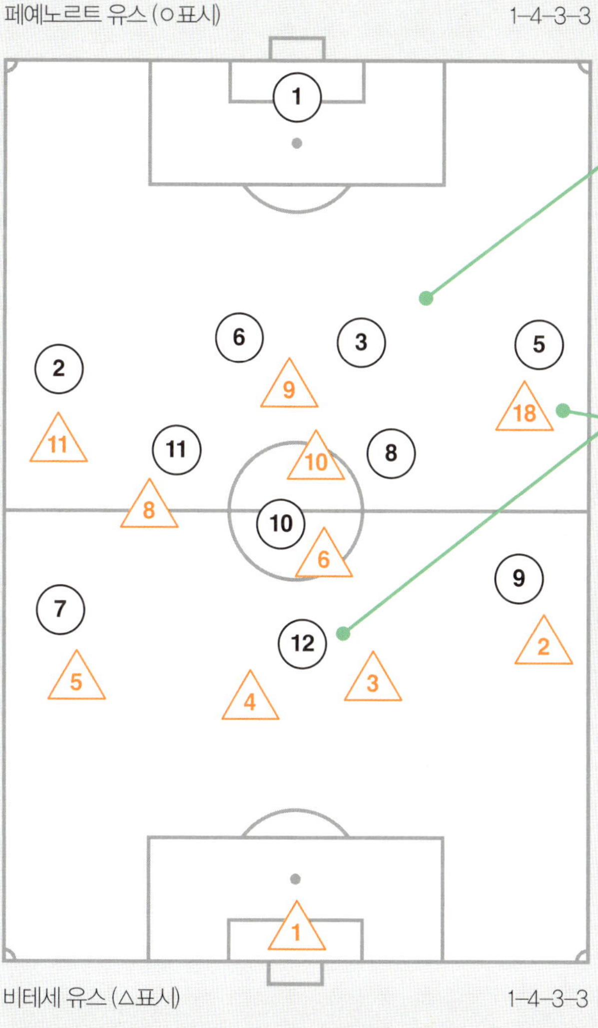

페예노르트 유스 (○표시)　　　　　　1-4-3-3

● 전반의 분석표와 마찬가지로 후반의 대략적인 흐름을 정리한다.

● 교체선수가 투입된 경우, 등번호도 바꿔 기입한다.

비테세 유스 (△표시)　　　　　　1-4-3-3

하야시 마사토 메모
- 후반이 시작되고 10분 동안 페예노르트가 3득점 했다
- 페예노르트는 비테세의 공격을 잘 막았다
- 3-0으로 종료

장면❶ 볼 포제션 오퍼넌트 (분석할 팀이 수비할 때) 《시합 분석 5

상대팀이 공을 가졌을 때의 수비를 분석한다.

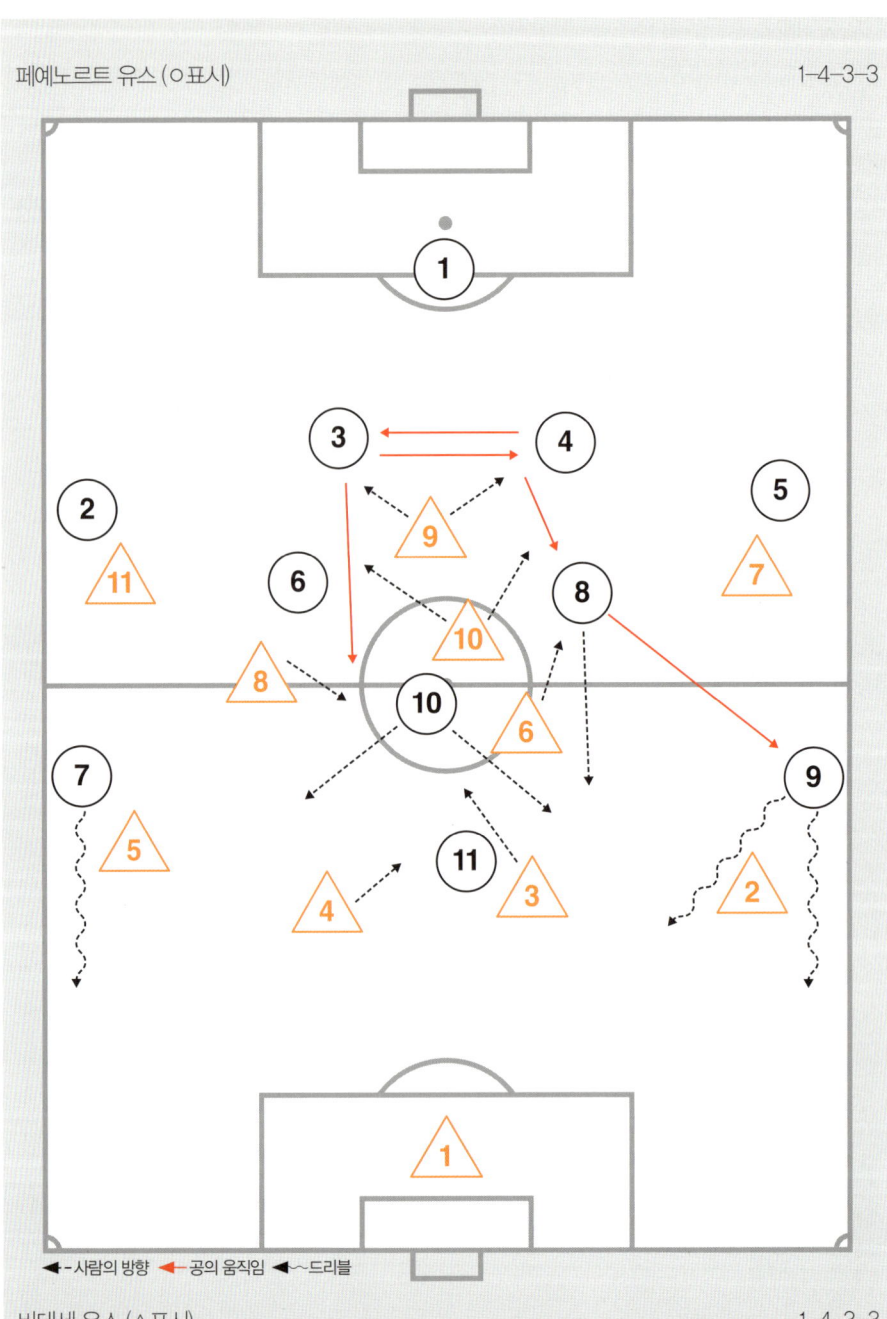

주목 포인트

- **상대팀 골키퍼가 공을 가졌을 때 어떻게 대처하는가?**
  (예) 길게 차도록 압박한다. 수비수부터 차근차근 공격을 풀어가도록 한 다음 압박한다. 수비 진영으로 빠져 촘촘하게 압박한다.

- **압박하는 타이밍과 방향성, 공 쟁탈전은 어디에서 일어나는가?**
  (예) 전방에서 압박한다. 센터서클 부근까지 물러나 압박한다. 수비 진영으로 빠져 역습을 노린다.

하야시 마사토 메모

- **○10을 제대로 마크하지 못해 위기를 자초했다**
  △3은 ○10에 늦게 대처하는데 ○10이 미드필드까지 내려가면 막기가 어렵다. △6은 ○10 가까이에 있지만 ○8에게 공이 가면 ○8을 마크한다. 그 결과 ○8을 기점으로 ○10이 노마크가 되고 왼쪽 측면으로 패스가 성공해 수비가 무너진다.

- **상대팀은 ○3과 ○4로 수적 우위를 만들며 공격을 풀어나간다**
  △9는 ○3과 ○4 사이를 왕복하면서 공이 온 쪽을 압박한다. △10은 △9 뒤에 위치하며 빠르게 압박을 가할 때는 ○3을, ○6이 노마크일 때는 ○6을 마크한다.

- **△7과 △11이 상대팀 측면 수비수 공간에 남아 있다**

- **미드필드에서 2 대 3 구도가 형성된다**
  올라온 ○10을 △3이 마크하지 않는 경우 △6과 △8이 넓은 범위를 수비해야 한다.

- **○9와 ○7의 속도가 빨라 대응하기 어렵다**
  ○9와 ○7을 △2와 △5가 각각 1 대 1로 대응하는 상황. 커버가 필요하지만 △3이 ○10을 △4가 ○11을 각각 마크해 제대로 커버할 수 없다. 혼자 대응할 수밖에 없어 돌파당한다.

- **△1은 페널티 에어리어의 약간 안쪽에 있으며 코칭하지 않는다**

분석 포인트

수비의 어느 부분에 문제가 있는지 이해했는가? 이 경우, △7과 △11이 미드필드 수비에 가담하지 않아 상대팀이 수적 우위를 차지하게 되고 최종 수비라인이 상대팀 공격수와 1 대 1이 되어 서로를 커버할 수 없는 상황이 되었다.

 지도자 MEMO
상대팀이 공을 가졌을 때 어떻게 수비할 것인가를 그림과 문장으로 설명한다. 주의할 점은 모든 선수의 움직임을 체크하는 것이다. 90분간 가장 많이 플레이한 것 또는 시합의 흐름이 바뀐 계기를 기입한다.

장면❷ 수비 → 공격 전환 시

《《시합 분석 6

상대팀이 공을 가졌을 때,
그것을 뺏고 공격으로 전환하는 움직임을 분석한다.

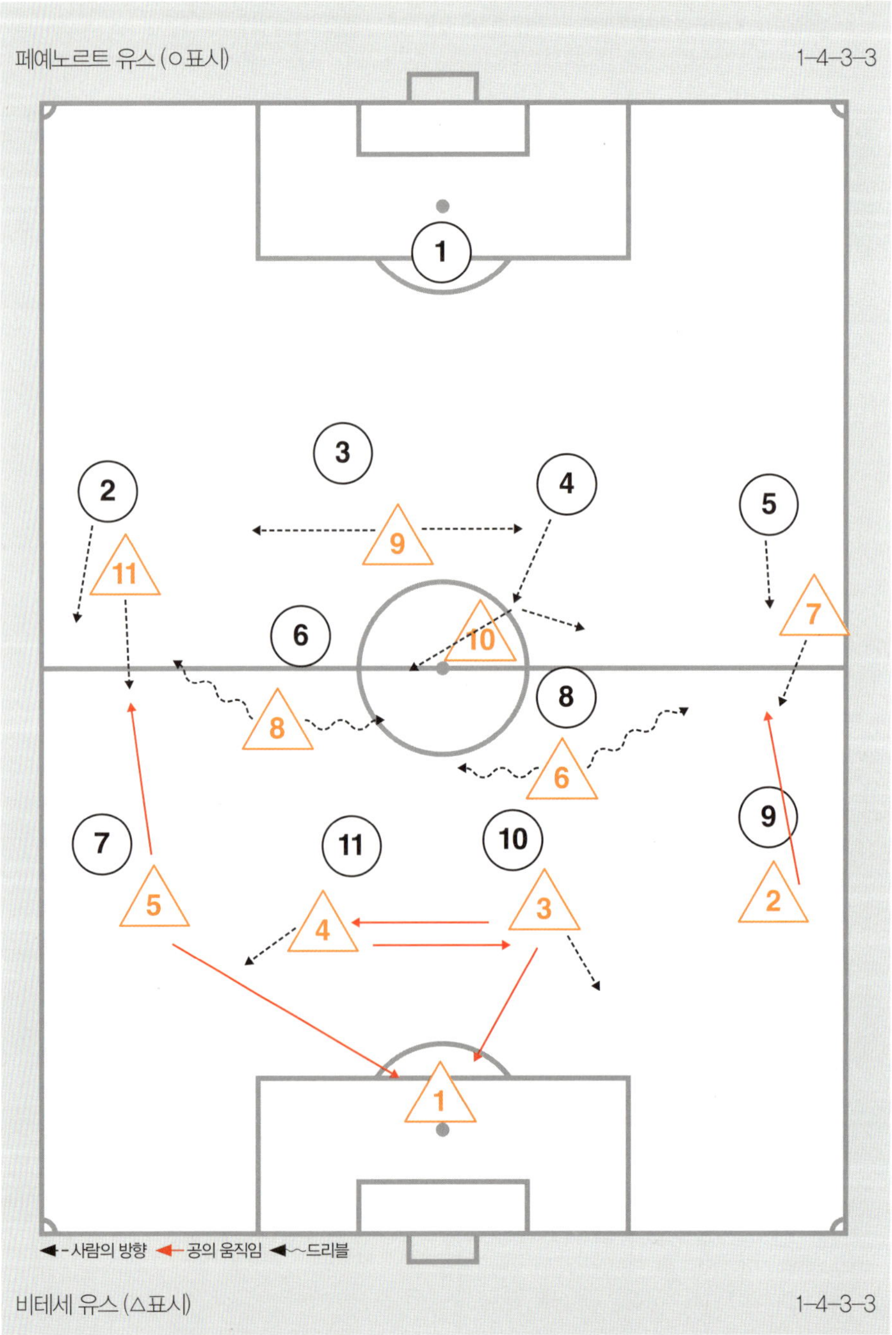

페예노르트 유스 (○표시)   1-4-3-3

◀ - 사람의 방향   ◀ 공의 움직임   ◀∼드리블

비테세 유스 (△표시)   1-4-3-3

주목 포인트

■ **어디에서 공을 뺏었는가?**
<예>공격 진영에서 많이 뺏었다. 센터서클 부근이나 수비 진영에서 많이 뺏었다. 왼쪽 측면에서 많이 뺏었다 등, 시합에서 가장 많이 본 것을 적는다.

■ **공을 뺏은 후 어떻게 움직이는가?**
<예>곧바로 공을 앞으로 몰고가려 한다. 백패스로 공을 안전하게 지키려고 한다.

하야시 마사토 메모

- 미드필드 중앙에서 공을 뺏는 경우가 많다.
- 공을 뺏으면 O4가 바로 △10을 압박한다.
- △2, △3, △4, △5는 상대팀의 빠른 압박으로 공을 전방으로 보낼 수 없다. 공을 앞으로 보낼 때도 타이밍이 느려 뺏길 때가 많다. 아무것도 시도하지 못한 채 공을 골키퍼에게 맡기는 경우도 허다하다.
- 상대팀이 1 대 1로 압박해 골키퍼가 노마크 선수를 활용할 수 없다.
- △9와 △10에 공을 차면 상대팀과 1 대 1이 되어 많은 기회가 생겼다.
- △6과 △8은 공을 뺏으면 바로 드리블을 해 공을 뺏긴다.
- △10이 깊숙한 곳에 위치해 O4가 1 대 1로 마크하지 못한다. 그래서 공을 뺏는 순간, △10이 노마크 상태가 된다. 여기에 공격의 가능성이 있지 않을까?
- △7과 △11은 항상 함께 공을 받으러 내려온다.
- △9는 옆에서 오는 공을 받으려 하지만 공이 전방으로 자주 오지 않아 이런 상황이 일어나지 않는다.

분석 포인트
여기서 주목해야 할 점은 공을 뺏은 곳과 팀의 움직임이다. 공수 전환에 관해 메모할 때는 공을 뺏은 후 약 2초 안에 일어난 일을 기입한다.

지도자 MEMO 스탠드에서 시합을 보면서 분석한 것이다. 이때 양 팀 감독의 목소리가 들린다면 그것도 기입한다. 모든 선수의 움직임을 적어 넣는 것이 기본이지만 관련된 인원이 적다면 인원수만 기입해도 좋다.

장면❸ 볼 포제션 (공격할 때)

《《시합 분석 7

분석할 팀이 공을 가졌을 때의 움직임을 분석한다.

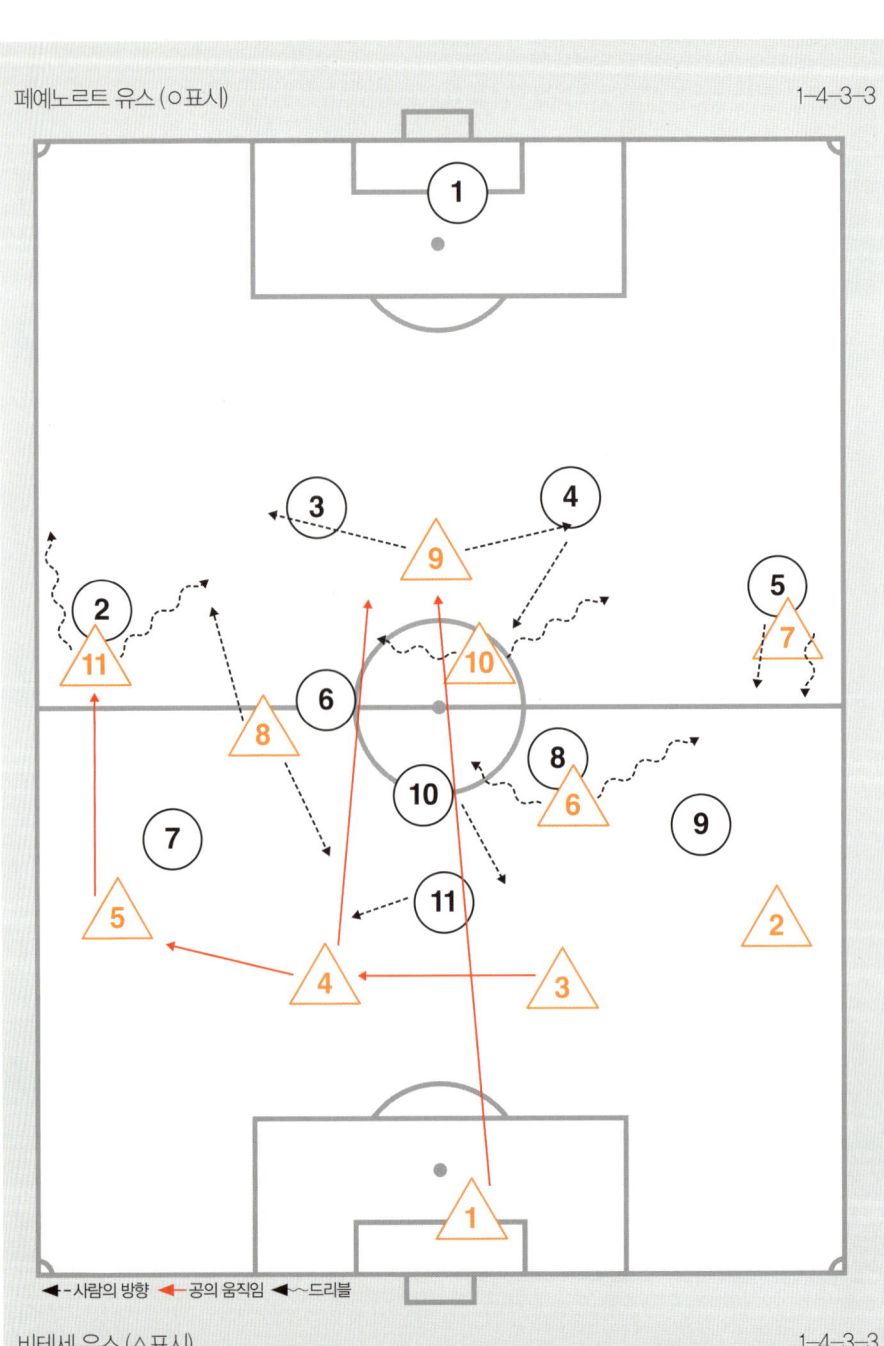

주목 포인트

- **골키퍼가 공을 가졌을 때 어떻게 움직이는가?**
  - 예) △9를 향해 길게 찬다. 수비수부터 공격을 전개한다.

- **시합 중 어떤 흐름으로 어떻게 공격을 전개하는가?**
  - 예) 긴 패스로 빠르게 공격 진영으로 공을 보내 공격을 시도한다. 공을 지키면서 앞으로 전진한다.

하야시 마사토 메모

- 수비수와 골키퍼 사이의 패스가 많다. 수비수는 백패스를 한다. 골키퍼는 ○10의 마크가 늦으면 △3에게 패스한다. 긴 패스를 가장 많이 활용한다.

- △3은 골키퍼에게 패스를 받은 후, 노마크 선수를 찾는 능력이 떨어진다. 앞을 보면서도 옆에 있는 △4에게 패스하는 경우가 많다. 공 터치가 많으며 두 번 정도 자세를 고쳐야 겨우 패스를 할 수 있는 상태가 된다. 상대팀은 △4를 많이 노린다.

- △2는 뒷선에서 공격을 전개할 때 가담하지 않는다. △5는 비교적 가담하는 편이지만 공을 받으면 무조건 △11에게 패스한다.

- △6은 균형을 생각지도 않고 왼쪽이나 오른쪽으로 자유롭게 이동한다. 공을 받으면 드리블로 상대팀을 제치려고만 한다.

- △8도 공을 받으려고만 하며 공을 받게 되면 드리블로 이어지는 경우가 많았다. 몇 번 정도 단순하게 패스했을 때, 공격의 형태가 되었다.

- 상대팀에게 가장 위협적인 건 △9의 움직임이다. 좌우 또는 뒷 공간으로 빠지는 움직임이 위협적이지만 공이 오지 않는다. △9의 위치가 너무 높아 옆으로 움직여도 ○4가 마크하기 쉽다. 공을 받아도 바로 뺏기는 경우가 많아 역습을 당하는 원인을 제공했다.

- △7은 공을 받으러 오는 때가 많다. 기본적으로는 별로 움직이지 않는다.

- △11은 공을 받으러 오려는 자세는 좋으나 대부분 드리블로 이어진다. 별로 효과적이지 않았다.

분석 포인트

수비라인이 공격을 제대로 전개하지 못해, 골키퍼나 △4가 길게 패스하는 경우가 많았다. 미드필더도 문제점이 많았지만, 뒷선에서부터 공격을 전개할 때 미드필더에게 좋은 패스를 할 수 있도록 훈련하는 것이 필요하다.

지도자 MEMO

분석표에는 일어난 상황만 적고 문제점은 적지 않는다. 팀에 따라 수정해야 할 부분이 다르다. 시합을 보지 않은 사람도 훈련 프로그램을 이해할 수 있는 분석표가 가장 이상적이다.

장면❹ 공격 → 수비 전환 시

팀이 공을 가지고 있다 뺏겼을 때의 움직임을 분석한다.

《시합 분석 8》

페예노르트 유스 (○표시)　　　　　　　　　　　　　　1-4-3-3

◀─ 사람의 방향　◀── 공의 움직임　◀∼ 드리블

비테세 유스 (△표시)　　　　　　　　　　　　　　　　1-4-3-3

주목 포인트

- **어디에서 공을 뺏겼는가?**
  - ㉠ 상대팀 진영, 센터서클 부근, 공격 진영, 오른쪽 측면 등, 시합 중 가장 많이 본 상황을 적는다.

- **빠르게 압박하는가? 그렇다면 어떤 선수가 압박하는가?**
  - ㉠ △9가 ○3과 ○4를 압박한다. △10은 압박하지 않고 자신의 진영으로 되돌아간다.

- **약속한 곳까지 되돌아오는가?**
  - ㉠ 수비 진영까지 되돌아가 수비 블록을 만든 다음 압박한다.

하야시 마사토 메모

- 상대팀은 공을 뺏는 순간, 미드필더가 빠르게 앞으로 치고 나가 노마크 상태인 ○10을 활용한 공격을 한다. 이를 △9가 빠르게 마크하며 저지하려 한다.

- △10이 많이 움직이지 않는 것이 특징이다. ○4를 마크하고 있어 주변을 돕지 않아도 된다고 생각하는 것 같다. 주변 상황을 보지 않는다.

- ○7과 △11도 커버해야 한다는 생각이 없는지, 움직이려 하지 않는다.

- ○6, ○8, ○10을 수비하는 선수는 △6과 △8밖에 없다. 이를 의식한 △3이 커버하려 하지만 거리가 너무 멀어 공수 전환이 빠를 때는 돕지 못한다.

- △6과 △8은 마크해야 할 선수를 쫓아가지 못할 때가 많다. 이 부근에서 위험한 장면이 연출되었고 결국 실점했다. 0-3으로 졌다.

분석 포인트

볼 포제션 오퍼넌트(수비할 때) 때도 같은 상황이 연출된다. 한순간에 공수가 전환되어 수비할 때 지원할 수 있었던 △3이 따라가지 못해 수비가 바로 무너지게 된다.

지도자 MEMO

앞에서 소개한 4가지 상황을 익숙해질 때까지 한 페이지씩 사용해 시합 중에 메모한다. 패스를 하면 그림을 그리고, 골키퍼가 여러 번 공을 차면 실제로 화살표를 그려넣는 것도 좋다. 조금씩 메모해둔 것을 마지막에 종합한다.

전개 변경 + 교체 선수   《《시합 분석 9

전술을 바꾸거나 선수를 교체해 시합 전개가 달라지면, 변경된 것을 기입한다.

주목 포인트
- 교체 선수, 위치 선정, 교체 시간
- 시스템이 달라졌는가?
- 전술이 달라졌는가?

 지도자 MEMO 시스템의 변화는 그림을 사용해 표기하고 키 큰 선수를 교체 선수로 투입해 제공권을 확보했다는 등 시합의 흐름을 변화시킨 것들을 적는다. 선수를 교체했는데도 전술과 시스템에 변화가 없었다면 적을 필요 없다.

세트 플레이   《《시합 분석 10

최근에는 프리킥이나 코너킥과 같은 세트 플레이로 득점하는 경우가 많다. 이를 분석하는 것도 매우 중요하다.

주목 포인트
- 키커는 누구인가? 어느 쪽 다리로 찼는가?
- 골대 앞까지 올라온 선수는 누구인가?
- 각 선수의 위치는?
- 누가 헤딩할 것인가?
- 짧은 코너를 활용하는가?
- 어디로 공을 찼는가?
- 1 대 1로 수비하는가, 블록을 만들어 수비하는가?
- 골키퍼의 움직임은 어떤가?

지도자 MEMO 코너킥과 프리킥이 시합의 흐름에 크게 영향을 주지 않는다면 표기할 필요 없다.

득점 장면

《《 시합 분석 11

득점 장면을 그림으로 그리고 득점 시간, 득점자, 상황을 모두 함께 적는다. 세트 플레이 득점도 여기에 기입한다.

주목 포인트
- 시간대는?
- 세트 플레이인지 아닌지?

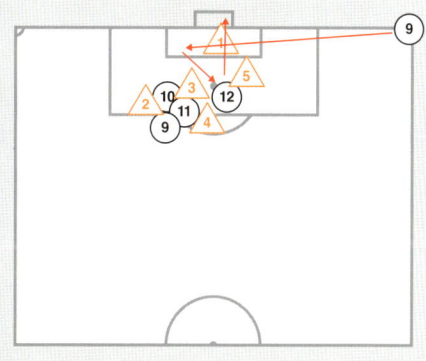

득점 : 1-0 (42분 / ○12)

골대를 맞고 흘러나온 공을 ○12가 밀어 넣었다.

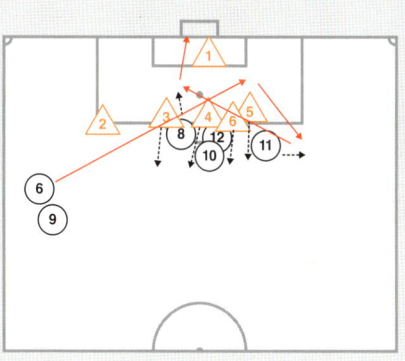

득점 : 2-0 (44분 / ○8)

프리킥을 걷어내 흘러나온 공을 갖게 되었을 때, 수비라인을 올렸다. 그 후 2선에서 파고든 ○8이 노마크가 되어 골로 연결했다.

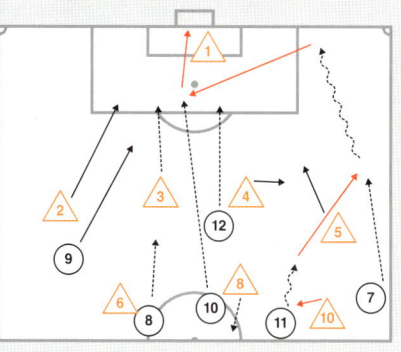

득점 : 3-0 (48분 / ○10)

△10이 공을 뺏긴 후 ○7에게 오른쪽 측면을 쉽게 돌파당했고, 서로 커버하지 못해 상대팀이 크로스를 올렸다. 마지막에는 상대팀의 요주의 선수인 ○10이 슈팅했다.

지도자 MEMO
시합을 촬영해두는 것이 좋다. 분석에 자신이 없다면 비디오를 사용해 분석의 정밀도를 높일 수 있다. 선수의 성장과정을 기록할 수 있어 일석이조다.

시합을 분석해 문제점 찾기

《시합 분석 12》

마지막으로, 시합을 분석한 것을 정리하면서 알게 된 문제점에 대해 장면별로 우선순위를 정해 기입한다.

장면 1》 볼 포제션 오퍼넌트(수비할 때)의 문제점

1 대 1로 수비할 때

상대팀의 측면 공격을 서로 커버하면서 수비해야 한다. 여기에서 가장 중요한 선수는 미드필드의 △6, △8, △10과 측면의 △7, △11이다. 미드필드에서 제대로 수비하지 못할 때가 있으니 이것을 개선해야 한다.

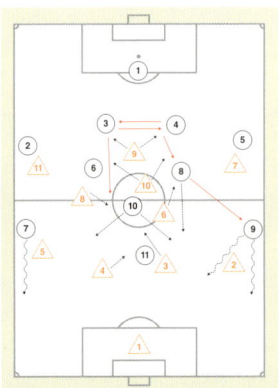

개선책❶ △7과 △11은 중앙에 집중한다

오른쪽 측면에 공이 있으면 반대쪽의 ○2는 플레이에 관여할 수 없다. 이때 △11이 ○2에게서 떨어지며 중앙으로 이동해 미드필드의 밀도를 높인다. 그러면 △3이 제자리를 지킬 수 있다.

개선책❷ △6과 △8은 상대팀 사이에 선다

△6과 △8이 1 대 1로 마크하면 ○10이 노마크 되기 쉽다. 상대팀 사이사이에 서서 공이 어디에 있더라도 바로 압박할 수 있는 상태를 만든다.

장면 2》 수비 → 공격 전환 시의 문제점

공을 뺏은 다음 옆으로만 공을 보낸다

△6과 △8의 드리블, △3과 △4의 패스 모두 횡방향으로만 이루어진다. 전방이 1 대 1 상태가 되어도 그것을 살리지 못하는 것이 문제다.

개선책❶ △6, △8, △10의 위치 선정력 향상

공을 뺏은 후, 움직일 수 있는 공간을 넓히기 위해 미드필드에 있는 세 선수의 움직임에 변화를 준다. 특히 △10은 ○4가 앞으로 나오게 되면 더욱 거리가 멀어져 △9가 1 대 1로 대적할 공간이 생기게 된다. 또한, ○4가 쫓지 않으면 △10이 노마크 상태로 패스를 받을 수 있다.

장면 3〉〉 볼 포제션(공격할 때)의 문제점

상대팀의 압박에 눌려 공격 전개를 할 수 없다

상대팀이 압박하면 △3과 △4가 좋은 패스를 하지 못한다. △6, △8, △10이 따로따로 움직여 수적 우위를 만들 수 없다는 것도 문제다.

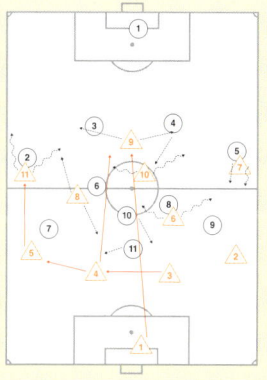

개선책❶ △6, △8, △10의 전술 이해도를 향상시킨다

△10이 노마크 상태로 패스를 받으려고 해도 △6과 △8이 먼저 공간을 만들지 못하면 의미가 없다. 미드필드의 세 명이 협력해서 노마크로 패스를 받을 수 있도록 위치를 잘 선정해야 한다.

개선책❷ △3과 △4의 조합

여기에서는 패스를 할 때 걸리는 시간을 조정할 필요가 있다. ○10은 약간 뒤쪽에서 압박하러 오게 되니 그 사이 패스하는 것이 좋다. 기술을 향상시키거나 선수를 변경하자.

장면 4〉〉 공격 → 수비 전환 시의 문제점

상대팀의 ○10이 기점이 된다

공을 뺏겼을 때 ○10이 노마크 상태로 기점이 되는 것이 가장 큰 문제점이다. 이 선수가 기점이 되지 않도록 주의해야 한다.

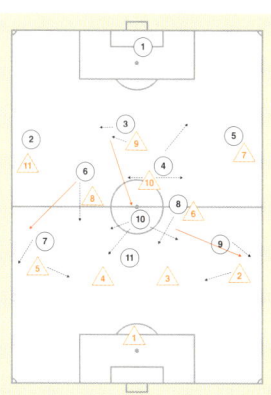

개선책❶ △9와 △10의 수비 의식

공을 뺏기면 △9와 △10이 전진 패스 코스를 차단하거나 미드필드로 돌아와 수비에 가담한다.

개선책❷ △7과 △11이 중앙으로 모이고 △6과 △8은 마크 대상을 놓치지 않는다

공을 뺏기면 곧바로 △7과 △11은 중앙으로 모여 미드필드의 밀도를 높인다. 동시에 △6과 △8은 전방을 향하는 ○6과 ○8을 놓치지 않는다.

지도자 MEMO 문제점을 적는 것은 좋다. 하지만 지나치게 많이 적지는 말자. 시합을 보다 보면 잘못된 부분이나 실수가 눈에 띈다. 하지만 문제점은 서서히 해결해야 한다. 우선순위를 정해 바로 수정해야 하는 부분을 명확히 정한다. 득점 장면만 신경 써서도 안 된다. 축구는 시스템과 전술만으로 승패가 결정되는 것이 아니다. 운과 날씨에도 영향을 받으며 우연히 골이 들어가는 경우도 있다. 득점 장면뿐만 아니라 전술과 관련된 문제를 유출해 훈련해야 팀의 실력이 향상된다.

《시합 분석 13

초급~중급 레벨의 분석

주니어~주니어 유스의 시합을 분석할 때는 간략한 분석표를 만들자.

초급~중급 레벨에서 주목해야 할 포인트

공격
- 필드를 넓게 사용하는가?
- 횡패스가 아닌 전진 패스를 했는가?
- 공격 기회를 만들었는가? 그렇다면 몇 번 만들었는가?

수비
- 필드를 좁게 사용하는가?
- 상대팀이 자신의 공격 진영으로 공을 보내는 것을 막았는가?
- 어떻게 공을 뺏는가?

초급~중급 레벨의 팀인 경우 전체를 분석하면 문제점만 보인다. 네덜란드에서 주니어(초등학생)와 주니어 유스(중학생)의 시합을 분석할 때는 간략한 분석표를 사용한다. 모든 분석표를 사용하는 것은 유스 때부터다.

■ 초급 레벨의 분석표

지도자 MEMO — 초급 레벨의 시합을 분석할 때는 경우에 따라 포메이션을 그리지 않아도 된다. 전체의 흐름과 대략적인 사항을 공격과 수비에 걸쳐 세 가지씩만 쓰는 것으로도 충분하다.

■ 중급 레벨의 분석표

실전분석표

시합일시	2008년 8월 6일, 낮 (9:30 기온)	분석자 이름	야마시 마사도
대상시합	전 일본 주니어 유스 축구 대회 주니어 유스팀 A VS 주니어 유스팀 B	스코어: 2-0(전반 0-0/후반 2-0)	

주니어급 대회의 시합에서 양 팀의 실력 차가 많이 나거나 시스템이 채득되 작동하지 않는 경우, '실전 분석 생활표'(P.216~223)로 분석하지 못할 수 있다. 이런 경우, 분석할 팀이 공을 갖고 있을 때와 상대팀이 공을 갖고 있을 때를 나눠서 메모하고 문제점을 분석해 과제를 만든다.

선수표

번호	소속팀/선수이름
교체선수(시간/등번호)	

시작할 때의 포메이션

전반의 흐름

- ○○가 상대의 높은 지역에서 압박했다
- 이 때문에 미드필드에 공간이 생겼다
- 미드필드에서의 싸움은 ○○○○가 유리하게 이끌었다
- ○○가 센터서클 메우러에서 강하게 압박했다
- 강한 압박으로 최전방의 ○○의 재력이 덜어 실점했다
- 전반 득점(2-0)

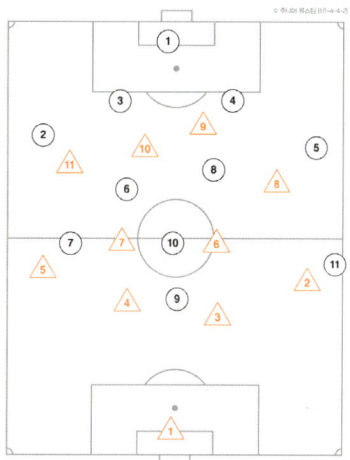

후반의 흐름

- ○○는 무회로 적극적으로 압박했다
- ○○는 공격을 잘 전개하지 못했다
- ○○는 측면 미드필더가 노마크 상태로 유리하게 활용했다
- 몇 번의 기회를 만든 건 ○○쪽이다
- 측면 공간에서의 수적 우위를 ○○가 이용했다

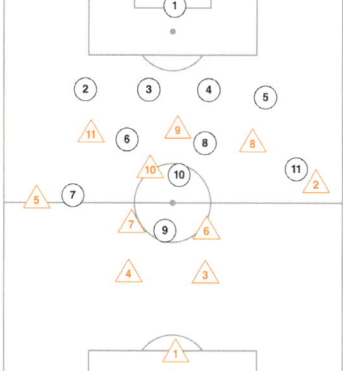

1) 분석할 팀이 공을 가졌을 때

공격 전개
- 선수가 필드를 넓게 사용하지 않았다
- 볼을 빼앗은 뒤에는 무조건 포워드 및 공키퍼에 길게 패스했고 골키퍼도 길게 패스할 때가 많았다
- 미드필드 + 수비수의 공간을 이용한 위치 선정을 하지 못했다
- 단조로운 긴 패스가 많고 득점 기회가 적었다
- 포워드의 호흡을 맞춰 플레이하지 않아 상대팀에게 공을 쉽게 빼앗겼다

득점
- 전반 시작의 세트 플레이 때 흐러 나온 공으로 득점할 기회가 있었지만 제대로 살리지 못했다

2) 상대팀이 공을 갖고 있을 때

공격 전개
- 한 사람의 사람을 미크하지만 팀 전체가 호흡을 맞춰 상대팀에게 공간을 내주지 말아야 한다고 는 생각하지 못한 것 같다. 그래서 상대팀이 중원에 생긴 큰 공간을 활용하도록 허락되고 있었다. 특히 포워드와 미드필더 + 수비수가 유기적이지 못했다
- 수비라인이 비교적 낮이 뒤 공간이 없었지만 선수 간의 거리가 뒤떨 상대팀이 미드필드에서 쉽게 패스할 수 있었다
- 상대팀은 미드필더의 공간을 이용해 좌우로 볼을 돌리며 많은 기회를 만들었고
- 오픈팀이 함께 플레이가 되지 않았다

득점
- 빨리 마크하지 않고 어벌거림으로의 슈팅을 막지 못해 골을 허용했다
- 파고드로 오는 선수가 많아 쉽게 패스를 당했고 슈팅을 허용했다

분석을 통해 본 문제점

팀이 공을 가졌을 때
① 골키퍼부터 공격을 전개하는 힘을 길러야 한다. 긴 패스로 공을 보내지 않고 수비수 + 미드필더가 공간을 넓게 사용해 확실한 공격 기회를 만들어가야 한다.
② 공을 빼앗은 후 긴 패스가 아니라 짧은 패스를 해야 한다. 포워드 + 미드필드 혹은 수비수의 빈 곳 위치 선정과 공을 빼앗은 선수의 판단이 중요하다.

상대팀이 공을 가졌을 때
① 포워드와 미드필더 + 수비수의 협력으로 상대팀이 활용할 수 있는 공간을 좁게 유지한다. 한 선수에 압박하는 것이 아니라 팀 전체로 압박해야 한다. 수비라인이 올라와야 한다.
② 포워드의 수비력을 강화시킨다. 후방의 미드필드와의 협력플레이를 생각하며 수비해야 한다.

지도자 MEMO 팀의 레벨에 맞춰 필요한 분석지를 선택해 사용한다. 공수의 두 장면만으로도 좋고, 공수 전환을 중시한다면 공 → 수, 수 → 공을 더한 네 가지의 장면 분석지를 사용해도 좋다. 팀의 문제점을 파악하기 쉬운 것으로 선택한다.

훈련 분석과 피드백 《시합 분석 14

시합만이 아니라 평소의 훈련 프로그램도 분석해야 한다.
어떻게 분석해야 하는지 단계를 소개한다.

단계 1〉 훈련 주제 설정

시합 분석에서 파악한 문제점을 바탕으로 주제를 설정해 훈련한다. 앞에서 말했듯이 네덜란드에서는 개인 기술을 많이, 반복해서 훈련하지 않는다. '드리블'을 주제로 훈련할 때도 실전처럼 '자연스럽게 드리블할 수 있는 상황'을 만들어 주며, 훈련 주제를 미리 선수에게 알려주지 않고 선수가 훈련 중에 스스로 판단하여 주제를 달성할 수 있도록 한다.

주제 예시
- 골키퍼부터 패스로 공격을 전개한다
- 미드필드에서의 위치 선정 능력을 향상시킨다
- 상대팀의 수비라인을 무너뜨린다
- 협력하며 최전방에서부터 압박한다
- 커버 능력을 향상시킨다
- 센터링 수비를 훈련한다

단계 2〉 분석하며 훈련 프로그램을 조절한다

위와 같이 주제를 정해 훈련 프로그램을 짜고 실제로 해보자. 아마 의도한 대로 진행되지 않을 것이다. 지도자는 훈련 중에 일어난 일을 분석하고 프로그램을 조정하면서 주제를 달성해야 한다.

개선책
- **주제와 동떨어진 훈련이 되는 경우**
  드리블을 주제로 한 훈련에서 패스가 많아진 경우에는 수비와 공격을 같은 수로 구성해(1 대 1), 패스로 수비를 무너뜨리기 어렵게 만든다.
- **프로그램이 너무 쉬워 실력이 향상되지 않는 경우**
  난이도를 높인다. 인원을 늘리는 것이 가장 쉬운 방법이다. 공격 훈련을 한다면 필드를 좁게 만들고 수비 훈련을 한다면 필드를 넓게 만든다.
- **프로그램이 너무 어려워 완벽하게 해내지 못한 경우**
  난이도를 낮춘다. 전체 인원을 줄이는 것도 하나의 방법이다. 공격 훈련이라면 필드를 넓히고 수비 훈련이라면 필드를 줄인다.

 설정한 주제를 갖고 구체적으로 어떤 방식으로 훈련할 것인가? 3장부터는 훈련 프로그램을 단계별로 소개한다. 소개한 프로그램을 그대로 따라하지만 말고 '팀에 맞춘 훈련을 하기 위한 예제'라 생각하며 상황에 맞게 연구하고 응용하기 바란다.

잘못된 트레이닝의 전형적인 예

《《시합 분석 15

바른 지도법이라 생각되어도, 주제로 삼은 상황이 일어나지 않는다면 아무 소용이 없다. 이때는 프로그램을 다시 구성해 주제를 달성할 수 있도록 선수를 이끌어가는 것이 좋은 지도법이다.

사이드 체인지 훈련에서

필드의 폭이 넓어 쉽게 사이드 체인지를 할 것 같다. 그러나 아무 설명 없이 실제로 플레이를 시킨다면? 전혀 상상하지 못한 일이 벌어진다. 사이드 체인지 훈련인데 드리블과 슈팅이 늘어나는 것이다. 이유는 무엇일까? 코트가 옆으로 길면 골대까지의 거리가 짧아 드리블과 슈팅하는 것이 편하다. 골대가 있으면 슈팅을 한다. 공간이 있으면 파고든다… 이것이 축구의 자연스러운 움직임이다. 물론 "사이드 체인지 훈련이다."라고 말한다면 그것을 훈련할 것이다. 그러나 이는 상황에 맞지 않는 부자연스러운 플레이를 시키는 것으로, 전술이라 할 수 없다. 전술 트레이닝이란 상황 판단력을 기르는 트레이닝이다. 지도자가 지시를 하지 않아도, 선수를 자연스럽게 의도한 주제로 이끄는 것이 올바른 지도법이다.

실제로 훈련해보고 사이드 체인지를 많이 하지 않는다는 것을 깨달았다면 프로그램을 다시 구성하자. 필드의 형태를 바꾸거나 골대를 하나만 세워 게임을 재개시키고 다시 분석한다. 이를 반복해야 선수의 상황 판단력을 향상시킬 수 있다.

▲ 드리블과 슈팅이 많아진다

▲ 사이드 체인지를 하기 쉽다

지도자 MEMO
위의 예는 실제로 네덜란드 강습회에서 들은 이야기다. 사이드 체인지가 필요하지 않은 상황에서 선수가 의도한 대로 움직이지 않는 것은 당연하다. 지도자가 사이드 체인지를 시키고 싶다고 해서 "사이드 체인지 해!"라며 훈련 주제를 알리는 것은 잘못된 지도법이다. 강습회에서는 이런 사실을 깨닫지 못한 지도자가 지구에 몇 억 명이나 있다고 했다.

시합 분석 시험

《 시합 분석 16

네덜란드 축구 협회가 실시하는 시합 분석 시험을 소개한다.

시합 분석 시험은 분석표를 제출해야 한다

네덜란드의 1급 라이선스(유럽축구연맹 UEFA의 A급에 해당한다. 톱 리그의 감독을 할 수 있다.)를 취득하는 시험과목에는 시합 분석, 시스템/전술론, 실전 지도, 체력 유지론/실제 기술, 축구 전문 지식, 리포트 과제, 연수 과제가 있다.

시합 분석 시험은 실제 시합을 관찰하며 분석하고 시합이 끝난 후 90분 안에 모든 분석표를 완성해 제출해야 한다. 제출한 분석표의 성적에 따라 합격 여부가 판가름난다.

▲ 선수를 모두 모아 간단한 미팅을 갖는다

훈련이 너무 성공적이어도 불합격

분석을 하고 실제로 짠 훈련 프로그램을 토대로 팀을 지도한다. 이때 처음에 짠 프로그램의 질이 좀 떨어져도 훈련을 분석해 주제에 맞게 수정하면 합격할 수 있다.

반대로 너무 간단히 목표를 달성하는 것이 문제다. 제대로 해낼 수 있을까 없을까를 판단하기 어려운 난이도가 선수를 가장 성장시킨다. 선수가 과제를 달성했는데도 난이도를 올리지 않고 훈련 프로그램도 수정하지 않으면 불합격 처리된다. 훈련의 난이도를 조절하는 가장 간단한 방법은 상대팀을 이용하거나 양 팀의 공 터치 수를 제한하는 것이다. 인원을 늘리는 방법도 있다. 시합과 유사한 상황을 유지하면서 난이도를 올리고 내려야 한다. 지도할 때 이 점을 기억하자.

▲ 중요한 사항은 시합을 중지하고 이해시킨다

▲ 무엇보다 축구의 흐름을 중시하면서 지도한다

지도자 MEMO 많은 지도자가 라이선스를 취득하기 위해 네덜란드로 향한다. 그러나 비자 등의 문제로 요즘은 라이선스를 취득하기 어렵다고 한다. 필자는 정말 운이 좋았다고 생각한다.

제3장

공격 과제 해결 프로그램

득점하는 것만이 공격은 아니다.
수비지역에서는 수적 우위를 살려 공을 돌리고,
미드필드에서는 공을 지키면서 전방으로 보낸다.
힘에 의존하지 않는 '생각하는 능력'이 필요하다.

네덜란드 축구 기초지도 이론 〈실전편〉

3~5장 : 네덜란드식 전술 트레이닝 프로그램
취급설명서

1» 분석 결과를 통해 프로그램 내용을 구성한다

팀을 분석해 과제를 생각하고 그에 맞는 프로그램을 고안해 훈련한다. 과제가 개선되었는지 시합 분석을 통해 알아보고 새로운 과제가 생겼다면 다음 단계로 이동한다. M-T-M(Match-Training-Match)을 반복하면 선수의 실력이 서서히 향상된다.

한 가지 말해두고 싶은 점은, 팀에 따라 과제가 전혀 다르다는 것이다. 이 책에서 소개하는 프로그램은 모든 팀에 적용할 수 있는 것이 아니다. 단지 일반적으로 있을 수 있는 과제를 예로 들어 그에 따른 프로그램을 구성했을 뿐이다. 소개한 프로그램을 그대로 자신의 팀에 적용하기만 한다면 효과를 볼 수 없다.

중요한 것은 어떻게 훈련 프로그램을 구성해야 하는지 그 원리를 이해하는 것이다. 이 책의 프로그램을 자신의 팀에 맞게 재구성해도 좋고, 전혀 다른 프로그램을 짜도 좋다. 중요한 것은 반드시 팀에 맞는 프로그램을 짜야 한다는 것이다.

2» 도입(초급), 응용(중급), 실전(상급)으로 나눈 프로그램 구성

3장(공격), 4장(수비), 5장(공수 전환)의 프로그램은 난이도에 따라 3단계로 나뉘어져 있으며, 가장 쉬운 프로그램은 인원도 적고 반복적이다. 이런 프로그램은 선수에게 과제를 쉽게 달성하고 다음 훈련으로 넘어갈 수 있도록 돕는 역할을 한다. 여기서 조금 어려워지면 응용프로그램이 되고, 좀 더 난이도를 높이면 실전 프로그램이 된다. 이 실전 프로그램으로 올라가면 실제 팀에서 활용하는 시스템을 이용해 훈련할 수 있다. 실전 프로그램은 인원이 늘어 신경 써야 할 선수가 많아 난이도가 올라간다. 선수의 수준에 따라 도입, 응용, 실전 프로그램으로 나눠 훈련하자.

초급인 경우, 무리하지 말고 도입 프로그램을 완전히 해결한 다음 응용 프로그램으로 넘어가자. 주의할 점은 모든 팀이 꼭 도입 프로그램부터 시작할 필요는 없다는 것이다. 실전 프로그램으로 플레이할 수 있는 수준의 선수라면 도입과 응용 프로그램을 건너뛰는 것이 좋다. 쉽게 해낼 수 있는 훈련에서 선수는 아무것도 얻지 못한다.

3~5장에서는 수준에 맞춰 난이도(3단계)가 다른 프로그램을 소개했다.

| 초급 수준
(도입 프로그램) | | 중급 수준
(응용 프로그램) | | 상급 수준
(실전 프로그램) |

난이도 : 낮음 ◄──────────────► 난이도 : 높음

3)〉〉 과제 상황을 반복한다

네덜란드식 전술 트레이닝의 특징 중 하나는 과제 상황을 여러 번 반복한다는 것이다. 예를 들어 이 책에 소개된 많은 프로그램에는 다음과 같은 규칙이 설정되어 있다.

- 스로인 없음
- 코너킥 없음
- 공을 뺏은(혹은 뺏긴) 시점에서 끝, 다시 시작

예를 들어, 수비라인부터 공격 전개 훈련을 한다고 하자. 이때, 수비수에게 공을 뺏기며 공수가 전환되어 수비하는 쪽의 점유율이 높아진다면 어떨까?
수비라인부터 공격을 전개해가는 훈련인데도 수비하는 시간이 길어지게 된다. 그래서 공을 뺏긴 시점에 다시 시작하거나 세트 플레이를 없애 주제에서 벗어난 훈련 시간을 단축하는 것이다. 주제로 설정한 것을 10분 동안 10번 할 수 있는데 5번밖에 못한다면 어떨까? 훈련의 반복횟수에 따라 실력 차이가 생길 것이다. 비단 횟수만의 문제가 아니다. 반복하다 보면 훈련할 내용이 확실해져 선수가 과제를 달성하기 쉬워진다. 이는 지도자의 역량에 따라 좌우된다.

4)〉〉 '축구 요소'에서 벗어나지 않도록

네덜란드에서는 상황을 판단할 필요가 없는 즉, '축구 요소'가 포함되지 않은 반복 훈련은 즐기지 않는다. 축구 훈련에는 공, 자신, 우리팀 선수, 상대팀 선수, 골과 같은 축구 요소가 포함되어야 한다. 단순히 콘 사이를 반복적으로 드리블하는 훈련은 이런 원칙에 위배된다. 그래서 많은 프로그램에 다음과 같은 규칙을 설정한다.

- 오프사이드 있음
- 터치 수 제한 없음

위와 같은 규칙을 두면 축구 요소가 줄어드는 단점이 있다. 이는 지도자가 훈련을 통해 무엇을 얻고 싶은지에 따라 선택할 수 있다. 수비라인부터 공격을 전개하는 훈련을 하면서 공을 뺏겼을 때의 위험과 대처 방법을 훈련하고 싶다면 코너킥은 없지만 스로인은 있으며 공을 뺏기면 공수를 전환해 수비를 해야 하는 규칙으로 바꾸는 것이 좋다. 또한 도입과 발전 프로그램에서는 여러 번 주제를 반복할 수 있게 규칙을 간단하게 설정하고, 실전 프로그램에서는 모든 규칙을 '있음'으로 설정해 축구 요소가 모두 포함된 일반적인 시합을 하는 것도 좋다.
새로운 프로그램을 생각하거나 재구성 또는 규칙을 더하는 경우에는 '실전에서 일어날 수 있는 일인가? 일어날 수 없지만 활용할 것인가?'하는 점과 훈련 효과(반복횟수)의 균형을 바탕으로 판단하는 것이 좋다.

네덜란드 축구 기초지도 이론 〈실전편〉
3~5장 : 네덜란드식 전술 트레이닝 프로그램
취급설명서

5〉〉 필드 크기를 유연하게 바꾼다

이 책의 프로그램에는 필드 크기가 적혀 있다. 실제 시합의 필드 크기는 세로로 100~110미터다. 이를 11명으로 나누면 약 10미터 즉, 팀의 한 사람당 세로로 담당해야 하는 공간은 10미터라는 계산이 나온다. 이를 토대로 4 대 4로 훈련할 때는 세로 길이를 40미터로 기재했다. 이것을 보면 네덜란드의 지도자는 항상 '훈련은 모두 11 대 11 실전을 참고로 만든다.'라는 일관된 생각을 가지고 아이디어를 낸다는 사실을 알 수 있다.

필드 크기는 참고 사항에 지나지 않는다. 선수의 연령과 레벨에 따라 적합한 필드 크기가 다르다. 선수의 움직임을 보면서 유연하게 필드 크기를 바꾸자.

6〉〉 11 대 11과 관련 없는 것은 삭제한다

8 대 8 + 골키퍼로 실시하며 최전방부터 압박하는 훈련 프로그램이 있다고 가정하자. 이 프로그램을 어떤 지도자에게 소개하자 그는 이렇게 대답했다.

"우리 팀은 16명이 없어요. 골키퍼도 1명밖에 없죠. 그래서 우리는 이 훈련을 할 수 없어요."

상당히 답답한 생각이다. 이 프로그램은 11 대 11의 실전 형태에서 최전방부터 압박하는, 훈련 주제와 관련 없는 포지션을 생략(풀백 2명, 포워드와 미드필더에서 1명씩)해 만든 프로그램이다. 혹시 인원이 모자란다면 관련이 없는 포지션(예를 들어 미드필더 등)을 더 생략하면 된다. 골키퍼도 공격 쪽 골키퍼만 필요하지 수비 쪽 골키퍼는 필요 없다. 그러니 남는 선수 또는 지도자가 골키퍼를 하면 된다.

훈련의 '형태'를 실천하는 것이 아니라 훈련의 '의도'를 실천하자.

인원을 조절할 때는 훈련 주제와 관련이 적은 포지션부터 생략한다.

7》 네덜란드식 지도 방법

전술 트레이닝을 할 때는 프리즈 코칭(Freeze Coaching: 훈련을 멈추고 지도하는 방법)을 한다. 말을 걸 때도 네덜란드다움이 묻어난다.

수비형 미드필더인 A군이 수비수에게 패스를 받았을 때 앞에 노마크 선수가 있었음에도 풀백인 B군에게 백패스를 했다고 가정하자. 공격을 우선시해야 할 상황인데도 판단을 잘못했다. 그러나 A군은 자신이 실수한 것을 모른다. 이때는 훈련을 멈추고 지도한다.

지도자 : A군, 지금 어떤 플레이를 했지?
　A 군 : 백패스를 했어요.
지도자 : 왜 백패스를 했는지 말해줄 수 있어?
　A 군 : B군이 노마크여서요.
지도자 : 그럼, B군은 어땠어?
　B 군 : 앞에 C군이 노마크여서 그쪽으로 패스했으면 했어요.
지도자 : 맞았어. 그런데 B군도 그런 생각이 들었다면 A군에게 알려줘야 해.

위 대화의 요점을 이해했는가? 지도자는 답을 알려주지 않는다. 답을 알려주는 것이 아니라 선수가 생각할 수 있도록 이끈다. 이것이 네덜란드식 지도의 기본 개념인 '이끌어 낸다는 것'이다. 지도를 할 때는 '질문'을 던져 선수가 생각할 수 있도록 한다. 대답을 못하는 선수에게는 선택지를 주어 대답을 이끌어 낸다.

8》 속도감을 살려 훈련하는 비결

하루 동안의 훈련에서 여러 가지 프로그램을 실행할 것이다. 이때 중요한 것은 훈련의 속도다. 하나의 프로그램이 끝날 때마다 필드를 정리하고, 골대를 움직이고, 선수 모두가 움직이는 형태로 훈련을 진행하면 집중력이 떨어진다. 이런 상황을 막으려면 훈련 전에 만반의 준비를 해 한두 개의 표식과 콘을 움직이면서 바로 다음 훈련에 돌입할 수 있도록 해야 한다. 그래야 훈련에 흐름이 생기고 밀도가 높아진다.

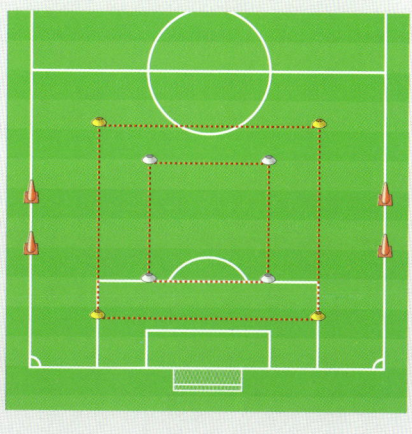

① 첫 프로그램은 흰 표식 안에서 ② 두 번째는 흰 표식을 치우고 노란 표식 안에서 ③ 세 번째는 노란 표식을 치우고 하프코트＋골대(콘)안에서 ④ 네 번째는 풀코트에서 한다. 이렇게 진행하면 훈련에 흐름이 생긴다.

네덜란드 축구 기초지도 이론 〈실전편〉
3~5장 : 네덜란드식 전술 트레이닝 프로그램
취급설명서

9>> 훈련 주제를 선수에게 알리지 않는다

'훈련할 때는 잘 되는데 시합에서는 잘 안 된다.'
어린 선수뿐만 아니라 일반 선수들에게서도 자주 볼 수 있는 현상이다. 실전에 약하다며 정신상태만 탓하게 될 지도 모른다. 하지만, 네덜란드의 지도 방법을 통해 보면 훈련에도 문제가 있음을 알 수 있다. 그 문제란 바로, 지도자가 훈련 주제를 선수에게 알려주는 것이다.
예를 들어, 공수 전환이 느려 역습을 자주 당하는 팀이 있다고 가정하자. 그래서 훈련 주제를 '빠른 공수 전환'으로 설정해 그것을 선수에게 알려주고 훈련을 시작했다. 아마 선수들은 빠른 공수 전환을 의식한 플레이를 하게 될 것이다. 이는 너무나 당연한 일이다. 지도자가 말한 것을 그대로 따르게 되기 때문이다. 하지만 이는, 상황을 판단하여 플레이하는 것이 아니라 말한 것을 그대로 따라하는 것 뿐이다.
그러나 시합에서는 여러 가지 일이 일어나 공수 전환만 신경 쓰면서 플레이할 수는 없다. 시키는 대로만 훈련하는 선수는 시시각각 변하는 상황에 맞춰 주체적으로 판단하지 못한다.
선수에게 훈련 프로그램을 알려주지 않고 순서만 설명한 다음, 훈련 중에 일어난 상황을 판단해 과제를 달성할 수 있도록 한다. 그리고 하루의 훈련이 끝난 후에 "오늘은 어떤 것을 알 수 있었니?"라고 질문하자. 이때 선수가 정확하게 답을 말한다면 성공적인 훈련을 했다 할 수 있다.

10>> 상대팀을 조정해 상황을 컨트롤한다

위에 씌여진대로 훈련 주제를 선수에게 전하지 않은 채 훈련하면 방향성이 사라져 아무런 효과를 볼 수 없게 된다. 따라서 지도자는 과제로 설정한 상황이 자연스럽게 일어날 수 있도록 조정해 선수가 과제를 달성할 수 있도록 해야 한다. 이를 실행하는 좋은 방법은 상대팀을 조정하는 것이다.
예를 들어, 최전방에서부터 압박하는 것을 주제로 정했다고 하자. 그런데 상대팀의 수비라인이 긴 패스를 해서 한 번에 최전방에 공을 보낸다면 주제로 정한 것을 훈련할 수 없다. 이때 지도자는 상대팀에게 "수비라인부터 패스해주세요, 그리고 마크하러 온 선수를 제치면서 공을 앞으로 보내주세요."라고 지시한다. 최전방부터 압박을 해야만 하는 상황을 만드는 것이다. 상대팀에게 '드리블해 달라'고 지시하면 드리블을 저지해야만 하며, '슈팅을 많이 해 달라'고 지시하면 슈팅을 막아야 한다. 상대팀에게 지시를 내려 훈련하고 싶은 상황을 의도적으로 만든다.

11》 주제 이외의 문제점은 지도하지 않는다

지도자는 자신의 눈에 들어온 모든 실수를 바로잡으려는 경향이 있다. 그러나 이는 '랜덤 코칭(Random Coaching)'이라 불리는 것으로, 훈련 주제를 애매하게 만든다. 그 자리에서 말하고 싶은 것은 우선 참고, 메모를 활용해 기억하도록 하자.

우연히 실수하게 되는 경우도 있다. 상대팀을 실수없이 압박했지만 공이 발에 잘못 맞아 전혀 예상치 못한 방향으로 튀어 뺏기는 경우도 있을 수 있다. 우연도 전부 실수로 생각하면 어떤 훈련도 제대로 소화할 수 없다. 의도한 대로 플레이했다면 "(공을 뺏겼지만) 지금 플레이 좋았어!"라고 말하는 것이 좋다.

골은 들어가지 않았지만 훈련 주제를 달성하는 경우도 생긴다. 한두 번의 기회를 만들어내던 팀이 열 번의 기회를 만들었다면 똑같이 득점이 없다 해도 실력이 향상되었다고 할 수 있다. 결과만이 아닌 과정을 보도록 하자.

12》 훈련이 끝난 후에는 대화의 시간을 갖는다

하루의 훈련이 끝난 후에는 선수들과 대화하자. 이때 선수들이 얼마나 훈련을 이해했는지를 알 수 있다. 똑같이 패스를 실수했다 해도 아이디어가 없어서 실수했는지, 여러 가지 아이디어가 떠올랐는데도 단순히 트래핑을 잘못한 건지 등, 선수들의 여러 의견을 들을 수 있다.

대화를 통해 적극적으로 질문하는 선수, 전술 이해도가 높은 선수, 기점이 되는 선수에게는 훈련하는 동안 알려주지 못했던 것을 가르치는 것도 좋다. 이때도 역시 "이번에는 압박에 관한 훈련이라고 알려주지 않았는데, 아까 무슨을 생각하면서 수비했었니?"라고 질문 형식으로 대화하자.

공격 과제 분석

CASE 1 》 골키퍼부터 공격을 전개할 수 없다

➡ 골키퍼부터 공격 전개

`수비지역` `미드필드` `공격지역`

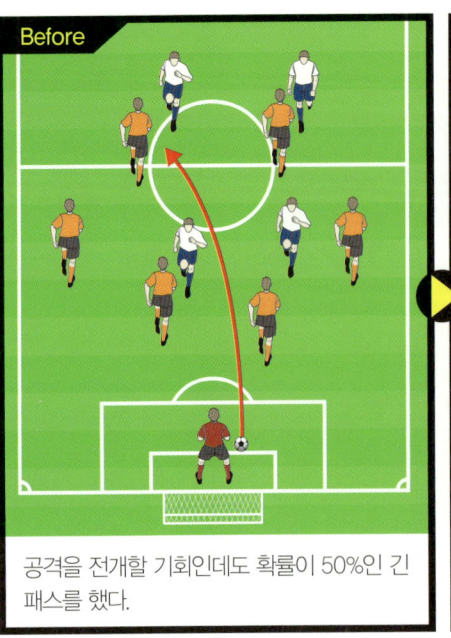

공격을 전개할 기회인데도 확률이 50%인 긴 패스를 했다.

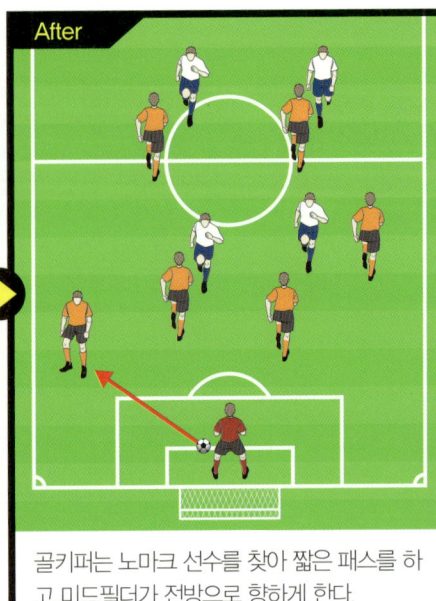

골키퍼는 노마크 선수를 찾아 짧은 패스를 하고 미드필더가 전방으로 향하게 한다.

[체크 포인트] 50%의 확률에 걸지 말고 골키퍼부터 착실하게 공격을 전개한다

경기 중에 골키퍼가 공을 가지면 자동으로 '긴 패스'를 하는 경우를 흔히 볼 수 있다. 그러나 골키퍼가 아무리 정확하게 공을 찬다 해도 상대팀 선수와 몸싸움을 해 공을 가질 수 있는 확률은 50%에 지나지 않는다. 네덜란드에서는 이런 경우, '공을 가지고 있었는데 아깝다.'라고 생각한다. 일반적으로 골키퍼가 공을 갖고 있을 때는 상대팀의 공격수가 수비라인의 선수보다 인원이 적다. 예를 들어, 같은 팀이 포백이고 상대팀이 투톱이면 노마크로 패스를 받을 수 있는 선수가 반드시 2명은 있다. 바로 이것을 이용해야 한다. 여기서 가장 문제인 것은 골키퍼가 공을 갖는 순간, '아무것도 생각하지 못해 우왕좌왕하는 것'과 수비수가 '공을 보지도 않고 전방으로 향하는 것'이다. 포인트는 골키퍼와 수비수의 '판단력'을 기르는 것이다. 골키퍼는 수비수부터 공격을 전개할 수 있는지를 판단해야 하며, 수비수는 패스를 받을 수 있는지를 판단해야 한다. 물론 우선순위는 패스를 받는 것이다. 공을 계속 지키는 것이 긴 패스를 하는 것보다는 공격 기회가 많아진다.

골키퍼부터 공격 전개 ①

프로그램 001 골키퍼부터 시작되는 2 대 1

초급	중급	상급
인 원	4명 + 지도자
지 역	수비지역

● 목적

노마크로 골키퍼에게 패스를 받는다.

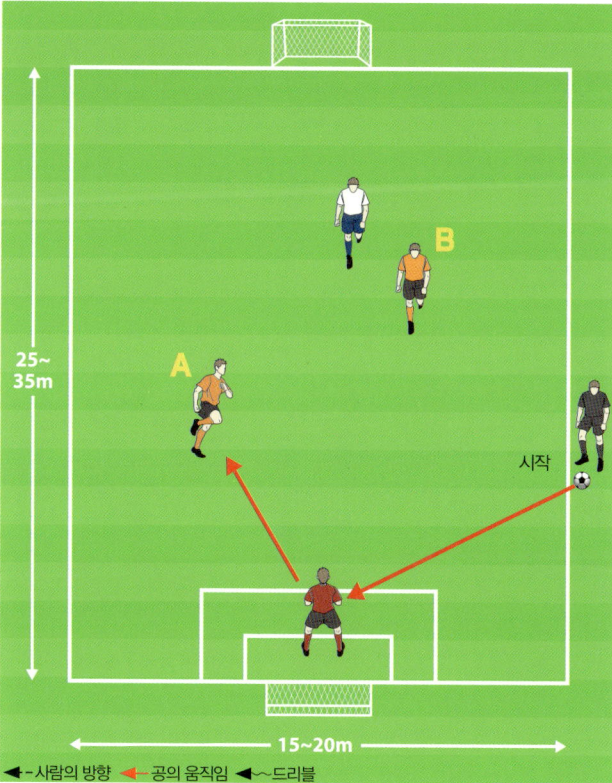

25~35m
15~20m
시작

◀─ 사람의 방향   ◀━ 공의 움직임   ◀∼ 드리블

● 순서

① 지도자가 공을 주고 골키퍼가 공을 가진 상태에서 시작한다.
② A 또는 B가 움직여 노마크 상태로 만든다.
③ 골키퍼는 노마크 선수에게 패스한다.
④ 2 대 1로 상대팀 골대로 향한다.

규칙

- 수비 쪽 골대는 표식과 라인골로 충분하다. 상대팀에 골키퍼가 있는 것도 좋지만, 그러기 위해서는 한 명이 더 필요하다.
- 코너킥, 스로인 없음. 플레이가 끊기면 지도자부터 다시 시작한다.
- 수비는 공을 뺏거나 공을 뺏어 지켰을 때 이긴다.

지도자 MEMO

A가 자기 진영으로 물러선다. A가 넓게 움직인다. B가 자기 진영으로 물러선다. B가 넓게 다가선다. 기본적으로 공을 받는 것은 이렇게 네 가지 패턴이다. 상대팀이 마크하는 경우 일단 상대 선수가 움직인 다음 돌면서 받는 플레이도 할 수 있다.

네덜란드에서 배운다

네덜란드에서는 대부분 상대팀을 두고 훈련한다. '판단력'이라는 요소를 중시하기 때문인데, 이를 단련하기 위해 어떤 프로그램을 훈련하든 상대팀을 설정한다.

Style of The Netherlands

응용

필드에 들어간 3명은 서로 다른 색 조끼 또는 빕스(스포츠 경기 때 가슴에 다는 번호판)를 입는다. 공을 줄 때는 '흰 색을 적'으로 설정하고 남은 색 조끼를 입은 선수가 패스를 받는다. 수비의 시작 위치가 변하기 때문에 시합과 유사한 상황을 만들 수 있다.

코칭 포인트

수비도 골을 넣을 수 있다는 규칙을 추가해 시합처럼 훈련하는 것도 좋지만 '골키퍼부터 공격 전개'라는 주제와 무관한 상황이 많이 연출될 수 있으니 주의한다.

초급	중급	상급

프로그램 002 골키퍼부터 공격 전개 ②

골키퍼부터 시작되는 3 대 2

인원	7명
지역	수비지역

● 목적

상황을 설정하여 골키퍼에게 패스를 받을 수 있는 위치를 선정하는 능력을 향상시킨다.

● 순서

① 상대팀 골키퍼 또는 수비수부터 시작해 자기편 골키퍼에게 공을 보낸다.
② A, B, C 중 한 사람이 움직여 노마크 상태로 만든다.
③ 골키퍼는 노마크 선수에게 패스한다.
④ 3 대 2로 골대로 향한다.

● 규칙

- 코너킥, 스로인 없음. 플레이가 끊기면 상대팀 골키퍼부터 다시 시작한다.
- 수비는 공을 뺏거나 공을 뺏어 지켰을 때 이긴다.

● 응용

항상 공격에 가담하는 프리맨을 포함해 2 대 2 + 프리맨으로 훈련하면 양쪽 모두 골키퍼부터 3 대 2의 공격 전개를 훈련할 수 있다. 이 경우도 코너킥과 스로인 없이 실시한다. 훈련하고 싶은 상황을 계속 반복해서 훈련하려면, 공이 라인 밖으로 나갔을 때, 상대팀 골키퍼부터 다시 시작한다.

◀— 사람의 방향   ◀— 공의 움직임   ∼ 드리블

지도자 MEMO 패스를 받기 위해 전원이 수비 진영으로 내려가면 공간이 좁아져 상대팀이 압박하기 쉬워진다. 마크를 자신 쪽으로 유인해 다른 선수가 패스를 받을 수 있도록 움직이는 것이 중요하다. 공간을 넓게 사용하자.

프로그램 003	골키퍼부터 공격 전개 ③	초급 중급 **상급**

골키퍼부터 시작되는 실전형식 5 대 4

인 원: 11명
지 역: 수비지역, 미드필드

● 목적
실제 사용하는 시스템을 생각하면서 골키퍼부터 공격을 전개한다.

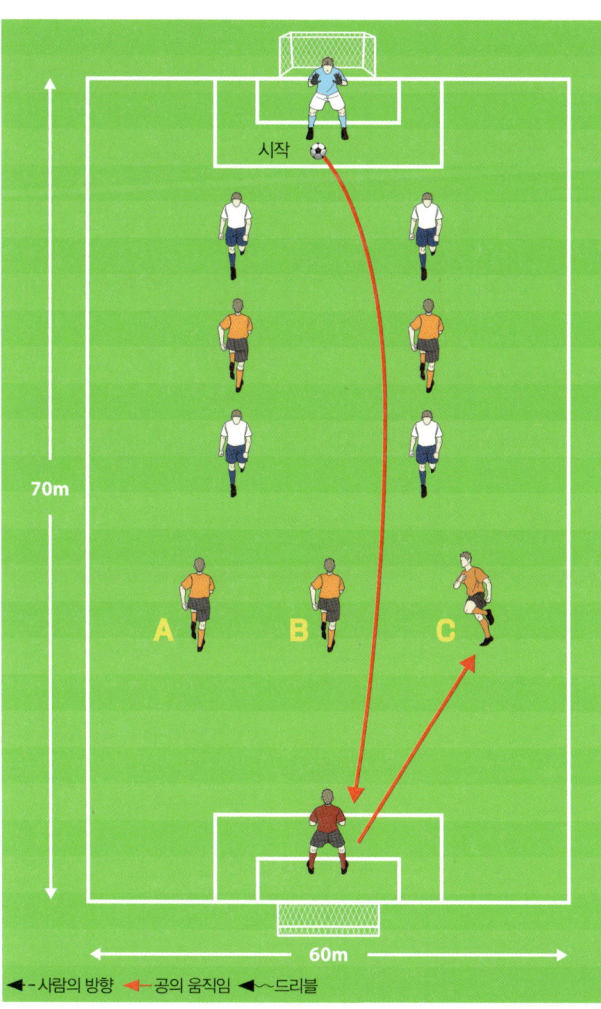

● 순서
① 상대팀 골키퍼 또는 수비수부터 시작해 자기편 골키퍼에게 공을 보낸다.
② A, B, C 중 한 사람이 움직여 노마크 상태로 만든다.
③ 골키퍼는 노마크 선수에게 패스한다.
④ 5 대 4로 골대로 향한다.

규칙
- 코너킥, 스로인 없음. 플레이가 끊기면 상대팀 골키퍼부터 다시 시작한다.
- 수비는 공을 뺏거나 공을 뺏어 지켰을 때 이긴다.

코칭 포인트
골킥을 페널티 에어리어 안의 선수에게 패스하는 것은 반칙이다. 골키퍼가 횡패스를 하는 등 실전에서는 있을 수 없는 공격 전개를 막기 위해 페널티 에어리어를 지정한다.

지도자 MEMO 실전을 떠올리며 수비수를 모두 참가시킨다. 팀이 스리백이라면 수비수를 3명으로 설정한다. 단지 이 경우, 수비수에 맞춰 상대팀 포워드를 1명 빼야 한다. 상대팀이 수적으로 우위라면 골키퍼부터 패스로 공격을 전개한다. 이것이 전제이다.

공격 과제 분석

수비지역　미드필드　공격지역

CASE 2》 수비수부터 패스가 연결되지 않는다

➡ **수비라인의 수적 우위를 살린다**

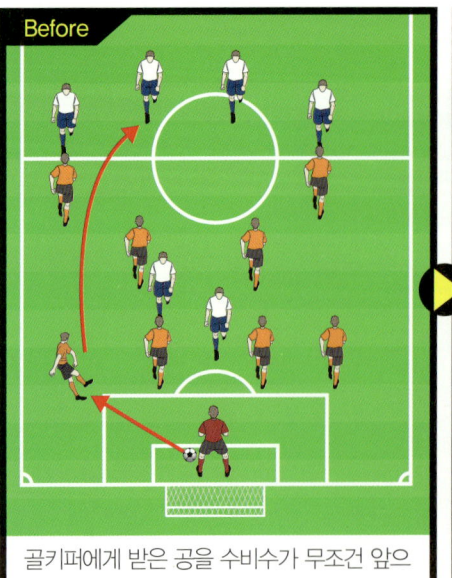

골키퍼에게 받은 공을 수비수가 무조건 앞으로 길게 찬다. 수비수부터 공격을 전개할 수 없다.

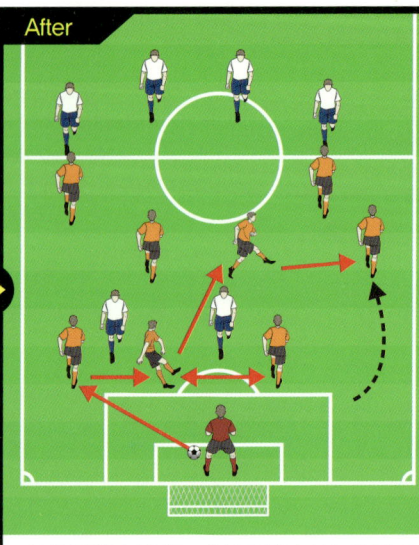

수적 우위를 살리고 패스를 이어 선수와 함께 공을 전선에 보낸다. 상황이 유리해진다.

[체크 포인트] 패스를 잇는 상황을 이해하며 공격을 전개한다

골키퍼가 상황을 판단해 패스해도 풀백이 무조건 앞으로 길게 패스하는 경우가 있다. 자주 눈에 띄는 상황으로 골키퍼가 공격 전개를 위해 패스한 노력을 무용지물로 만든다. 어떤 상황에서든 수비라인은 상대팀 포워드보다 항상 수적 우위에 있다. 스리톱에 스리백을 구사하는 경우는 거의 없다. 이 <mark>수적 우위를 활용해 패스를 이어 공을 전방으로 보내면</mark> 미드필드에서도 수적 우위에 설 수 있다. 공격 전개는 이렇게 해야 한다.

단, 상대팀이 압박을 가해 네 명이 함께 포백을 마크할 때는 문제가 생긴다. 이럴 때 공을 전방으로 멀리 보내는 것은 문제가 되지 않는다. 문제는 수적 우위를 이해하지 못한 상태로 길게 패스하는 것이다. 무조건 짧게 패스하라는 말이 아니다. 이를 착각하지 말았으면 한다. <mark>전술 훈련이란 상황을 제대로 파악하고 판단하는 힘을 기르는 트레이닝</mark>이다. 이런 상황을 만드는 것이 지도자의 일이다.

수비라인의 수적 우위를 살린다 ①

프로그램 004

미드필드로 오버래핑
3 대 2 + 골키퍼

초급	중급	상급

인원: 7명
지역: 수비지역

● 목적

수비라인에서 공을 지키고 한 명이 미드필드로 치고 올라간다.

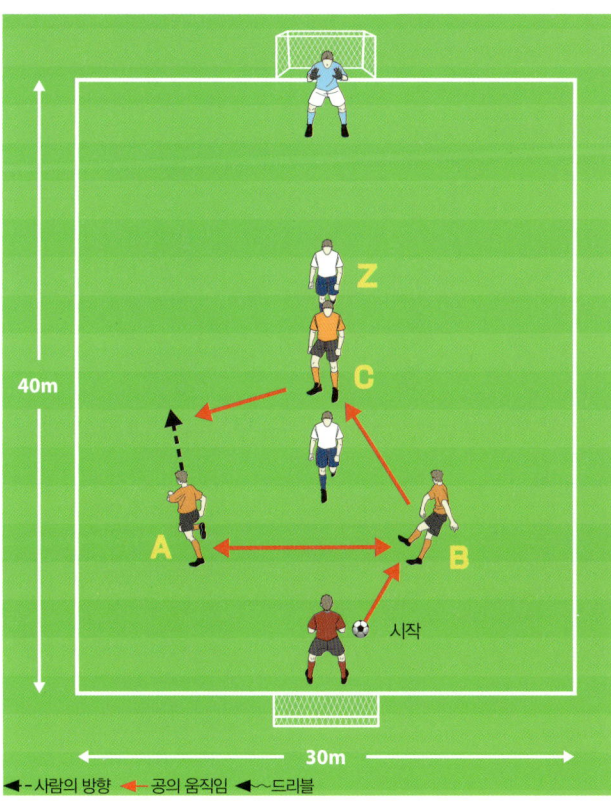

● 순서

① 골키퍼부터 시작한다.
② A, B가 패스를 받아 수비라인에서 공을 지킨다.
③ 기회가 생기면 C에게 패스하고 A와 B 중 한 명이 위로 올라가 수적 우위를 만든다.
④ 2 대 1로 골대로 향한다.

규칙

- 코너킥과 스로인 없음. 플레이가 끊기면 골키퍼부터 다시 시작한다.
- 수비는 공을 뺏거나 공을 뺏어 지켰을 때 이긴다.

지도자 MEMO

수비라인의 두 선수가 조급해하지 않는 것이 관건이다. 필요하다면 횡패스를 이용해 압박을 제치고, 먼저 공을 차지 않도록 주의한다. 무리하게 공을 전방으로 보내지 말고, 치고 올라가는 타이밍을 보면서 패스한다.

네덜란드에서 배운다

Style of The Netherlands

여러 프로그램을 실행할 때는 '시간'을 확실하게 정하지 못한다. 선수가 과제를 달성했다면 5분 동안 프로그램을 실행한 후 다음 프로그램으로 진행하며, 반대로 달성하지 못했다면 같은 프로그램을 여러 번 반복하기도 한다.

응용

이 프로그램을 제대로 수행할 수 없을 때는 Z를 없애고 3 대 1로 훈련하는 것도 좋다. 이 경우 C가 패스를 받아 슈팅하는 훈련이 되지 않도록 C는 패스하는 역할이라는 조건을 단다.

프로그램 005

수비라인의 수적 우위를 살린다 ②

미드필드로 오버래핑 4 대 3 + 골키퍼

초급	중급	상급
인 원	9명
지 역	수비지역

● 목적

여러 가지 방법으로 선수가 미드필드까지 치고 올라갈 수 있도록 한다.

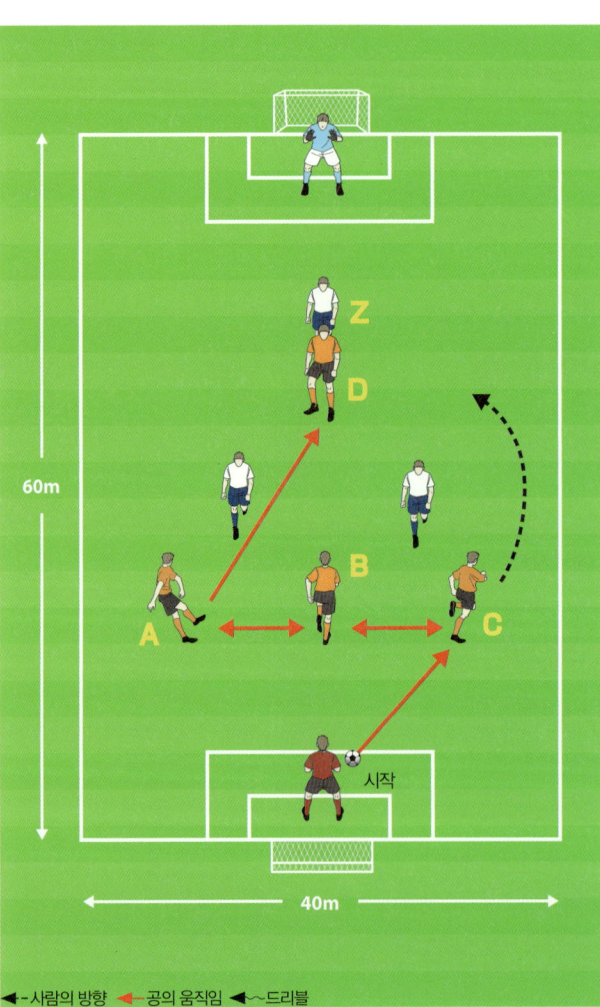

60m / 40m / ◀─ 사람의 방향 ◀── 공의 움직임 ◀∼ 드리블

● 순서

① 골키퍼부터 시작한다.
② A, B, C가 패스를 받아 수비라인에서 공을 지킨다.
③ 기회가 생기면 D에게 패스하고 A, B, C 중 한 명이 위로 올라가 수적 우위를 만든다.
④ 2 대 1로 골대로 향한다.

규칙

● 코너킥과 스로인 없음. 플레이가 끊기면 골키퍼부터 다시 시작한다.
● 수비는 공을 뺏거나 공을 뺏어 지켰을 때 이긴다.

응용

Z가 있는 곳에 1명 더 투입한다. 상대팀 수비수를 쫓아가 난이도를 높이는 것도 좋다. 이때는 D에게 가는 패스가 끊길 수 있으니 오프사이드를 없애고 D가 플레이할 수 있는 공간을 넓히는 것이 좋다.

코칭 포인트

A, B, C 중 2명 이상이 동시에 미드필드로 올라가는 것은 NG. 수비라인이 상대팀 포워드에 대해 수적 열세가 되어 역습당할 위험이 커진다.

지도자 MEMO 미드필드에서 선수가 치고 올라갈 때는 패스한 선수가 패스&고로 올라가는 방법과 패스와 관련 없는 세 번째 선수가 올라가는 방법, 상대팀 선수가 마크하지 않을 때 드리블로 올라가는 방법이 있다. 하지만 처음에는 이 방법을 선수에게 알려주지 않는다.

수비라인의 수적 우위를 살린다 ③

프로그램 006

미드필드로 오버래핑 실전형식
5 대 5 + 골키퍼

| 초급 | 중급 | **상급** |

인원: 13명
지역: 수비지역, 미드필드

● 목적

실전 형식으로 오버래핑을 확인한다.

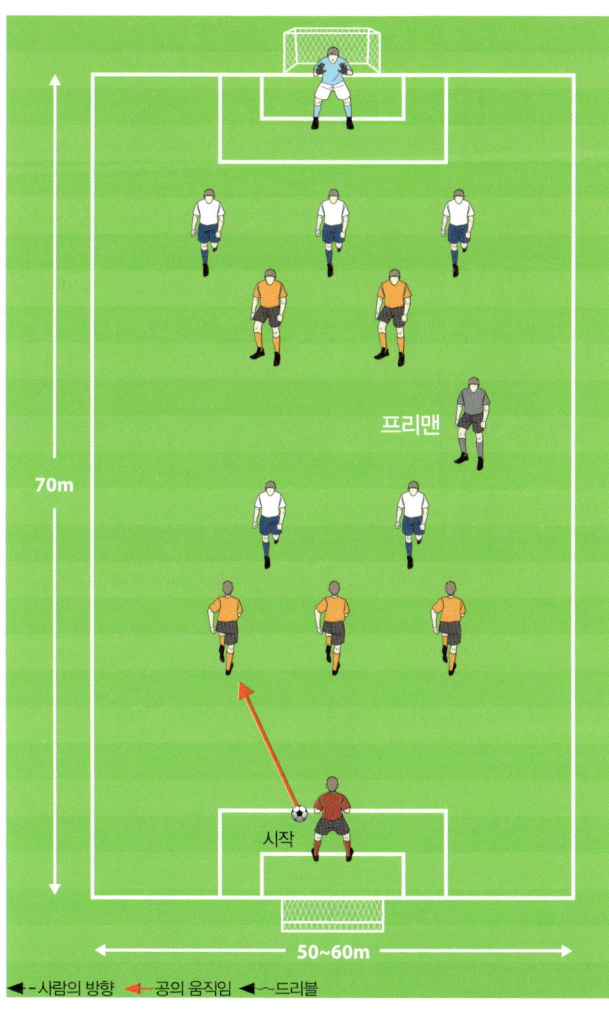

● 순서

① 어느 팀이든 상관없이 골키퍼부터 시작한다.
② 항상 공격에 참여할 수 있는 프리맨을 더해 6 대 5 상황에서 공격을 전개하며 골대로 향한다.
③ 수비가 공을 뺏으면 프리맨을 더해 6 대 5의 상황으로 똑같이 골대로 향한다.
④ 시합 형식으로 실시한다.

규칙

● 코너킥과 스로인 없음. 플레이가 끊기면 공을 가진 쪽 골키퍼부터 다시 시작한다.

응용

공수 전환 상황이 더해지며 흐름이 생기는 만큼 양 팀이 공 뺏기에만 급급해져 뭉쳐 다닐 수 있다. 이때는 호루라기를 불어 게임을 끊고 골키퍼부터 다시 시작한다. 훈련 주제가 되는 상황이 훈련 중에 많이 나올 수 있도록 지도한다.

코칭 포인트

프리맨을 수비라인에 두는 것은 NG. 공을 뺏겼을 때, 프리맨이 공격 쪽 진영으로 이동하는 동안 수비라인에 구멍이 생긴다. 프리맨은 항상 미드필더와 전방에 위치해야 한다.

 지도자 MEMO 프로그램 004와 005는 처음부터 수비라인의 수적 우위가 만들어져 있다. 이 훈련은 시합형식으로, 3명이 전선에서부터 치고 올라올 수 있는 위치에 있기 때문에 항상 수적 우위에 있을 수는 없다. 한 사람이 빠져 수적 우위의 상황을 유지하면서 공격을 전개하자.

공격 과제 분석

CASE 3 >> 공을 앞으로 보낼 수 없다

➡ 공격 전개의 수적 우위를 의식한다

수비지역 　미드필드　 공격지역

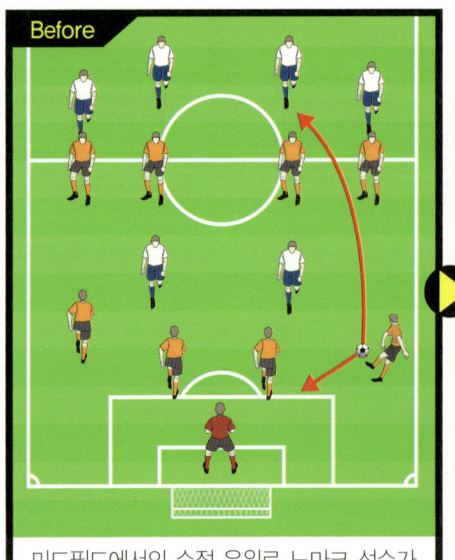

미드필드에서의 수적 우위로 노마크 선수가 있음에도 백패스나 전선으로 패스한다.

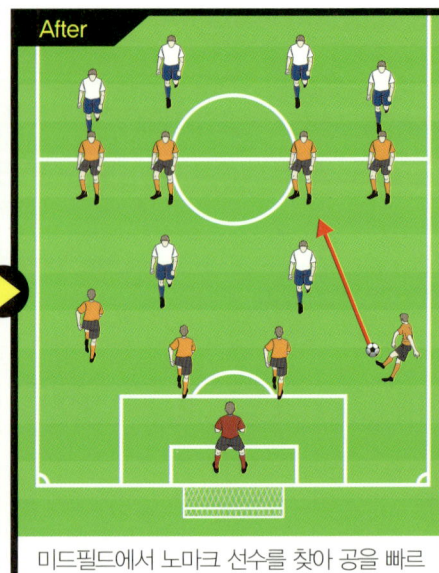

미드필드에서 노마크 선수를 찾아 공을 빠르게 앞으로 패스하고 공격을 전개해 간다.

[체크 포인트] 패스의 우선순위는 앞 → 옆 → 뒤

자신의 팀이 '1-4-4-2'이고 상대팀 역시 '1-4-4-2'일 때를 생각해보자. 수비라인은 상대팀 포워드보다 2명이 많고 미드필더의 수가 같을 때는 CASE 2에서 본 것처럼 수비라인에서 패스해 미드필드로 선수를 오버래핑하며 공격을 전개하는 것이 효율적이다. 그럼 '1-4-4-2' 대 '1-4-3-3'은 어떨까? 수비라인의 수적 우위로 패스하는 것도 좋지만 처음부터 미드필드는 4 대 3의 수적 우위이므로, 이 위치에서는 빠르게 미드필드로 패스하는 것이 좋다. 앞에 노마크 선수가 있음에도 횡패스나 백패스를 선택하면 상대팀에게 마크를 수정할 시간을 주게 되어 공을 전방으로 보낼 수 없다.
또한 수비형 미드필더가 노마크인데도, 전방에서 마크를 받는 스트라이커나 윙어에게 무리하게 긴 패스를 보내는 케이스도 자주 볼 수 있다. 이것은 주로 풀백에게 원인이 있다. 미드필드가 혼잡해 노마크 선수를 찾기가 어렵다는 것은 안다. 하지만 수비수가 전선의 노마크 선수를 찾는 능력을 갖추어 상대팀 포워드와 미드필더 사이로 패스할 수 있어야 실력을 한 단계 올릴 수 있다.

공격 전개의 수적 우위를 의식한다 ①

프로그램 007

미드필드로 전진 패스
4 대 2 + 골키퍼

초급	중급	상급
인 원	8명
지 역	수비지역

● 목적

미드필드의 노마크 선수를 찾아 전진 패스한다.

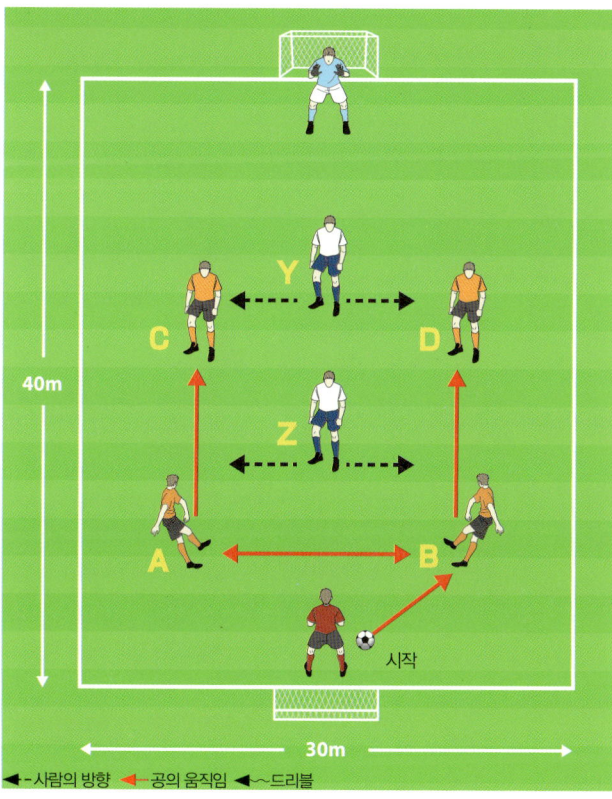

● 순서

① 골키퍼부터 시작한다.
② Y는 C와 D를, Z는 A와 B를 마크한다.
③ A와 B는 Z의 마크를 제치며 C와 D에게 패스한다.
④ C와 D는 공을 받으면 골대로 향한다.

규칙

● 코너킥과 스로인 없음. 플레이가 끊기면 골키퍼부터 다시 시작한다.
● 수비는 공을 뺏거나 공을 뺏어 지켰을 때 이긴다.

코칭 포인트

Y에게 마크를 받는 선수에게 패스하는 것은 NG. Z의 마크를 제치고 노마크 선수에게 빠르게 전진 패스한다. C와 D의 거리가 너무 가까우면 Y 혼자 두 사람을 마크할 수 있다. C와 D는 같이 움직이지 말고 공간을 만들도록 하자.

지도자 MEMO

패스를 받기 전에 미리 어느 선수가 노마크 상태인지를 판단해, 빠르게 전진 패스한다. A가 공을 받아 D에게 직접 패스할 수 없을 때는 B를 경유해 패스한다. A와 B는 항상 미드필드의 상황을 파악할 수 있도록 C와 D에 대응하며 자세를 낮춘다.

네덜란드에서 배운다

Style of The Netherlands

네덜란드의 전술 트레이닝은 코너킥과 스로인 없이, 훈련 상황이 많이 연출되도록 하는 것이 특징이다. 반복 횟수를 늘려 학습 효과를 높이려는 의도가 엿보인다.

공격 전개의 수적 우위를 의식한다 ②

프로그램 008

미드필드로 전진 패스
5 대 4 + 2 프리맨

초급	중급	상급

인 원: 11명
지 역: 수비지역

● 목적

방향성을 더한 패스 잇기로, 공을 앞으로 보내야 한다는 의식을 키운다.

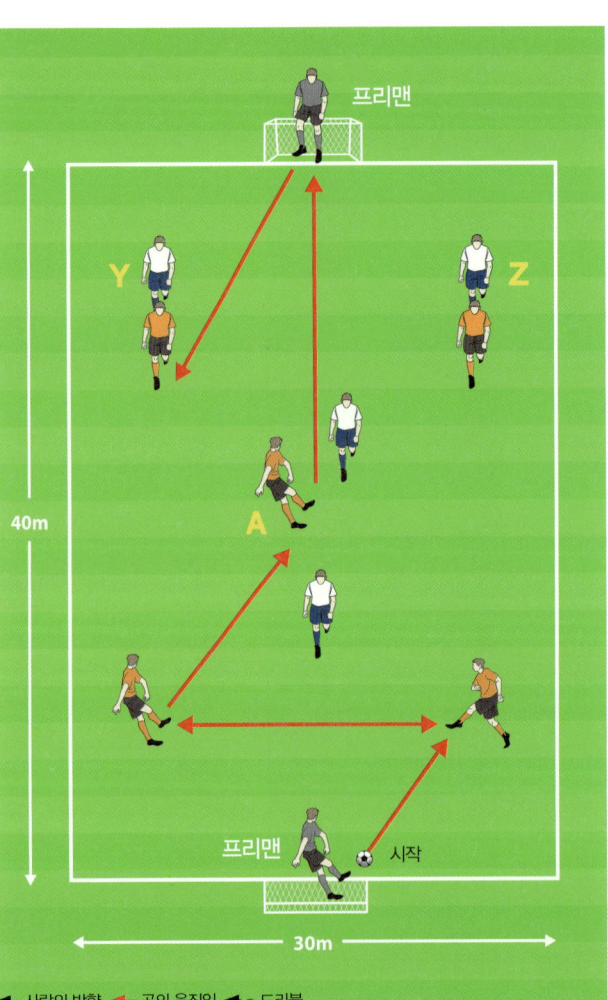

● 순서

① 프리맨부터 시작한다.
② 공격수는 5명으로 패스를 주고받으며 반대편의 프리맨에게 전진 패스한다.
③ 수비는 공을 뺏으면 슈팅한다.
④ 패스가 이어지면 다시 반대쪽 프리맨으로 향한다.

규칙

● 코너킥과 스로인 없음. 플레이가 끊기면 골키퍼부터 다시 시작한다.
● 골키퍼가 프리맨이어도 좋다.

응용

수비는 공을 뺏어 골이 들어가면 1점, 공격은 공을 한번 왕복시켜서 골이 들어가면 1점이란 규칙을 만들어 게임처럼 훈련하는 것도 좋다.

코칭 포인트

골키퍼가 프리맨을 담당하면 실전과 비슷해진다. 팀에 골키퍼가 적을 때는 필드 플레이어가 대신하는 것도 상관없다. 인원이 부족하다, 장소가 좁다 등 각각의 처한 조건에 맞춰 유연하게 프로그램을 변경하자.

 지도자 MEMO

5 대 4 패스 잇기에 방향성을 더한다. 공을 갖는 것이 목적이 아니므로 Z와 Y는 앞의 선수를 막는 것을 염두에 두고 위치를 선정할 것이다. 그러면 A가 드리블을 하는 등 여러 가지 시도를 하게 되고 이를 통해 상황에 맞는 판단력이 길러진다.

공격 전개의 수적 우위를 의식한다 ③

프로그램 009
미드필드로 전진 패스
실전형식 6 대 5 + 골키퍼

초급 중급 **상급**

인 원: 13명
지 역: 수비지역, 미드필드

● 목적
실제 시스템으로 전진 패스를 활용한다.

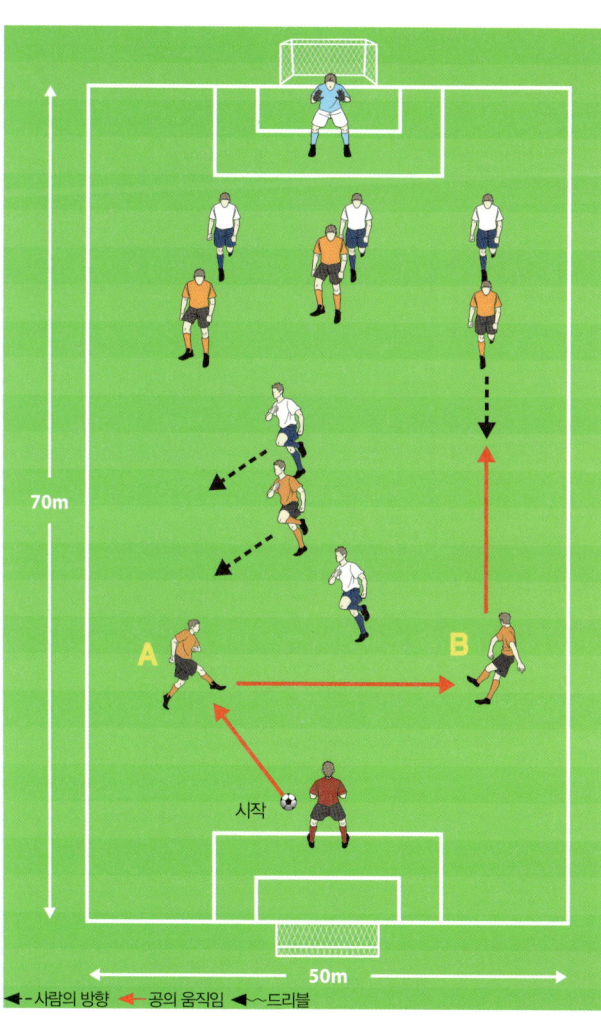

● 순서
① 골키퍼부터 시작한다.
② A와 B가 패스를 받아 미드필드로 전진 패스한다.
③ 골대로 향한다.

규칙
- 코너킥과 스로인 없음. 플레이가 끊기면 골키퍼부터 다시 시작한다.
- 수비는 공을 뺏거나 공을 뺏어 지켰을 때 이긴다.

응용
그림은 '1-4-4-2' 시스템을 참고로 구성했다. A와 B가 센터백이며 미드필드에 4명을 배치했다. 팀의 시스템에 맞춰 재배치하는 것도 좋다.

지도자 MEMO: 이 프로그램의 목적은 A와 B가 미드필드의 4선수 중 노마크 선수를 찾아 전진 패스를 하는 것이다. A와 B가 드리블로 치고 나가면 수비 쪽 포워드 인원을 늘리거나, A와 B가 드리블하지 못하도록 지도한다.

공격 과제 분석

CASE 4 >> 미드필드의 공간이 좁아진다
➡ 위치 선정을 생각한다

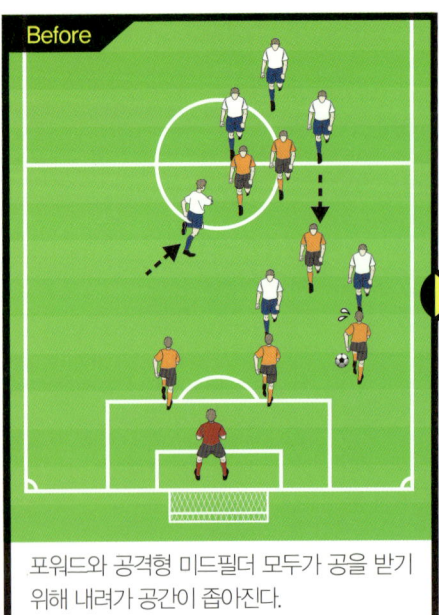

포워드와 공격형 미드필더 모두가 공을 받기 위해 내려가 공간이 좁아진다.

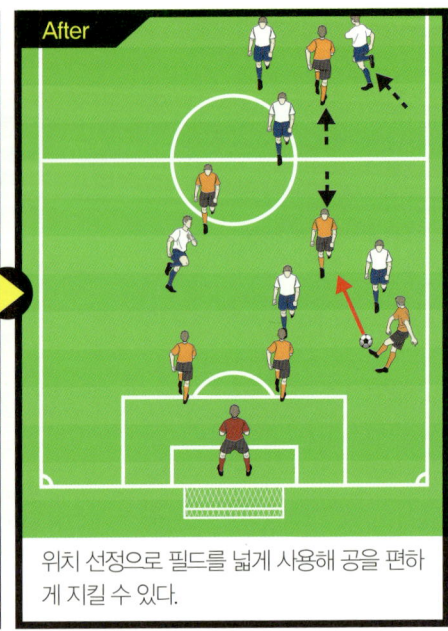

위치 선정으로 필드를 넓게 사용해 공을 편하게 지킬 수 있다.

[체크 포인트] 공간이 좁아지면 수비하기가 편하다

어린이들이 축구 경기하는 모습을 보았는가? 모든 선수가 공을 쫓아 수비 진영으로 내려가는 바람에 플레이할 공간이 좁아진다. 일본 대표팀을 보더라도 엔도 야스히토(J리그 오사카 감바 소속으로 일본 대표팀 미드필더)가 있는 곳으로 미드필더인 나카무라 슌스케(J리그 요코하마 F. 마리노스 소속)와 포워드인 다마다 게이지(J리그 나고야 그랑퍼스 소속)가 모두 내려와 공간을 점점 좁게 만들어 결국 실수를 범한다. 그 결과 상대팀에게 역습 기회가 돌아간다. 이는 공을 갖고 있지 않을 때의 움직임 즉, 잘못된 위치 선정이 부른 결과라고 할 수 있다. 너무 가깝지도, 너무 멀지도 않은 적당한 거리감을 익히는 것이 포인트다. 그러나 공간이 좁다고 모두 잘못된 것은 아니다. 일부러 공간을 좁히고 속도를 높여 공격하는 팀도 있다. 수비면에서만 보면 공간이 좁을수록 한 사람이 두 사람을 압박하기 쉬우므로 수비하기가 수월하다. 여기서는 좁은 공간을 문제점이라고 여겨 필드를 넓게 쓰고 싶어하는 팀에게 이 훈련을 추천한다.

위치 선정을 생각한다 ①

프로그램 010
미드필드에서 공 지키기 3 대 2

초급	중급	상급

인 원	5명
지 역	미드필드

● 목적

필드를 넓게 사용하며 위치 선정 감각을 키운다.

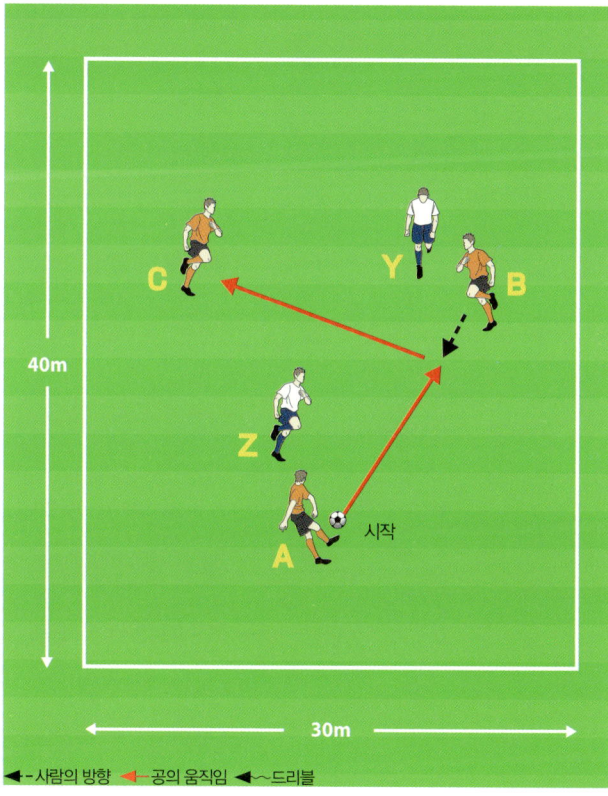

● 순서

① A, B, C는 패스를 돌리면서 공을 지킨다.
② Z와 Y는 압박을 가해 공을 뺏는다.
③ 수비가 공을 뺏으면 순서를 바꿔가며 패스한다.

규칙

- 오프사이드 없음
- 터치 수 제한 없음
- 5~10회 공을 지키면 이김

코칭 포인트

4 대 2로 공을 지키는 훈련은 공을 다루는 기술을 향상시키는 데 적합하다. 움직임이 한정된 탓에 위치를 선정하는 일이 필요 없게 된다. 이 프로그램의 난이도를 내리고 싶다면 3 대 1로 훈련하는 것이 좋다.

지도자 MEMO

그림과 같은 상황에서 A는 C가 노마크여도 Z에게 막혀 패스할 수 없다. 그러나 B가 빠르게 움직여 패스를 받으면 C로 패스할 코스가 생긴다. A, B, C를 잇는 삼각형을 유동적으로 바꾸는 훈련을 한다.

네덜란드에서 배운다

Style of The Netherlands

대개 볼 컨트롤 훈련을 할 때 터치 수를 제한하는 훈련 방식과는 달리 네덜란드에서는 이런 제한을 하지 않는다. 템포를 높이고 싶을 때는 선수가 빠르게 움직이도록 지도하고 실전과 같은 조건(터치 수 제한 없음)으로 경기하도록 지도한다.

위치 선정을 생각한다 ②

프로그램 011

미드필드에서 공 지키기 2 대 2 대 2

초급	중급	상급
인원	6명
지역	미드필드

● 목적
다양한 상황에서 위치 선정 훈련을 한다.

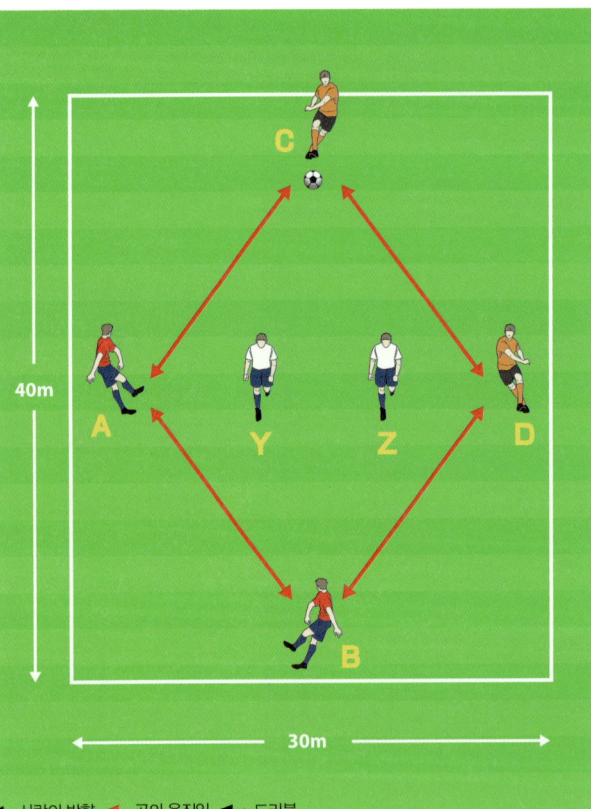

● 순서
① 3팀으로 나눠 1팀이 수비한다.
② A, B, C, D는 4 대 2로 패스를 주고받으며 공을 지킨다.
③ Y와 Z는 압박을 가해 공을 뺏는다.
④ 공을 뺏긴 팀이 수비가 되어 바로 4 대 2를 다시 시작한다.

규칙
- 오프사이드 없음
- 터치 수 제한 없음
- 5~10회 공을 지키면 이김

응용
움직이지 않고 한자리에서 패스를 주고받게 되면 '패스한 선수는 반드시 위치를 바꿔야 한다.'라는 규칙을 더한다.

코칭 포인트
상황을 판단하지도 않고 느리게 움직이는 것은 NG. 공수 전환 시 얼마나 빠르게 판단해 움직이는가가 포인트다.

MEMO 일반적인 4 대 2와는 달리 3팀으로 나눠 공수 전환을 하기 때문에 공을 지키기 시작했을 때의 위치가 달라진다. 공을 뺏긴 순간, 전원이 빠르게 위치를 조정해야 하기 때문에 훈련이 실전과 비슷해진다.

위치 선정을 생각한다 ③

프로그램 012
미드필드에서 공 지키기
5 대 5 + 2 프리맨 + 골키퍼

초급	중급	**상급**
인 원	14명
지 역	미드필드

● 목적

인원을 늘려 공을 컨트롤한다.

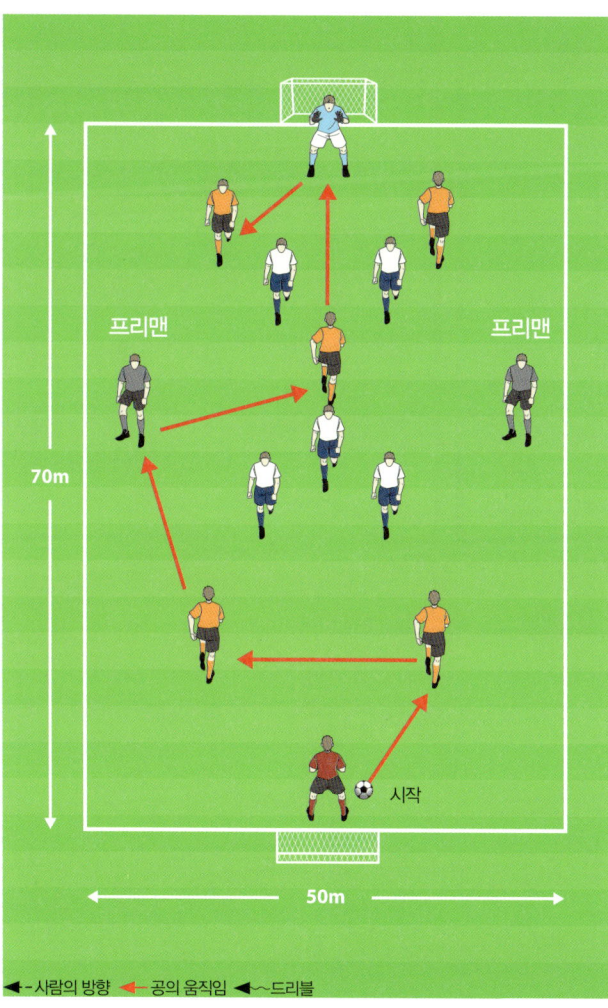

◀─ 사람의 방향   ◀━ 공의 움직임   ◀∼ 드리블

● 순서

① 골대에서 15m 떨어진 곳에 오프사이드라인을 설정한다.
② 한쪽 골키퍼부터 시작한다.
③ 공격은 2명의 프리맨과 2명의 골키퍼를 더해 9 대 5로 공을 지킨다.
④ 수비는 공을 뺏어 어느 쪽 골대든 슈팅한다.
⑤ 일정 시간이 지나면 공수를 바꾼다.

규칙
- 코너킥과 스로인을 도입해도 좋고 골키퍼부터 다시 시작하는 것도 좋다.
- 공격은 10번 패스를 주고받으면 1점, 수비는 골을 넣으면 1점이다.

응용
수비도 공을 뺏으면 지키는 규칙으로 바꿔 공수를 전환하는 것도 좋다. 공격 전개 프로그램은 달리 방향성이 없으므로 공간 인지력과 위치 선정 능력이 매우 중요해진다.

코칭 포인트
전원이 공에만 집중해 한쪽 골대에 모여드는 것은 NG. 쉽게 수비할 수 있는 상황이 된다.

 지도자 MEMO 목적은 삼각형을 만들면서 필드를 넓게 사용하는 것이지만 "필드를 넓게 사용해"라고 알려주지 말자. "너희는 필드 어디에 있었니?"라는 질문으로 문제의식을 갖게 한 후 훈련을 다시 재개함으로써 선수에게 생각할 기회를 주자.

공격 과제 분석 　　　　　　　수비지역　미드필드　공격지역

CASE 5 >> 공을 공격지역으로 가져가지 못한다
➡ 전선으로 패스할 수 있는지를 판단한다

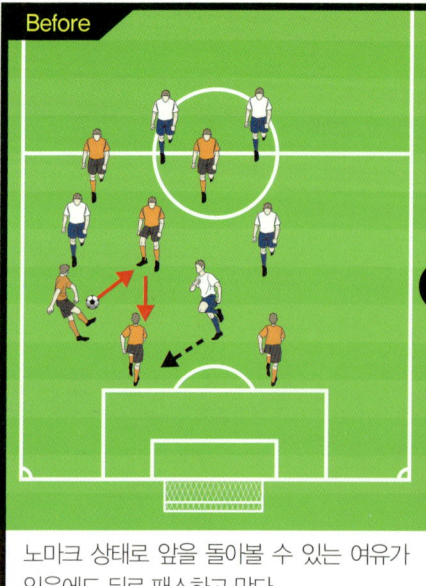

Before
노마크 상태로 앞을 돌아볼 수 있는 여유가 있음에도 뒤로 패스하고 만다.

After
주위 상황을 이해하면서 여유를 갖고 턴한다. 공을 빠르게 앞으로 가져간다.

[체크 포인트] 자신의 상황을 이해하고 패스를 받는다

공을 전선으로 보낼 수 있는 상황인데도 횡패스하거나 백패스를 하면 상대팀에게 수비 전열을 가다듬을 수 있는 시간을 주게 되므로 공격을 전개하기 어렵다. 수비지역의 문제와 마찬가지로 공을 앞으로 보낼 수 있을 때는 앞으로 보내야 한다. 이것은 축구의 철칙이다.

미드필드에서도 상대편을 등진 채 자기 진영을 보며 패스를 받기 때문에 앞이 보이지 않는다. 상대팀의 압박도 가해진다. 이때 미드필더는 '턴을 해서 앞을 볼 수 있을까?', '상대팀이 바로 쫓아오니 백패스를 해야 할까?'처럼 상황을 파악하는 능력을 갖춰야 한다.

이럴 때, 자신의 상황 판단만으로 움직여야 하는 걸까? 라고 묻는다면 대답은 NO다. 주변이 보이지 않아도 같은 팀 선수가 "(수비가) 온다!"라고 알려주면 상황을 파악할 수 있게 된다. 또한 수비수에게 집중 마크를 받는 미드필더에게 패스하지 않는다면 실수할 일도 없다. 잘못된 판단은 여러 사람의 실수가 더해져서 나오는 것이다. 팀 전원이 상황 판단력을 길러야 한다는 점을 명심하자.

전선으로 패스할 수 있는지를 판단한다 ①

프로그램 013

미드필드에서 전선으로 공 보내기
1 대 1 + 지원군

초급	중급	상급
인 원	4명
지 역	미드필드

●목적

아주 단순한 상황에서 뒤를 보는 습관을 들인다.

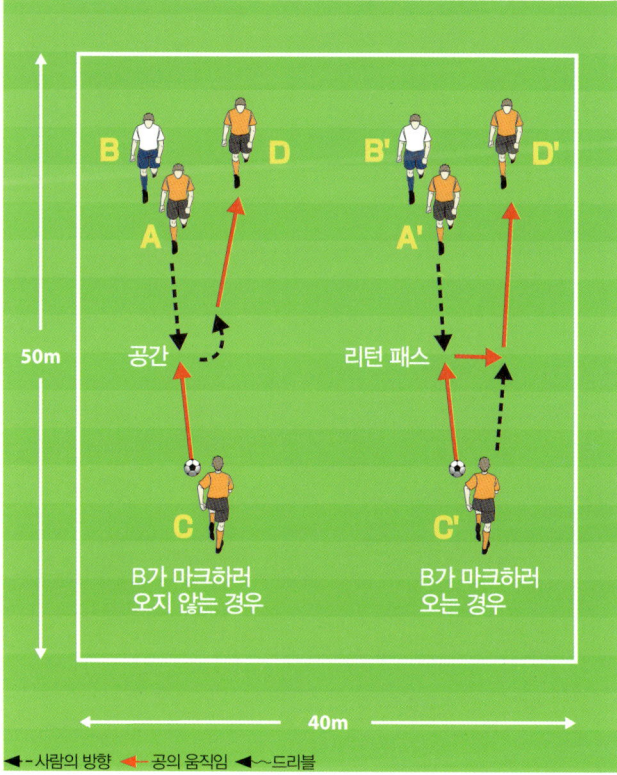

●순서

① C가 A에게 패스한다.
② A는 패스를 받으러 가면서 상황을 판단해 B를 제치고 D에게 패스한다. 턴 해서 패스할 것인지 지원군을 활용할 것인지는 상황에 따라 A가 판단한다.
③ B가 마크하러 오지 않으면 A는 턴해서 D에게 전진 패스한다(A'처럼 상대를 등진 경우 C'에게 패스한 다음 D에게 보낸다).
④ 4명이 돌아가면서 실시한다.

규칙

● B(B')는 A(A')에게 패스가 올 때 마크할 것인지를 판단한다.

지도자 MEMO
앞으로 공을 보낼 수 있는지 여부를 판단하기 위한 기초 프로그램이다. 수비수(B와 B')는 패스가 올 때 마크할 것인지 여부를 판단해 압박한다. A와 A' 이외의 선수는 훈련을 돕는 조수라고 할 수 있다.

네덜란드에서 배운다

Style of The Netherlands

네덜란드에서는 축구 훈련을 할 때 11 대 11의 풀코트 시합을 기본으로 한다. 시합의 구성 요소가 되는 공, 상대팀, 골대, 공간을 반드시 포함해 구성한다.

전선으로 패스할 수 있는지를 판단한다 ②

프로그램 014

미드필드에서 전선으로 공 보내기
3 대 2 → 3 대 2

초급	중급	상급
인원	12명
지역	미드필드, 공격지역

● 목적
미드필드의 상황을 판단하며 공을 앞으로 보내는 훈련을 한다.

● 순서
① 그림처럼 구역을 만든다.
② 골키퍼부터 시작한다.
③ A, B, C는 수비라인에서 공을 지키다 미드필드로 전진 패스한다.
④ D, E는 주변 상황을 판단한다. 앞을 향한다면 전진 패스, 상황이 여의치 않다면 수비라인으로 백패스해 수비라인이 전진 패스하게 한다.
⑤ D, E, F는 3 대 2로 골대로 향한다.
⑥ 이를 반복한다.

규칙
- 코너킥과 스로인 없음. 플레이가 끊기면 골키퍼부터 다시 시작한다.
- 수비는 공을 뺏거나 공을 뺏어 지켰을 때 이긴다.
- A, B, C, Z, Y는 정해진 구역에서 나올 수 없다.
- D, E, F, X, W는 정해진 구역에 들어갈 수 없다.

응용
Z와 Y가 A, B, C를 마크하며 공을 제대로 지킬 수 없으면 훈련이 되지 않는다. CASE 2의 과제로 되돌아가 훈련을 다시 시작한다.

◀— 사람의 방향   ◀— 공의 움직임   ◀~ 드리블

지도자 MEMO 포인트는 미드필드의 D와 E의 얼굴 방향이다. 수비라인에서 패스를 받기 전에 수비 쪽을 보고 상황을 파악한 다음, 턴을 할 것인지 백패스를 할 것인지를 판단한다. 필드 크기는 각각 훈련 환경에 맞춰 설정한다.

전선으로 패스할 수 있는지를 판단한다 ③

프로그램 015

미드필드에서 전선으로 공 보내기 실전형식 6 대 5

초급	중급	**상급**
인 원	12명	
지 역	미드필드, 공격지역	

●목적
실제 시스템으로 전진 패스를 우선시한다.

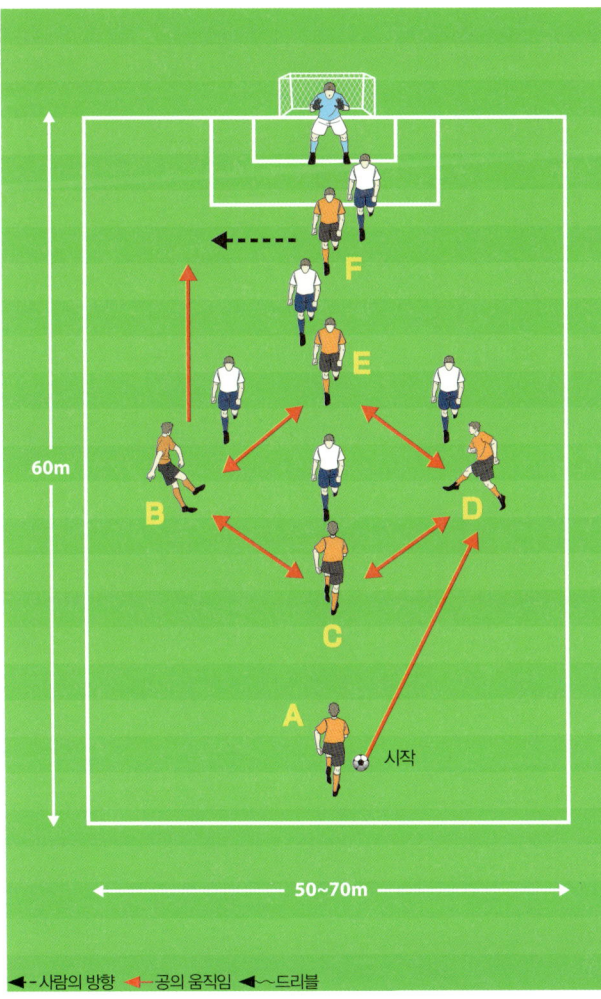

60m
50~70m

◀-사람의 방향 ◀–공의 움직임 ◀~드리블

●순서
① A부터 시작한다.
② B, C, D, E는 앞을 보며, 공을 지킨다.
③ F에게 전진 패스한다.
④ F는 1 대 1에서 슈팅까지 마무리한다.

규칙
- 코너킥과 스로인 없음. 플레이가 끊기면 골키퍼부터 다시 시작한다.
- 수비는 공을 뺏거나 공을 뺏어 지켰을 때 이긴다.

응용
이 프로그램의 형태는 팀이 '1-4-4-2'로 미드필드가 다이아몬드형일 때다. 미드필드를 의식하며 미드필더를 4명, 수비수와 포워드를 각각 1명씩 배치한다. 팀 시스템이 '1-4-3-3'으로 미드필드가 삼각형이 되면 그림과 같은 형태가 된다.

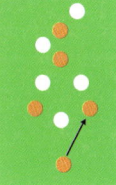

지도자 MEMO 공을 앞으로 보낼 기회가 있었는데도 보내지 않은 것이 문제이므로 주황색 팀을 수적 우위에 둔다. 점점 익숙해지면 상대팀을 같은 인원(6명)으로 배치하고 수비라인부터 공격을 전개해 수적 우위를 점할 수 없는 경우도 훈련하는 것이 좋다.

공격 과제 분석

CASE 6 >> 포워드의 패스 받는 방법이 나쁘다

➡ 포워드 간의 협력 플레이

Before

투톱의 거리가 너무 멀어 고립되는 상태. 전진 패스를 받아도 상대팀에게 쉽게 마크당할 수 있다.

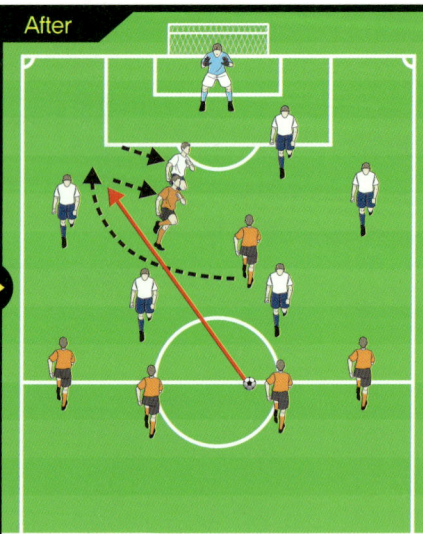

After

포워드 한 명이 수비수를 자신의 쪽으로 유인하고 다른 한 명은 열린 공간으로 침투한다. 서로 교대로 들어갔다 나오는 협력 플레이를 한다.

[체크 포인트] 공간과 수비수를 교란시키는 능력을 향상시킨다

포워드의 협력 플레이란 콤비네이션으로 상대 수비수를 교란시키는 것을 말한다. 공간을 여는 움직임과 여기에 파고드는 움직임 그리고 상대팀 수비수를 유인하는 움직임과 그것을 이용하는 움직임 등 시스템에 맞춰 협력 플레이를 향상시키면 미드필드에서 공격 진영까지 공을 가져가기 쉽다. 포워드 간의 협력 플레이에 관한 문제는 주로 투톱 시스템에서 일어난다. 스리톱의 경우 3명이 전 영역을 커버하기 때문에 윙어가 측면에서 파고드는 것이 기본 형태다. 그렇기 때문에 서로의 거리가 넓어져 공격을 전개하는 단계에서 포워드 간의 협력 플레이를 많이 볼 수 없으며, 있다 해도 단순히 위치를 변경하는 것에 지나지 않는다. 그러나 투톱의 경우 2명으로 옆을 전부 커버하기 어려우므로 스리톱과는 반대로 서로 고립되지 않도록 거리를 가깝게 유지하고 협력 플레이를 해야 한다. 또한 원톱의 경우, 뒷선에 공격형 미드필더가 들어가는 형태가 되어 뒷선의 공격형 미드필더와의 협력 플레이가 중요해진다. 시스템을 결정할 때 가장 중요한 것은 선수의 특징을 살리는 것이다. 위와 같은 포워드 배치에 따른 차이를 이해하고 시스템을 구성하자.

프로그램 **016** | 포워드 간의 협력 플레이 ①

포워드 협력 플레이의 기본
2 대 1 → 2 대 1 + 골키퍼

초급	중급	상급
인 원	8명
지 역	미드필드, 공격지역

● 목적

인원을 줄여 포워드의 패스받는 방법을 훈련한다.

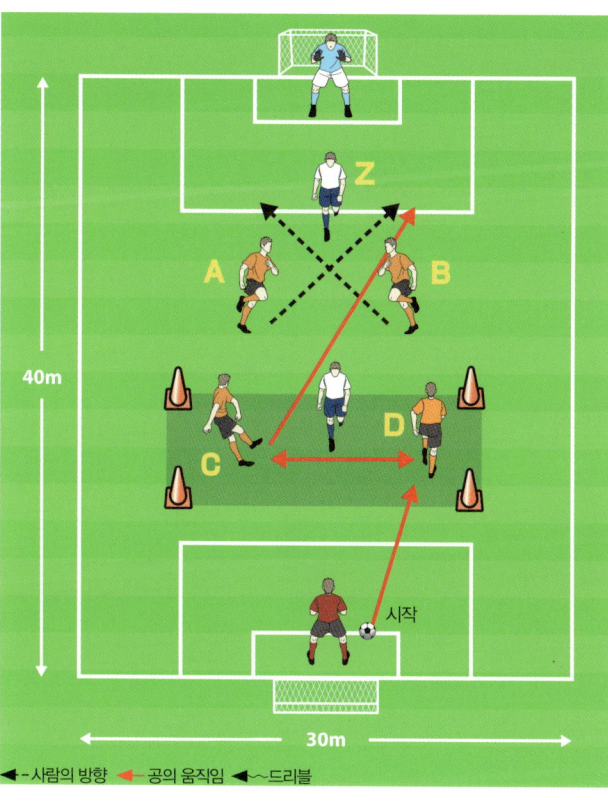

◀— 사람의 방향　◀— 공의 움직임　◀∼ 드리블

● 순서

① 그림처럼 블록을 만든다.
② 골키퍼부터 패스한다.
③ A와 B는 협력 플레이로 Z를 교란시킨다.
④ C와 D는 A와 B의 움직임을 보면서 타이밍에 맞춰 전진 패스한다.
⑤ A와 B는 공을 받아 골대로 향한다.

규칙

- 코너킥과 스로인 없음. 플레이가 끊기면 골키퍼부터 다시 시작한다.
- 수비는 공을 뺏거나 공을 뺏어 지켰을 때 이긴다.
- C와 D는 정해진 구역에서 나오지 않는다. 도우러 가게 되면 포워드의 협력 플레이로 무너지기 때문이다.

코칭 포인트

A와 B 모두 같은 방향으로 빠져나가면 거리가 너무 멀어져 협력 플레이를 할 수 없다. 쉬운 훈련이므로 포워드의 협력 플레이에 중점을 둔다.

 지도자 MEMO　포워드의 움직임의 포인트는 타이밍과 서로의 거리감이다. 이 훈련에서는 패스하는 선수가 노마크이므로 타이밍을 맞추기 쉽다. 거리는 협력 플레이를 할 수 있을 만큼 가깝고, Z가 두 사람을 마크할 수 없을 정도로 떨어진다. 이 미묘한 거리감이 중요하다.

네덜란드에서 배운다

Style of The Netherlands

가르치지 않아도 실력이 향상되는 선수, 주의를 주지 않으면 아무것도 하지 않는 선수, 말뿐이고 행동은 하지 않는 선수 등 선수에도 여러 가지 타입이 있다. 네덜란드의 지도자는 각자의 특성에 맞춰 선수를 대하는 방법을 감각으로 익힌다.

프로그램 017	포워드 간의 협력 플레이 ②

초급 중급 상급

인 원	10명
지 역	미드필드, 공격지역

포워드 국면 협력 플레이
3 대 1 → 2 대 2 + 골키퍼

● 목적

상대팀의 인원을 늘려 실전에서 활용할 수 있는 협력 플레이를 익힌다.

● 순서

① 그림처럼 블록을 만든다.
② 골키퍼부터 시작한다.
③ A와 B는 협력 플레이로 Z와 Y를 교란시킨다.
④ C, D, E는 A와 B의 움직임을 보면서 타이밍에 맞춰 전진 패스한다.
⑤ A 또는 B가 공을 받아 골대로 향한다.

규칙

- 코너킥과 스로인 없음. 플레이가 끊기면 골키퍼부터 다시 시작한다.
- 수비는 공을 뺏거나 공을 뺏어 지켰을 때 이긴다.
- C, D, E, X는 정해진 구역에서 나오지 않는다. 훈련 내용을 나눈다.

응용

전방이 2 대 2가 되면 난이도가 많이 올라간다. 2 대 2가 어렵다면 2 대 1로 훈련하는 것도 좋다.

지도자 MEMO

전진 패스하는 곳이 3 대 1인 것이 포인트다. 프로그램 016에서 패스할 수 있는 선수가 둘뿐이었던 2 대 1과는 달리 이번엔 세 명으로 늘었다. 패스를 받는 타이밍을 잘 맞춰야 하므로 난이도가 높아진다.

포워드 간의 협력 플레이 ③

프로그램 018

포워드 협력 플레이 실전형식 6 대 6 + 골키퍼

초급	중급	**상급**
인 원	14명	
지 역	미드필드, 공격지역	

● 목적

실제 사용하는 시스템에서 포워드의 협력 플레이를 확인한다.

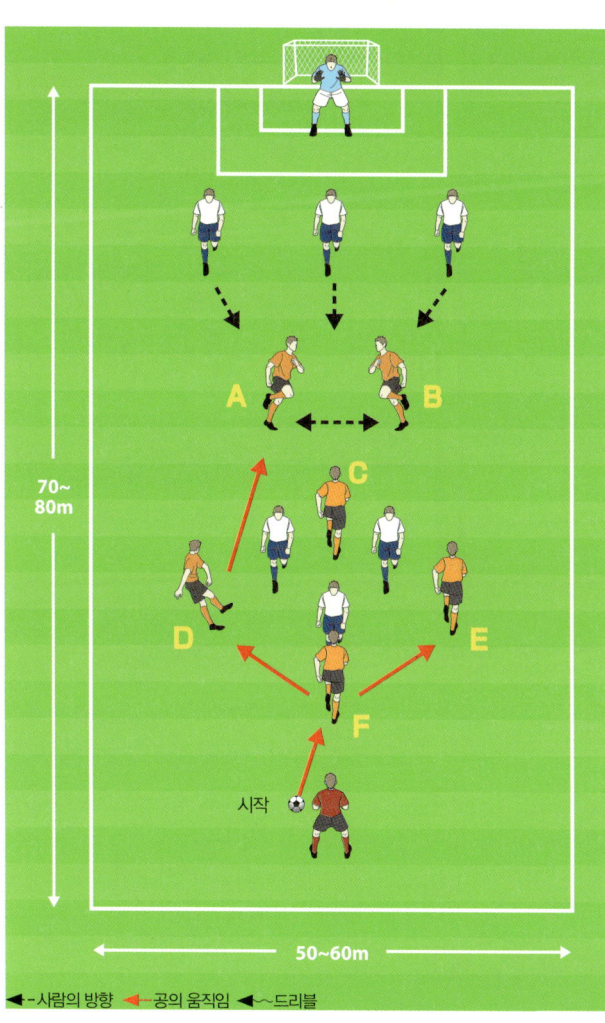

● 순서

① 골키퍼부터 시작한다.
② A와 B는 협력하며 패스 받는 방법을 생각한다.
④ C, D, E, F는 전진 패스를 하고 A와 B는 골대로 향한다.

규칙

- 코너킥과 스로인 없음. 플레이가 끊기면 골키퍼부터 다시 시작한다.
- 수비는 공을 뺏거나 공을 뺏어 지켰을 때 이긴다.

응용

그림은 '1-4-4-2'의 다이아몬드형 배치. 포워드의 협력 플레이가 주제이므로 수비라인은 생략한다. 이 형태 그대로 훈련하지 말고, 팀의 시스템에 맞춰 배치한다.

지도자 MEMO
포워드 간의 협력 플레이가 훈련의 주제이므로 A나 B가 제자리에서 멈춘 상태로 패스를 받는 것은 의미가 없다. 상대팀 수비수에게 "전진 패스를 차단해라"라고 지시하면 멈춘 상태로는 패스를 받을 수 없어 협력 플레이를 해야 하는 상황이 된다.

공격 과제 분석 　　　　　　　　　　　수비지역　미드필드　공격지역

CASE 7 >> 미드필더가 포워드에게 공은 주지만 고립될 경우에는 지원하지 않는다

➡ 미드필더의 포워드 지원

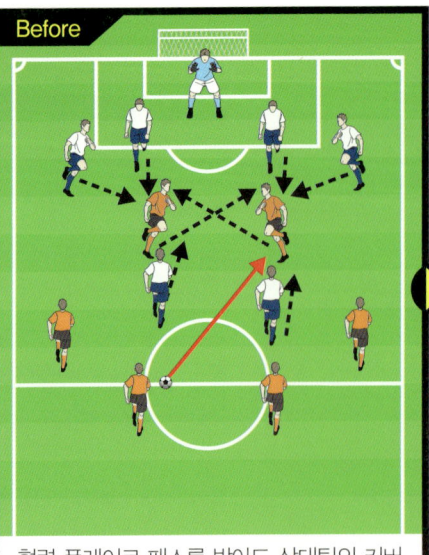

Before

협력 플레이로 패스를 받아도 상대팀의 커버로 인해 수적으로 불리해진다.

After

포워드가 공을 받는 순간, 주변에서 함께 지원함으로써 상대팀의 수비수가 포워드 외에 다른 선수도 마크하게 만든다.

[체크 포인트] 중요한 것은 위치 선정과 타이밍

골키퍼 → 수비수 → 미드필더로 패스를 연결하고 포워드의 협력 플레이로 성공적으로 포워드가 공을 갖게 되었다. 여기까지의 과정은 좋았으나 패스만 하고 미드필더가 이를 전혀 돕지 않는다면 포워드는 고립되게 된다.

특히 투톱은 상대팀 수비수보다 수적 열세에 놓이기 쉬우므로 미드필드에서 지원하는 것이 매우 중요하다. 포워드에게 성공적으로 패스했다 해도 미드필더의 역할은 끝나지 않는다. 미드필더가 포워드를 지원하지 않는다면 극단적인 경우, 포워드는 수비수가 탄탄하게 버티는 상대팀의 공격지역을 뚫고 골대까지 혼자서 공을 가져가야 한다. 이렇게 되면 공격 패턴은 단조로워질 수밖에 없다.

물론 무조건 지원하는 것이 좋은 것만은 아니다. 포워드의 움직임에 맞춰 움직여야 한다. 지원하러 가는 타이밍이 너무 빨라도 느려도, 무조건 전방으로 이동한다고 좋은 것도 아니다. 때로는 뒤로 살짝 물러나는 것이 좋을 때도 있다. 공을 가진 포워드가 패스할 수 있는 위치로, 타이밍에 맞춰 침투해야 한다.

미드필더의 포워드 지원 ①

프로그램 019
포워드 지원의 기본
2 대 1 → 1 대 1 + 골키퍼

초급	중급	상급
인 원	7명
지 역	미드필드, 공격지역

● 목적

미드필더가 포워드를 지원하는 간단한 훈련을 반복한다.

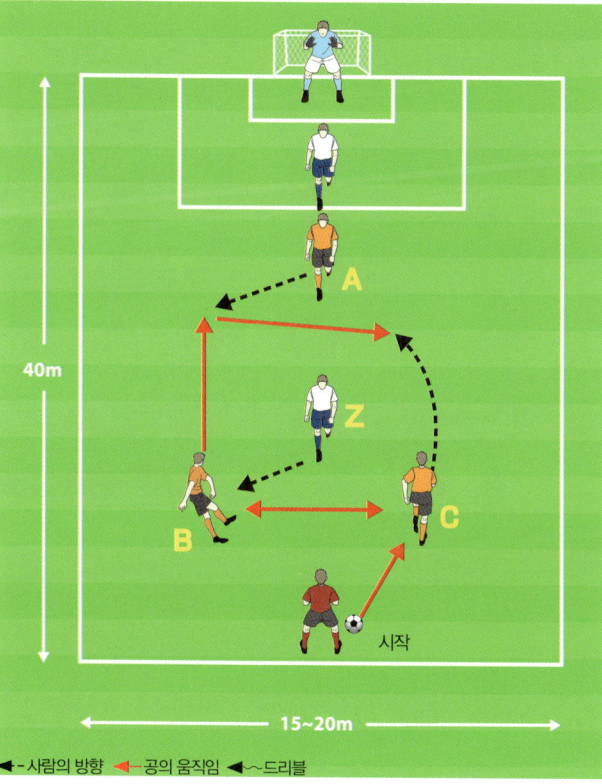

● 순서

① 골키퍼가 B, C에게 패스한다.
② Z는 압박한다.
③ B, C는 전진 패스를 한 후, 마크를 받지 않는 쪽이 지원하러 올라간다.
④ A는 전방으로 올라온 선수에게 패스한다.

규칙

● 코너킥과 스로인 없음. 플레이가 끊기면 골키퍼부터 다시 시작한다.
● 지원하러 올라온 선수에게 패스한 시점에서 끝.

지도자 MEMO
B와 C 중 Z에게 마크를 받지 않는 쪽이 전방으로 올라간다. 그림에서는 C가 지원하러 올라가기 때문에 A가 오른쪽 다리로 공을 트래핑하면 패스가 어려워진다. B는 이것을 예상하고 A의 왼쪽 다리로 패스한다.

네덜란드에서 배운다

훈련 주제는 가능하면 선수에게는 알려주지 않는다. '지도자가 말한 대로 해야지'라는 생각을 갖게 되면 상황 판단력이 향상되지 않는 형식뿐인 전술 트레이닝이 되고 만다.

미드필더의 포워드 지원 ②

프로그램 020

포워드 지원의 응용
3 대 2 → 2 대 2 + 골키퍼

초급	**중급**	상급
인 원	11명
지 역	미드필드, 공격지역

● 목적

양 팀의 선수를 늘려 실전에 가까운 지원 훈련을 한다.

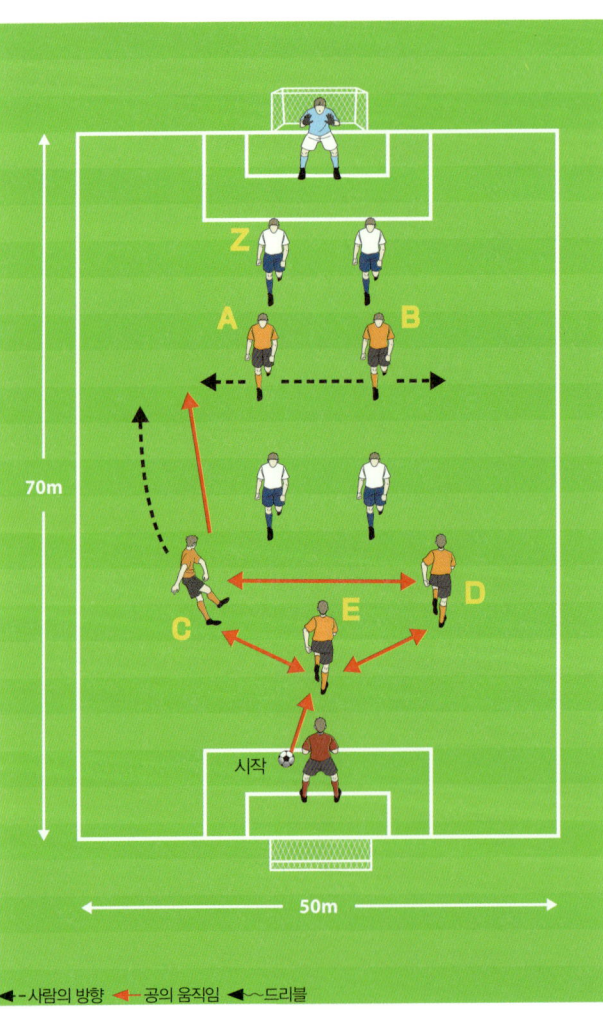

순서

① 골키퍼부터 시작한다.
② C, D, E로 공을 지키면서 전진 패스한다.
③ A와 B는 지원하러 온 선수를 활용해 3 대 1로 골대로 향한다.

규칙

- 코너킥과 스로인 없음. 플레이가 끊기면 골키퍼부터 다시 시작한다.
- 수비는 공을 뺏거나 공을 뺏어 지켰을 때 이긴다.

응용

A와 B가 지원 없이 둘이서 2 대 2로 수비를 무너뜨린다면, 반드시 지원하러 온 선수와 함께 골대로 향한다는 규정을 만드는 것도 좋다. 선수의 레벨에 맞춰 난이도를 조정하자.

코칭 포인트

2명이 동시에 전방으로 지원하러 가는 것은 NG. 전방은 3 대 2의 상황이라 2명이 올라가면 수비에 구멍이 생긴다.

지도자 MEMO 　패스해야 하는 상황에서도 선수가 실제로 패스를 할지는 미지수다. 그리고 공을 잘못 차서 공이 뜨는 경우도 있다. 패스가 좋지 않을 때는 모두 자신의 위치를 유지하고 좋은 패스가 나오는 순간, 지원하러 올라가는 것이 가장 좋은 타이밍이다.

미드필더의 포워드 지원 ③

프로그램 021

포워드 지원 실전형식 5 대 5 + 골키퍼 미니게임

초급	중급	**상급**
인 원	12명
지 역	미드필드, 공격지역

● 목적

양 팀의 인원이 같은 미니게임으로 얼마나 잘 지원할 수 있는지를 확인한다.

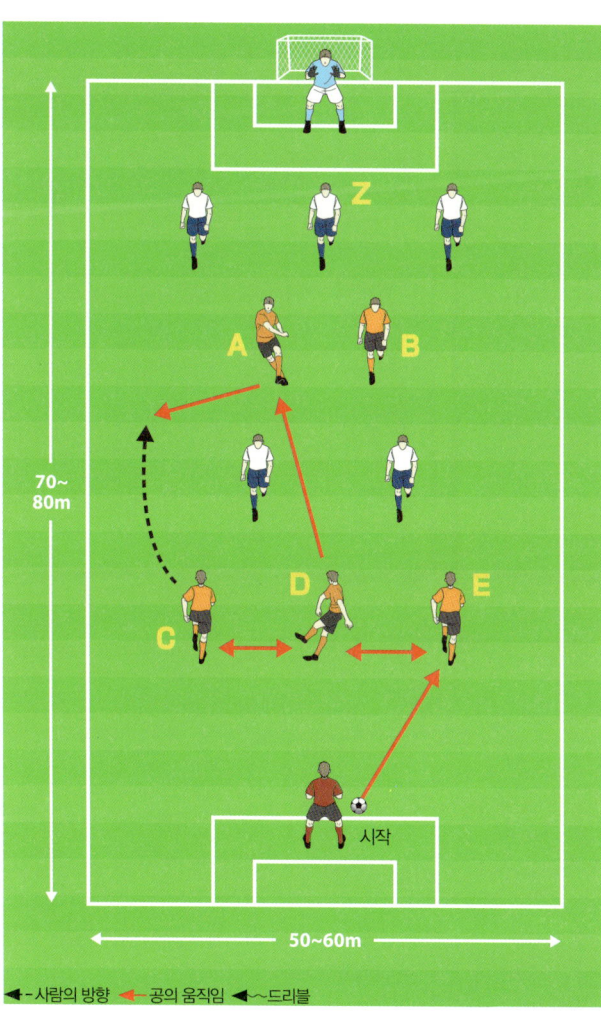

● 순서

① 한쪽 골키퍼부터 시작한다.
② 전방의 선수를 지원하면서 상대방의 골대로 향한다.

규칙

● 코너킥과 스로인 없음. 플레이가 끊기면 골키퍼부터 다시 시작한다.

코칭 포인트

지도자가 훈련 주제 이외의 플레이를 지도하는 것은 NG. 시합 형식인 만큼 공격 전개나 수비의 압박 등 여러 가지 문제점이 눈에 띄기 마련이지만 선수에게 너무 많은 정보를 줘서는 안 된다. 그럴 경우 선수가 훈련 주제에서 벗어난 플레이를 할 수 있다.

지도자 MEMO Z가 A와 B 앞에 서서 전진 패스를 막으려고 할 경우, 포워드 지원은커녕 패스조차 어려울 수 있다. 이런 상황을 D와 E가 드리블로 돌파하려고 한다면 훈련하고 싶은 상황을 연출할 수 없다. 따라서 '전진 패스 인터셉트 금지'라는 조건을 더한다.

공격 과제 분석

수비지역 / **미드필드** / 공격지역

CASE 8 » 슈팅으로 마무리하기 어렵다

➡ 최종 수비라인의 중앙을 무너뜨린다

Before
미드필더가 포워드를 지원해 전방을 향하게 되었지만 여기서부터 수비를 무너뜨릴 수가 없어 시간이 걸린다.

After
앞을 향한 미드필더가 속도를 그대로 유지하면서 스루패스해 슈팅한다.

[체크 포인트] 수비수가 없는 슈팅 훈련은 있을 수 없다

공격을 전개할 때, 포워드가 협력 플레이를 하고 여기에 미드필더가 지원해 전방을 보면서 패스를 받았다고 가정하자. 그럼 이때부터 어떻게 상대팀의 최종 수비라인을 무너뜨리고 슈팅할 것인가. '골 결정력 부족'은 경기 승리에 있어 치명적인 약점이라 할 수 있다. 어쨌든 이번 훈련은 공격 전개의 마지막 단계로, 여기까지 성공했다면 그 자체로도 대전 상대팀보다 레벨이 높다 할 수 있다.

골대 근처에서 수적 우위를 점하기는 매우 어렵다. 공격 전개의 흐름을 살려 속도를 그대로 유지하면서 수적 열세를 이겨내야 한다. 이때 가장 중요한 것은 수비 중앙을 무너뜨릴 기회를 한두 수 앞부터 생각하면서 플레이하는 것이다.

일본에서는 수비수 없이 슈팅 훈련을 하는데, 네덜란드에서는 이를 말도 안 되는 일이라 생각한다. 실전에서 노마크로 슈팅할 기회는 흔치 않기 때문이다. 실전과 동떨어진 훈련은 아무리 시간을 들여 연습한다 해도 실전에서 활용할 수 없다. 같은 인원 또는 수적으로 불리한 상황에서의 슈팅 훈련을 하자.

최종 수비라인의 중앙을 무너뜨린다 ①

프로그램 022

3 대 2 + 골키퍼

초급	중급	상급

- 인원: 7명
- 지역: 미드필드, 공격지역

● 목적

포워드를 지원하는 상태에서 슈팅까지 한다.

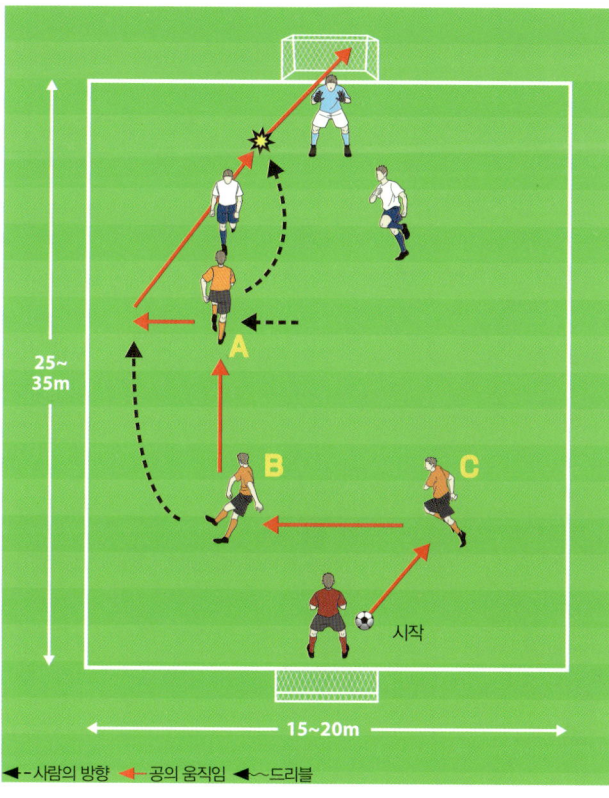

◀ - 사람의 방향 ◀ - 공의 움직임 ◀ - 드리블

● 순서

① 골키퍼부터 패스한다.
② B와 C는 A에게 패스하고 한 명이 위로 올라가 지원한다.
③ 2 대 2 상태에서 빠르게 슈팅한다.

규칙

- 코너킥과 스로인 없음. 플레이가 끊기면 골키퍼부터 다시 시작한다.
- 수비는 공을 뺏거나 공을 뺏어 지켰을 때 이긴다.

코칭 포인트

지도자는 수비를 무너뜨리는 방법을 알려줘서는 안 된다. 개인의 능력에 따라 잘하는 것이 있기 때문에 공격 패턴이 다소 일정해도 상관없다. "이런 방법도 있다."라고 조언하고 선수가 선택할 수 있게 한다.

 지도자 MEMO
2 대 2에서 이기는 가장 좋은 방법은 위치 선정을 잘하는 것이다. 상대팀 수비수가 옆으로 나란히 서 있으면 오버래핑이나 스루패스가 좋고, 비스듬히 늘어서 있으면 원투 패스, 수비수 간의 거리가 멀면 드리블 등 상황에 맞는 기술을 선택해 활용하자.

네덜란드에서 배운다

 **Style of The Netherlands**

많이 가르칠수록 판단력은 향상되지 않는다. "지금은 원투로 무너뜨려"라고 답을 알려주면 선수 스스로 판단할 수 있는 기회를 뺏게 되는 것이다. "상대 수비수는 어디에 있지?", "그 선수를 다른 방법으로 제칠 수는 없을까?"라고 먼저 질문하자.

최종 수비라인의 중앙을 무너뜨린다 ②

프로그램 023

5 대 4 + 골키퍼

초급	중급	상급

인 원: 11명
지 역: 미드필드, 공격지역

● 목적

인원을 늘려 수비라인의 중앙을 무너뜨리는 훈련을 한다.

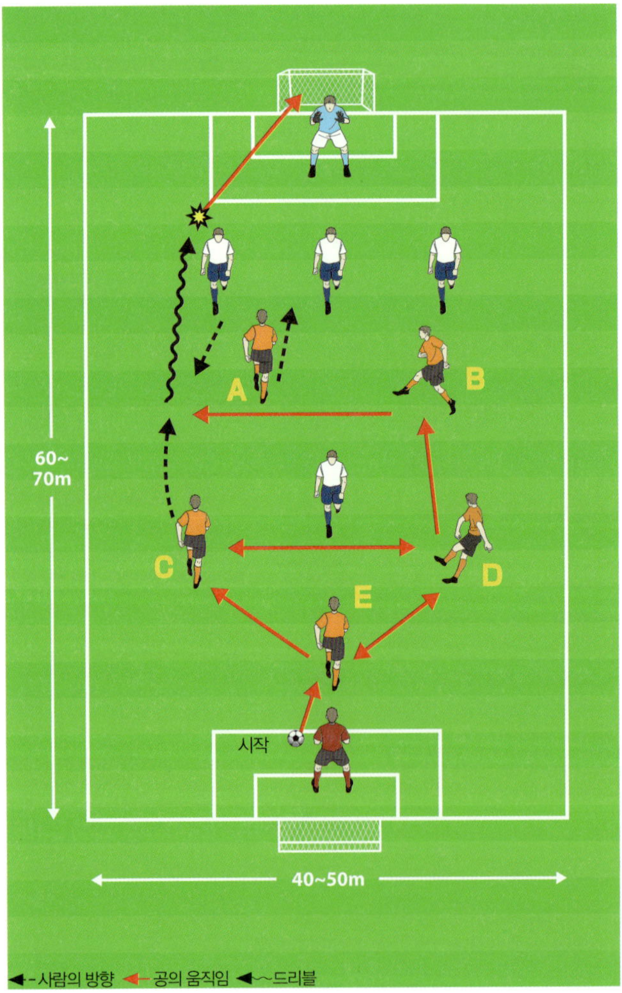

● 순서

① 골키퍼부터 시작한다.
② C, D, E는 전진 패스를 하고 한 사람이 오버래핑한다.
③ 3 대 3으로 슈팅까지 한다.

규칙

- 코너킥과 스로인 없음. 플레이가 끊기면 골키퍼부터 다시 시작한다.
- 수비는 공을 뺏거나 공을 뺏어 지켰을 때 이긴다.

60~70m
40~50m

◀—사람의 방향 ◀— 공의 움직임 ◀~~드리블

지도자 MEMO
공격지역에 들어서면, 실패를 두려워하지 말고 상대팀 미드필더가 올라오기 전에 슈팅을 시도하는 것이 좋다. 그러나 2 대 2나 3 대 3을 무너뜨리는 것이 어려워 횡패스로 쓸데없이 시간을 허비하는 경우도 많다. 이 경우 플레이를 중지시키고 선수에게 왜 중지시켰는지를 생각하게 한다.

최종 수비라인의 중앙을 무너뜨린다 ③

프로그램 024

실전형식
6 대 7 + 골키퍼

초급	중급	**상급**
인 원	15명	
지 역	미드필드, 공격지역	

● 목적
실제 시스템을 이용하여 빠른 템포로 최종 수비라인을 무너뜨린다.

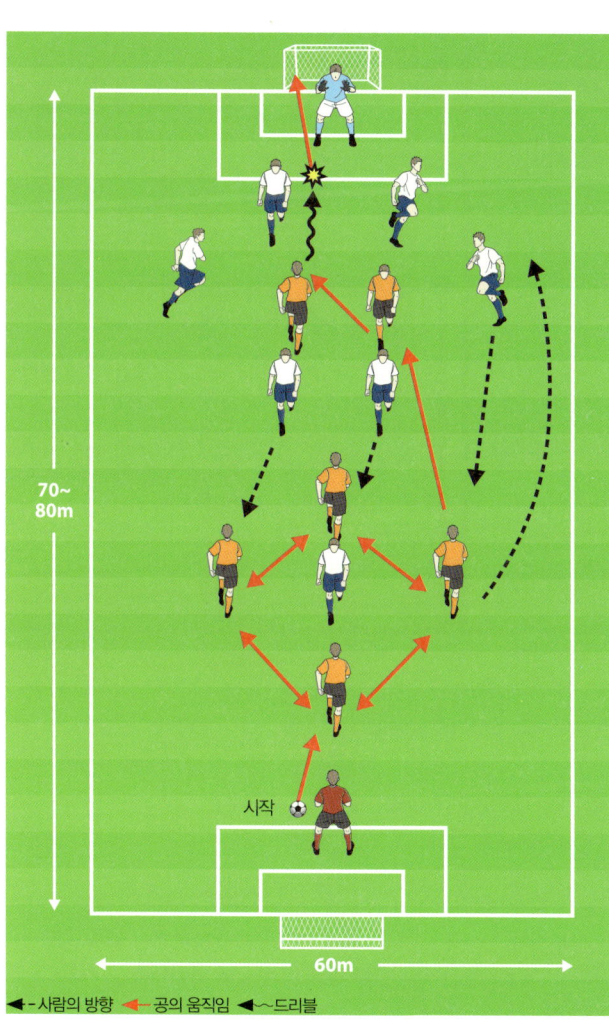

70~80m
60m

◄ - 사람의 방향　◄ - 공의 움직임　◄ ~ 드리블

● 순서
① 골키퍼부터 시작한다.
② 미드필드에서 공격을 전개하면서 전진 패스한다.
③ 미드필더는 포워드와 협력 플레이를 하면서 빠르게 슈팅을 시도한다.

규칙
● 코너킥과 스로인 없음. 플레이가 끊기면 골키퍼부터 다시 시작한다.
● 수비는 공을 뺏거나 공을 뺏어 지켰을 때 이긴다.

응용
이 그림은 자기팀이 '1-4-4-2', 상대팀이 '1-4-3-3'인 경우다. 최종 수비라인을 무너뜨리는 것이 훈련 주제이므로 같은 팀 수비수는 생략한다.

코칭 포인트
수비라인을 무너뜨리는 데만 급급해 슈팅 횟수가 줄어드는 것은 NG. 수적 열세로 수비를 무너뜨리지 못했어도 슈팅해 공이 들어가면 골이다. 기회를 만드는 형태보다는 슈팅하는 것에 무게를 둔다. 가끔은 과감한 슈팅도 필요하다.

지도자 MEMO 미드필드에서 4 대 3의 수적 우위로, 상대팀의 수비수 한 명을 다른 쪽으로 유인하는 순간 전진 패스를 하면 3 대 3의 상황을 만들 수 있다. 상대편이 돌아와 4 대 3이 되기 전에 빠르게 슈팅하자.

공격 과제 분석

CASE 9 >> 공격이 중앙에 편중되어 슈팅하기 어렵다

➡ 측면 공격으로 상대팀의 최종 수비라인을 무너뜨린다

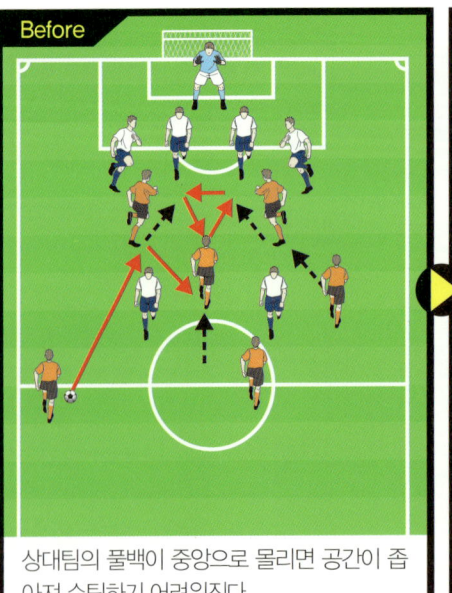

Before: 상대팀의 풀백이 중앙으로 몰리면 공간이 좁아져 슈팅하기 어려워진다.

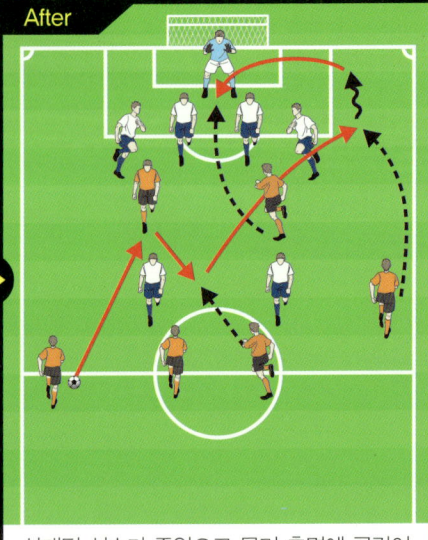

After: 상대팀 선수가 중앙으로 몰려 측면에 공간이 생기면 측면 공격을 통해 크로스를 올리고 슈팅한다.

[체크 포인트] '맞추기'위한 크로스는 올리지 않는다

공격 시의 최우선순위는 중앙을 돌파하는 것이다. 그러나 상대팀이 중앙을 커버해 측면에 공간이 생길 경우에는 바로 이곳을 활용해야 한다. 그렇지 않으면 슈팅할 기회가 없다.

기본적으로 측면은 중앙보다 공간은 넓지만 공격 전개는 의외로 어렵다. 크로스로 공격하려면 어떤 속도로 누구를 향해 크로스를 올려야 할지를 생각해야 한다.

네덜란드에서는 크로스를 '맞춘다'라고 생각하지 않는다. 공을 차는 선수가 골대 근처의 선수에게 공을 맞추거나 크로스로 올라온 공을 골대 근처의 선수가 맞춰야 한다고는 생각하지 않는다. 크로스를 차는 선수는 골대 근처로 날아가 상대팀 골키퍼가 손대지 못하는 공을 차야 한다고 생각한다. 그리고 그 공을 향하는 선수도 '골대 근처로 공이 오면 반드시 닿도록 하자'라는 생각으로 파고든다. 이렇듯 서로 골을 생각하며 플레이한다. 물론 크로스를 올리는 사람이 완전한 노마크 상태로 정확하게 공을 찰 수 있다면 반드시 맞추려고 하겠지만 실제 경기에서 그렇게 여유있는 때는 거의 없다.

측면 공격으로 상대팀의 최종 수비라인을 무너뜨린다 ①

프로그램 025

중앙의 2 대 2 상황에서 크로스 올리기

초급	중급	상급
인 원	6명	
지 역	공격지역	

● 목적

측면 돌파로 크로스를 올려 슈팅하는 이미지를 떠올린다.

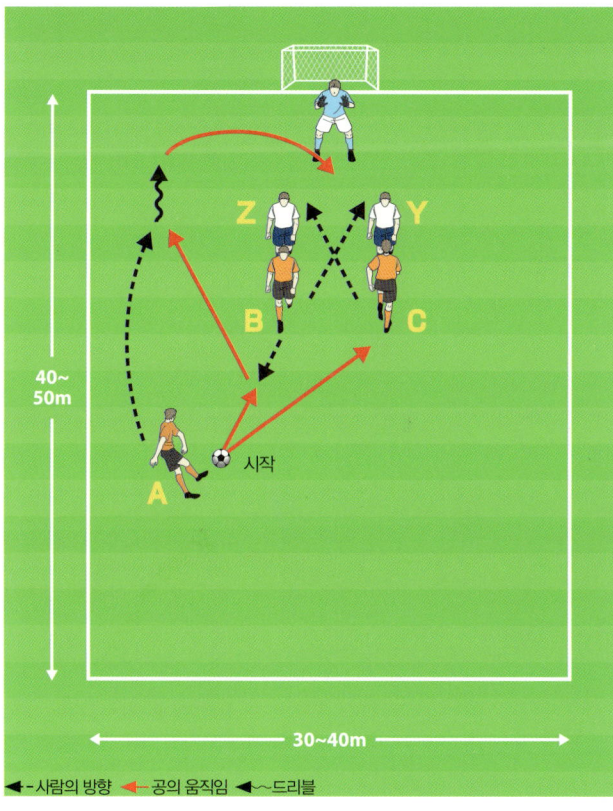

◀— 사람의 방향   ◀— 공의 움직임   ◀∼ 드리블

● 순서

① A부터 B 또는 C에게 패스한다.
② 원투 등으로 측면을 돌파한다.
③ B와 C는 골대 앞으로 파고든다.
④ A가 크로스를 올리고 Z와 Y는 중앙에서 막는다.

규칙

- 코너킥과 스로인 없음. 플레이가 끊기면 골키퍼부터 다시 시작한다.
- 수비는 공을 뺏거나 공을 뺏어 지켰을 때 이긴다.
- 측면 공격은 원투뿐만 아니라 B가 바꿔 들어가 돌파하는 등 자유롭게 실시한다.

코칭 포인트

크로스가 올라왔을 때 제자리에 멈춘 채 공을 기다리는 것은 NG. 수직으로 점프해 헤딩해도 가속도가 붙지 않아 골을 넣을 수 없다. 전방의 공간을 비워두고 크로스가 올라올 때까지 기다렸다가 파고들어야 한다.

지도자 MEMO 수비를 이길 수 있는 비결은 공간을 침투하는 속도의 완급 조절에 달려있다. 천천히 기다렸다 크로스가 올라온 순간, 속도를 높여 파고들면 수비수를 한 번에 제치고 먼저 공에 닿을 수 있다.

네덜란드에서 배운다

Style of The Netherlands

선수가 훈련 주제에 맞는 플레이를 제대로 수행하지 못한다고 해도 조언하지 않는다. 이때는 인원을 줄여 난이도를 낮추자. 지도자는 실패의 원인을 분석할 수 있어야 한다.

측면 공격으로 상대팀의 최종 수비라인을 무너뜨린다 ②

프로그램 026

3 대 2 → 중앙의 2 대 2 상황에서 크로스 올리기

초급 **중급** 상급
인 원 : 11명
지 역 : 미드필드, 공격지역

● 목적

공격을 전개하는 흐름에서 크로스 올리는 훈련을 한다.

● 순서

① 골키퍼부터 시작한다.
② C, D, E는 3 대 2 상황에서 전진 패스한다.
③ 한 명이 오버래핑으로 측면을 무너뜨리고 크로스를 올린다.
④ A와 B는 공에 닿기 위해 중앙으로 파고든다.
⑤ Z와 Y는 각각 중앙에서 막는다.

규칙

- 코너킥과 스로인 없음. 플레이가 끊기면 골키퍼부터 다시 시작한다.
- 수비는 공을 뺏거나 공을 뺏어 지켰을 때 이긴다.
- 측면을 돌파하는 방법은 자유롭게 선택한다.

응용

크로스를 올리는 선수는 바로 공을 차지 말고 방향을 바꾸는 페인트를 이용한 다음 크로스하는 것도 좋다. 이를 통해 중앙에서 전열을 가다듬어야 할 때의 상황을 훈련할 수 있다.

50~60m
40~50m
시작

◀- 사람의 방향   ◀- 공의 움직임   ◀~ 드리블

지도자 MEMO 어느 쪽 측면에서 공격하든 상관없다. 상대팀의 움직임을 보면서 무너뜨리기 쉬운 측면을 판단해 오버래핑한다. 실제로 크로스를 올리는 선수를 C나 D에 배치하면 포지션에 적합한 능력을 기를 수 있다.

측면 공격으로 상대팀의 최종 수비라인을 무너뜨린다 ③

초급	중급	**상급**

| 인 원 | 14명 |
| 지 역 | 미드필드, 공격지역 |

프로그램 **027**

실전형식 6 대 6

●목적

실제 시스템으로 측면 공격을 활용하여 슈팅까지 연결한다.

●순서
① 골키퍼부터 시작한다.
② 수비는 평소처럼 수비한다.
③ 공격은 자유롭게 수비를 무너뜨리고 슈팅한다.

규칙
- 코너킥과 스로인 없음. 플레이가 끊기면 골키퍼부터 다시 시작한다.
- 수비는 공을 뺏거나 공을 뺏어 지켰을 때 이긴다.

응용
그림은 '1-4-4-2'의 경우다. 팀의 시스템에 맞춰 재구성한다.

70~80m
50~60m
시작
◀- 사람의 방향   ◀- 공의 움직임   ◀∼드리블

지도자 MEMO 공격할 때는 일반적으로 중앙을 먼저 무너뜨리려 한다. 중앙의 수비가 탄탄해 공격이 여의치 않다면 측면 공격으로 전환한다. 점점 실전과 가까운 상황을 만들어 훈련하자. 익숙해지면 스로인을 도입하거나 수비하는 쪽이 역습을 시도하는 것도 좋다.

하야시 마사토의 〈네덜란드에 관한 에피소드〉 ②
그들은 왜 질문하지 않는가?

훈련을 배우러 오긴 하지만…

몇 년 전, 네덜란드의 명문팀 아약스의 지도자와 대화를 나눈 적이 있다. 이때 그는 농담처럼 이런 말을 던졌다.
"일본인들은 내 훈련방식을 훔치러 와!"
축구인에게 아약스나 바르셀로나와 같은 명문 클럽에서의 훈련법은 초미의 관심사다. 일본에서도 많은 지도자들이 명문 클럽의 훈련을 견학하면서 열심히 메모한다.

"그들은 왜 메모만 하는 거지? 포메이션이나 시스템, 문제점이나 훈련 주제는 묻지도 않고 말야."
훈련 내용은 팀의 시스템과 문제점을 바탕으로 만든다. 어떤 주제를 가지고 구성한 훈련인지도 모르면서 형식만 베끼는 것은 아무 소용이 없다. '1-4-3-3'과 같이 미드필드가 삼각형이 되는 시스템에 맞춰 만든 패스 패턴 훈련인데, '1-4-4-2' 박스 시스템의 팀 지도자가 이것을 그대로 따라하는 것은 이치에 맞지 않는다. 메모만 하고 질문을 하지 않는 지도자는 결국 자신의 팀과 맞지 않는 훈련을 실시해 실패만 하게 될지도 모른다.
훈련 프로그램은 시합에서 발견된 팀의 문제점을 해결하기 위해 만든 것이다. 그러나 일본의 지도자는 원인이 되는 부분을 일절 묻지 않는다. 아약스 감독은 이렇게 말했다.
"그게 일본 축구가 약한 이유가 아닐까?"

[네덜란드에서 배운다]
일류와 이류의 차이는 지도자의 분석력 차이다.

제4장

수비 과제 해결 프로그램

압박이나 마크 등 수비에서는 특히 시스템이 중요하다.
선수가 유기적으로 수비하며 상대팀의 공격을 차단했을 때,
전술 훈련의 성과를 확실하게 실감할 수 있다.

수비 과제 분석

수비지역　미드필드　공격지역

CASE 1 〉〉 최전방의 압박이 어렵다
➡ 포워드부터 방향 제한하기

무조건 수비수를 쫓아 쉽게 돌파당하는 탓에 상대팀의 공격을 쉽게 허용한다.

같은 팀 선수의 지시를 듣고 상대팀이 움직일 방향을 제한한다. 상대 수비수를 유인하고 협력하면 공을 뺏을 수 있다.

[체크 포인트] 후방의 선수와 협력해 패스 코스를 제한한다

공격은 골키퍼 → 수비수 → 미드필더 → 포워드 순으로 전개되지만 수비는 공격과는 반대로 최전방의 포워드부터 시작한다. 최전방에서 공을 뺏으면 큰 기회가 되지만 포워드보다 상대팀의 수비수가 많아 고립된 상태에서 파고들면 쉽게 돌파당할 수 있다. 이 때문에 미드필드가 수적 열세가 되는 등 최전방에서의 수비를 실수하면 악순환이 이어진다. 포워드는 주변 선수와의 커뮤니케이션을 통해 상대팀이 공을 가져갈 수 있는 코스를 제한해야 한다.

이때 가장 주의해야 할 점이 뒷선의 상황을 묻지도 않고 단독으로 전진 패스 코스를 막거나 횡패스 코스를 제한하는 것이다. 상대팀이 움직일 수 있도록 제한한 코스를 같은 팀 선수가 커버하는 것은 아무 의미도 없다. 그대로 돌파당하거나 쓸데없이 체력소모만 한 것이 된다. 필드 안에 그물을 치듯 협력 플레이로 압박하는 훈련을 하자.

프로그램 028	포워드부터 방향 제한하기 ①	초급 / 중급 / 상급
	포워드 협력 수비 1 대 2 → 2 대 2	인원 6명 / 지역 공격지역

● 목적

후방의 선수와 협력해 상대 수비수가 움직일 방향을 제한한다.

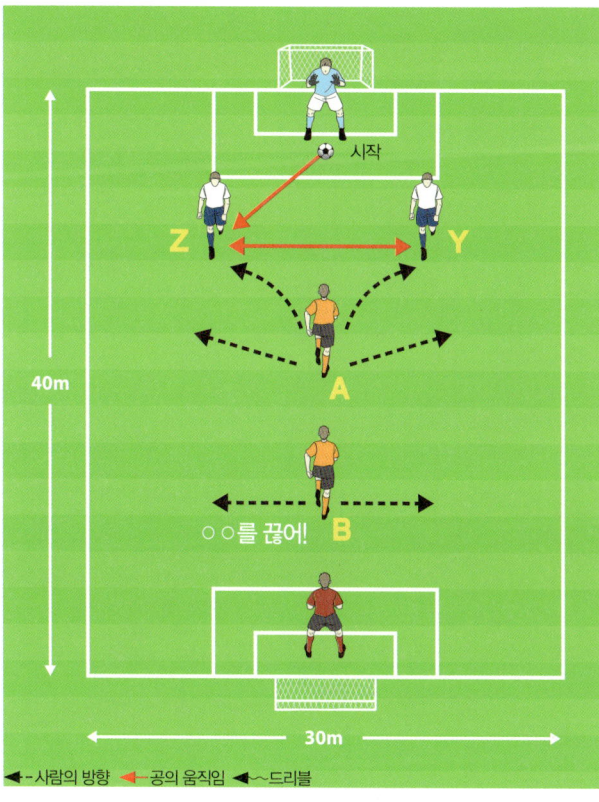

● 순서

① 상대팀 골키퍼부터 시작한다.
② Z와 Y는 상대 선수를 제치고 골을 노린다.
③ A는 B의 지시를 들으면서 코스를 막아 상대 선수를 한쪽으로 몰아넣는다. B는 마크를 받는다고 생각하며 움직인다.
④ 공을 뺏으면 바로 상대팀 골키퍼부터 다시 시작한다. Z와 Y는 상대 선수의 포지션이 흐트러지는 것과는 상관없이 골을 노린다.

규칙

● B는 라인 수비로 지역방어한다.
● 코너킥과 스로인 없음. 플레이가 끊기면 골키퍼부터 다시 시작한다.
● 수비는 공을 뺏으면 이긴다.

 지도자 MEMO A가 옆으로 압박해 들어가면 상대 선수가 드리블할 것이다. 이때 B가 막으면서 포지션을 바꾼다.

네덜란드에서 배운다

Style of The Netherlands

훈련 중에 일어난 것을 메모하는 지도자, 머릿속에 기억하는 지도자 등, 여러 유형의 지도자가 있다. 하지만 훈련 후에는 반드시 그날에 일어난 변화를 분석하고 기록하자.

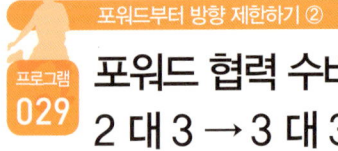

포워드부터 방향 제한하기 ②

포워드 협력 수비
2 대 3 → 3 대 3

| 초급 | **중급** | 상급 |

인 원 8명
지 역 공격지역, 미드필드

● 목적

후방의 선수와 협력하는 것뿐만 아니라 포워드 간에도 협력하며 상대팀이 움직일 방향을 제한한다.

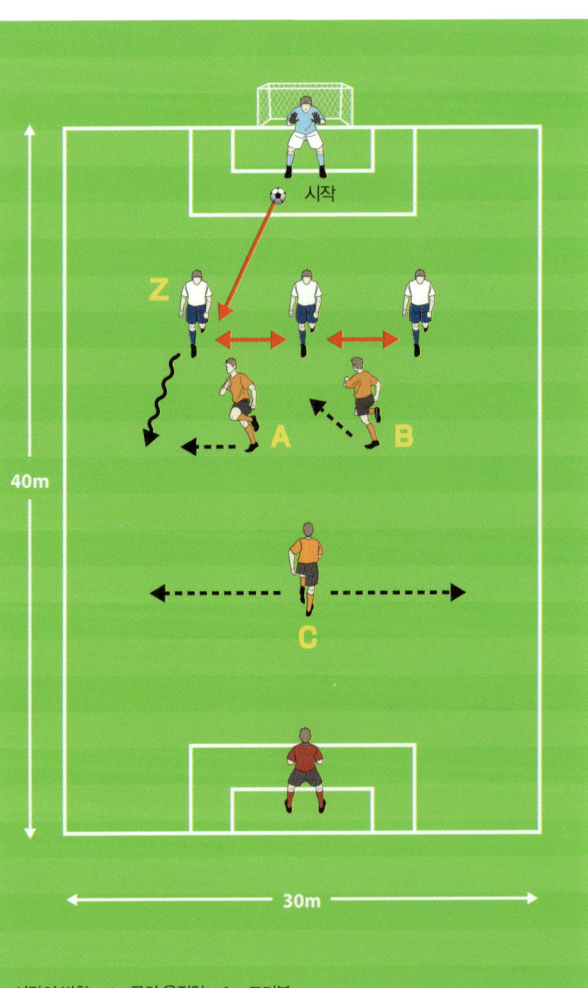

◀- 사람의 방향   ◀- 공의 움직임   ◀~ 드리블

● 순서

① 상대팀 골키퍼부터 시작한다.
② 공격팀은 공을 지키면서 골을 노린다.
③ A와 B는 C의 지시를 들으면서 협력해 상대팀이 움직일 방향을 제한한다.
④ 공을 뺏으면 바로 상대팀 골키퍼부터 다시 시작한다. 공격팀은 상대 선수의 포지션이 흐트러지는 것과는 상관없이 골을 노린다.

규칙

● 미드필드의 C는 A와 B의 위치로 올라갈 수 없다.
● 코너킥과 스로인 없음. 플레이가 끊기면 골키퍼부터 다시 시작한다.
● 수비는 공을 뺏으면 이긴다.

응용

익숙해지면 수비도 공을 뺏어 슈팅할 수 있도록 규칙을 변경하는 것도 좋다.

코칭 포인트

A와 B의 간격은 너무 넓거나 좁아도 NG. 간격이 넓으면 두 선수 사이로 공을 몰고가기 쉬우며, 좁으면 측면이 뚫릴 위험이 있다.

지도자 MEMO

C만 지시하는 것이 아니라 A와 B도 함께 협력해야 한다. 그림처럼 A가 Z를 마크하려 할 때 옆으로 막을 것인지 앞으로 막을 것인지를 정한다. B와 A의 대응, C의 지시와 움직임으로 서로 협력하며 어떻게 움직일 것인지를 판단한다.

포워드부터 방향 제한하기 ③

프로그램 **030**

포워드 협력 수비 실전형식
5 대 6 + 골키퍼

| 초급 | 중급 | **상급** |

인 원: 13명
지 역: 공격지역, 미드필드

● 목적

실제 시스템으로 포워드부터 몰아넣는다.

● 순서

① 상대팀 골키퍼부터 시작한다.
② 공격팀은 공을 지키면서 골을 노린다.
③ A와 B는 C의 지시를 들으면서 협력해 상대팀이 움직일 방향을 제한한다.
④ 공을 뺏으면 바로 상대팀 골키퍼부터 다시 시작한다. 공격팀은 상대 선수의 포지션이 흐트러지는 것과는 상관없이 골을 노린다.

규칙

● 미드필드의 C는 A와 B의 위치로 올라갈 수 없다.
● 코너킥과 스로인 없음. 플레이가 끊기면 골키퍼부터 다시 시작한다.
● 수비는 공을 뺏으면 이긴다.

응용

그림은 투톱의 경우다. 스리톱인 경우, 오른쪽 측면의 선수가 공을 갖게 되면 중앙은 횡패스를 막고 왼쪽 측면은 사이드 체인지를 막는다. 투톱과 달리 '패스를 막는 위치 선정'이 가능하다.

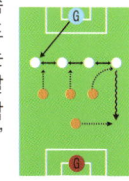

지도자 MEMO

포워드 2명으로 포백이 움직일 방향을 제한하려고 하면 한쪽으로 쏠리기 쉽다. 그렇게 되지 않도록 주의하며 미드필더와의 거리를 짧게 유지한다. 그림처럼 B가 W를 한쪽으로 몰았다면 A는 X, Y, Z 중 어떤 선수가 패스해도 마크할 수 있는 위치에 선다.

수비 과제 분석

CASE 2 >> 상대팀이 손쉽게 공을 전방으로 보낼 수 있도록 한다

➡ 방향 한정 승부

`수비지역` `미드필드` `공격지역`

Before

수비지역에 선수 1명이 더 있어 옆을 막긴했지만 상대팀의 전진 패스로 위험한 순간을 맞았다.

After

수비라인이 공격을 쫓아가지 못할 때는 상대의 공격을 늦추도록 한다. 전진 패스를 막아 시간을 만든다.

[체크 포인트] 지역의 상황에 따라 방향 제한하는 방법을 바꾼다

방향한정은 '포워드부터 방향 제한하기'에서도 말했지만 미드필더와 수비지역에 따라 여러 가지 방법이 있다. 옆에서 압박하며 상대팀을 옆으로 유도하거나 수비진이 쫓아가지 못할 때는 앞을 막아 상대의 공격을 늦춘다. '포워드부터 방향 제한하기'에서처럼 기본적으로는 후방의 선수가 공을 가진 선수의 '앞을 막을 것인지', '옆을 막을 것인지'를 지시한다. 지역에 따라 위험 허용도가 달라지는 것처럼 공간에 따라 방향을 판단하는 기준 또한 바뀌게 된다. ==중요한 것은 서로의 의견을 조율하는 것이다.== 예를 들어 위의 Before와 같이 미드필더가 수비라인과 커뮤니케이션을 하지 않고 '앞으로 공을 가져가게 해야지'라고 독단적인 판단을 내리게 되면 위험한 상황에 처할 수 있다.

일어날 수 있는 상황은 하나가 아니다. ==몇 번이고 반복 훈련을 해야 여러 가지 패턴이 생긴다.== 이 모든 상황을 판단하며 플레이할 수 있도록 반복적으로 훈련하자.

방향 한정 승부 ①

프로그램 031

방향 제한 수비
2 대 2 + 2 프리맨

초급	중급	상급
인원	6명	
지역	공격지역	

● 목적

제한할 방향을 판단해 지시한다.

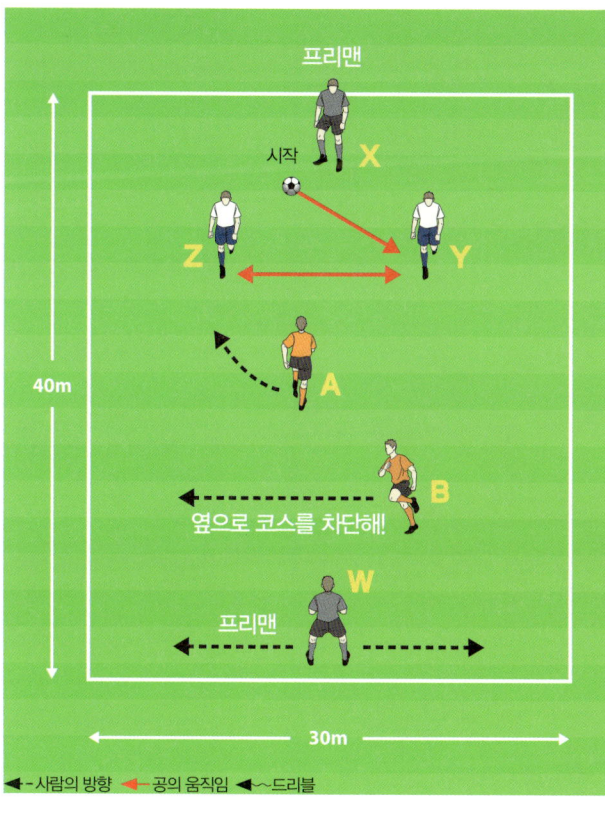

● 순서

① 프리맨 X부터 시작한다.
② Z와 Y는 W에게 가는 전진 패스를 노리며 수비를 무너뜨린다.
③ B는 W로 향하는 패스 코스를 막으면서 A에게 압박할 방향을 지시한다.
④ 수비가 공을 뺏으면 프리맨 X부터 다시 공격을 시작한다.

규칙

- 코너킥과 스로인 없음. 플레이가 끊기면 프리맨 X부터 다시 시작한다.
- 프리맨은 골키퍼도 OK.
- B는 A가 있는 곳까지 올라가지 않는다.
- 수비는 공을 뺏으면 이긴다.
- 공격은 W에게 패스가 성공하면 이긴다.

코칭 포인트

A가 지시만 기다리는 것은 NG. 뒤의 상황을 파악할 수 있다면 B의 지시 없이도 스스로 판단하며 움직여야 한다.

 지도자 MEMO
B는 Z에서 W로 향하는 패스 코스를 막고, A가 횡패스를 막으면 Z는 앞으로 향할 수밖에 없다. W로 패스 코스가 열리면 A가 앞으로 다가가 공격을 늦춘다. B는 A에게 어떤 쪽으로 압박할 것인지를 알린다.

네덜란드에서 배운다

Style of The Netherlands

선수의 플레이에 대해 '왜?'라고 질문하는 것은 중요하지만 선수에 따라서는 일어난 상황을 파악하지 못하는 경우도 있다. 이런 경우 간단한 질문부터 마지막에는 둘 중 하나를 선택할 수 있는 선택지를 제시하는 것으로 대답을 이끌어내자.

프로그램 032 — 방향 한정 승부 ②

방향 제한 수비
4 대 4 + 골키퍼 + 프리맨

| 초급 | 중급 | 상급 |

- 인 원: 10명
- 지 역: 공격지역, 미드필드

● 목적

협력 플레이를 해야 할 인원을 늘려 상대팀이 움직일 방향을 더욱 정확하게 제한한다.

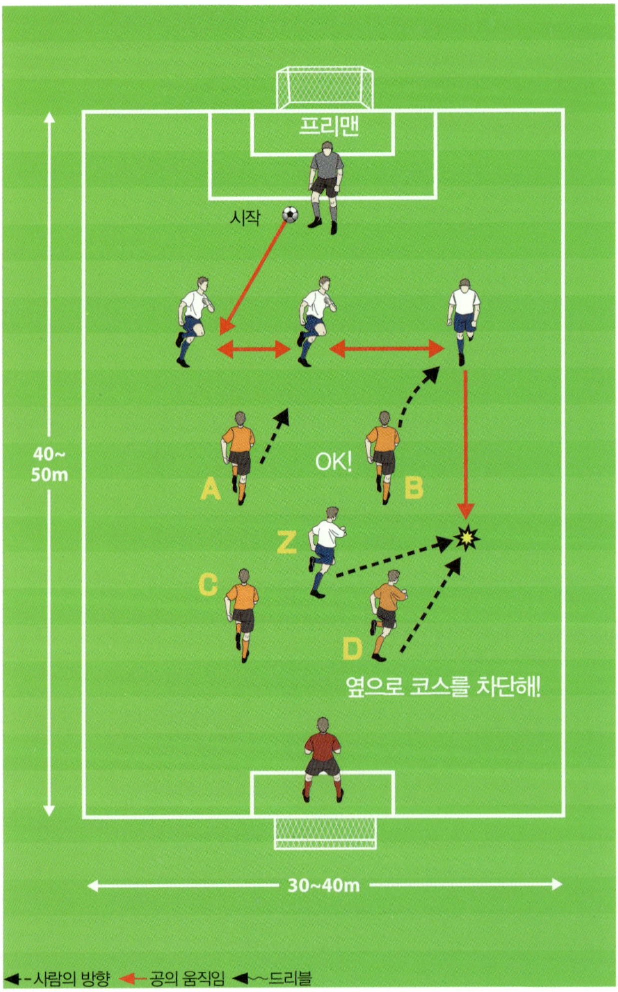

● 순서

① 프리맨 X부터 시작한다.
② 공격은 공을 지키면서 골대로 향한다.
③ C와 D는 상황에 따라 제한할 방향을 지시한다.
④ A와 B는 지시를 들으면서 상대팀이 플레이할 방향을 제한한다.

● 규칙

- 프리맨은 골키퍼도 OK.
- 코너킥과 스로인 없음. 플레이가 끊기면 프리맨부터 다시 시작한다.
- 수비는 공을 뺏으면 이긴다.

● 응용

전방 → 미드필드로 수비를 할 때도 응용 가능하다. 위쪽은 골키퍼, 아래쪽은 프리맨, 페널티 에어리어는 위쪽으로만 설정한다. 미드필드 → 수비라인으로 수비를 할 때는 위쪽은 프리맨, 아래쪽은 골키퍼, 페널티 에어리어는 아래쪽으로만 설정한다. 수비지역을 머릿속으로 떠올리며 형태를 만든다.

(그림: 40~50m × 30~40m, 프리맨, 시작, A, B, C, D, Z, "OK!", "옆으로 코스를 차단해!", ←사람의 방향, ←공의 움직임, ←드리블)

지도자 MEMO: Z를 기점으로 공격을 전개해야 하므로 수비는 Z에게 오는 패스를 끊어야 한다. 패스 차단에 실패하면 제한하는 방향이 틀렸는지 협력 플레이가 제대로 되지 않았는지 등 원인을 찾아 다시 훈련한다.

방향 한정 승부 ③

프로그램 033
방향 제한 수비 실전형식
6 대 6 + 골키퍼 + 프리맨

초급	중급	**상급**
인 원	15명
지 역	공격지역, 미드필드

● 목적
인원을 늘려 실제 사용하는 시스템처럼 실시한다.

● 순서
① 상대팀 골키퍼부터 시작한다.
② 공격은 공을 지키면서 프리맨과 함께 7 대 6으로 골대로 향한다.
③ A와 B는 C, D, E의 지시를 듣고 프리맨에게 가는 패스 코스를 끊으면서 협력 플레이로 상대팀이 움직일 방향을 제한한다.
④ 수비는 공을 뺏으면 바로 공격으로 전환한다. 프리맨과 함께 7 대 6으로 상대팀 골대로 향한다.

규칙
● 코너킥과 스로인 없음. 플레이가 끊기면 상대팀 골키퍼부터 다시 시작한다.

응용
주제는 상대팀이 움직이는 방향을 제한하는 수비. 이런 움직임이 필요한 상황 = 수적 열세가 되도록 선수를 배치한다. 어떤 시스템에서도 똑같은 훈련을 할 수 있다.

코칭 포인트
시합 형식으로 진행하면 흐름은 원활해지지만 모두 공에만 집중하느라 훈련 주제와 맞지 않는 상황이 일어날 수 있다. 이때는 바로 플레이를 멈추고 골키퍼부터 다시 시작한다.

지도자 MEMO 모든 포지션에 해당하는 이야기로, 전술을 잘 이해하는 선수는 자신이 마크하는 선수 이외에도 필드 안에서 일어나는 모든 상황을 파악한다. 후방으로 가는 패스 코스를 차단하거나 같은 팀 선수에게 방향을 지시하는 등, 넓은 시야로 수비할 수 있다.

수비 과제 분석 　　　　　　　　　수비지역　미드필드　공격지역

CASE 3>> 상대팀의 포워드를 자유롭게 움직일 수 있도록 한다
➡ 간격을 조절한다

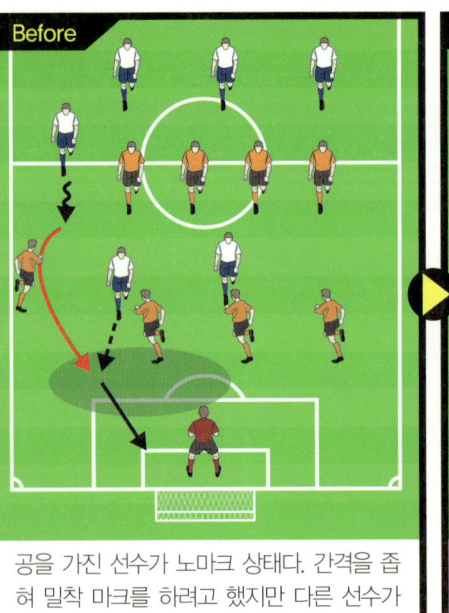

공을 가진 선수가 노마크 상태다. 간격을 좁혀 밀착 마크를 하려고 했지만 다른 선수가 들어왔다.

공을 가진 선수가 노마크 상태여서 간격을 넓게 유지하고 뒷 공간을 차단했다.

[체크 포인트] 공을 가진 선수를 압박했는가?

상대팀 포워드가 제 역할을 하지 못하게 하려면 어떻게 해야 할까? 정답은 공을 가질 수 없게 하는 것이다. 상대팀의 미드필더와 수비라인이 공격을 전개하려고 하는지, 긴 패스를 하려고 하는지를 판단해 대응한다. 공을 조금 앞에 두고 최전방을 보고 있다면 앞을 막아 긴 패스를 하지 못하게 하고 공격을 전개하려는 것 같으면 압박을 가해 공을 뺏는 것이 좋다. 이때 판단을 잘못하면 공을 가진 선수가 노마크 상태가 되니 주의한다.

공을 받은 상대팀 포워드를 마크하는 수비수도 정확한 판단을 해야 한다. 네덜란드에서 중요시하는 것은 '공을 가진 선수를 압박했는가?'이다. 압박을 했다면 상대팀 포워드가 받을 수 있는 패스 코스가 제한되어 과감하게 간격을 줄일 수 있다. 그러나 상대팀이 움직일 방향을 제대로 제한하지 않아 공을 가진 상대팀 선수가 노마크 상태일 때는, 상대팀 포워드나 뒷 공간으로 자유롭게 패스할 수 있다. 이때 너무 다가가게 되면 뒷 공간으로 스루패스할 가능성이 커지게 되는데 이는 반드시 막아야 한다. 포스트 플레이를 할 가능성도 있지만, 위험을 감수하고서라도 간격을 좁히는 것이 좋다.

간격을 조절한다 ①

프로그램 034

포워드 수비 2 대 2 + 골키퍼

초급	중급	상급
인 원	6명
지 역	미드필드, 수비지역

●목적

압박 상황에 맞춰 상대팀 포워드와의 간격을 조절하는 습관을 들인다.

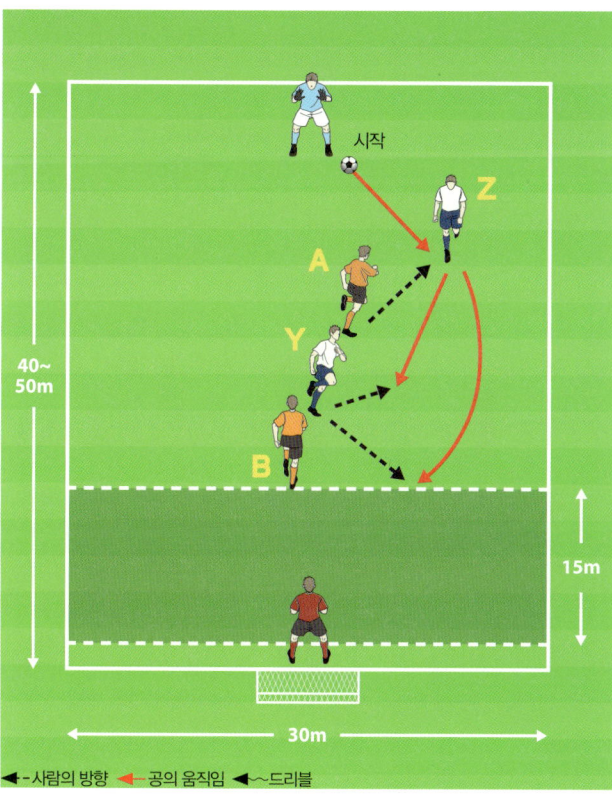

●순서

① 그림처럼 구역을 설정한다.
② 골키퍼부터 시작한다.
③ A는 Z를 압박할지 여부를 스스로 결정한다.
④ Z는 Y의 발끝 또는 뒷 공간으로 패스한다.
⑤ B는 Y의 공격을 막는다.
⑥ 돌아가며 반복한다.

규칙

● 코너킥과 스로인 없음. 플레이가 끊기면 상대팀 골키퍼부터 다시 시작한다.
● 공격은 설정된 구역에서 공을 받거나 골을 넣으면 이긴다.
● B는 공을 뺏으면 이긴다.
● A는 B의 훈련을 지원하는 역할이라 생각한다.

지도자 MEMO
A가 Z를 압박하면 B는 패스 코스를 쉽게 읽고 Y에게 다가가 공을 인터셉트한다. 압박하지 않을 때에는 Y에게 접근하지 말고 여러 가지 공격에 대처할 수 있도록 해야 한다.

네덜란드에서 배운다

Style of The Netherlands

그림에 기재된 필드의 크기는 어디까지나 기준일 뿐이다. 같은 크기도 어린아이에게는 넓게, 어른에게는 좁게 느껴진다. 선수의 연령과 수준에 맞춰 유연하게 변경하자.

초급	중급	상급
인 원	9명	
지 역	미드필드, 수비지역	

간격을 조절한다 ②

프로그램 035

포워드 수비
2 대 1 → 2 대 2

● 목적
보다 자연스러운 상황을 만들어 포워드를 마크하는 훈련을 반복하자

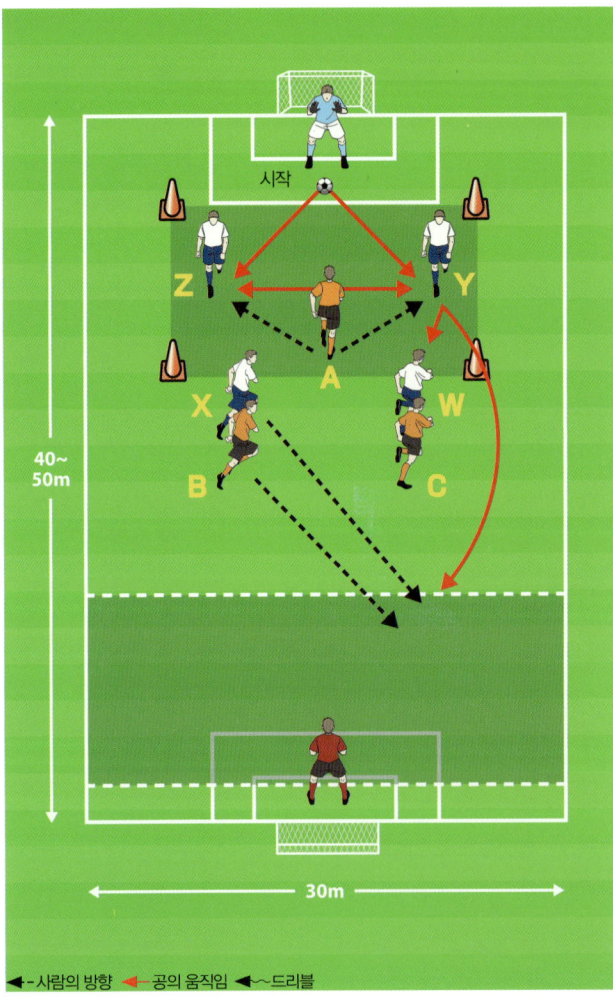

● 순서
① 그림처럼 구역을 설정한다.
② 골키퍼부터 시작한다.
③ X와 W는 발끝 또는 뒷 공간을 노리며 움직인다.
④ Z와 Y는 2 대 1로 A를 제치고 전진 패스한다.
⑤ B와 C는 공격을 막는다.

규칙
● 코너킥과 스로인 없음. 플레이가 끊기면 상대팀 골키퍼부터 다시 시작한다.
● Z, Y, A는 설정된 구역에서 벗어날 수 없다.
● 수비는 공을 뺏으면 이긴다.
● 공격은 설정된 구역에서 공을 받거나 골을 넣으면 이긴다.

코칭 포인트
뒤로 침투해 스루패스를 당하면 NG. 패스한 사람이 노마크라면 포스트 플레이는 어쩔 수 없다 생각하고 플레이하자. 인터셉트를 할 수는 없지만 상대팀이 패스하면 수비할 수 있을 정도의 거리에 위치한다.

 이 프로그램은 Z, Y, A가 2 대 1이 되어 전진 패스를 하는 자연스러운 상황을 연출한다. 전방에 사람이 늘어 2 대 2가 되므로 그림처럼 대각선 뛰기에도 대처해야 한다.

간격을 조절한다 ③	초급 중급 **상급**
	인 원 12명
	지 역 미드필드, 수비지역

프로그램 036

미니게임
5 대 5 + 골키퍼 (2구역)

● 목적

수비라인을 만든 상태에서 두 구역 간의 패스에 대처한다

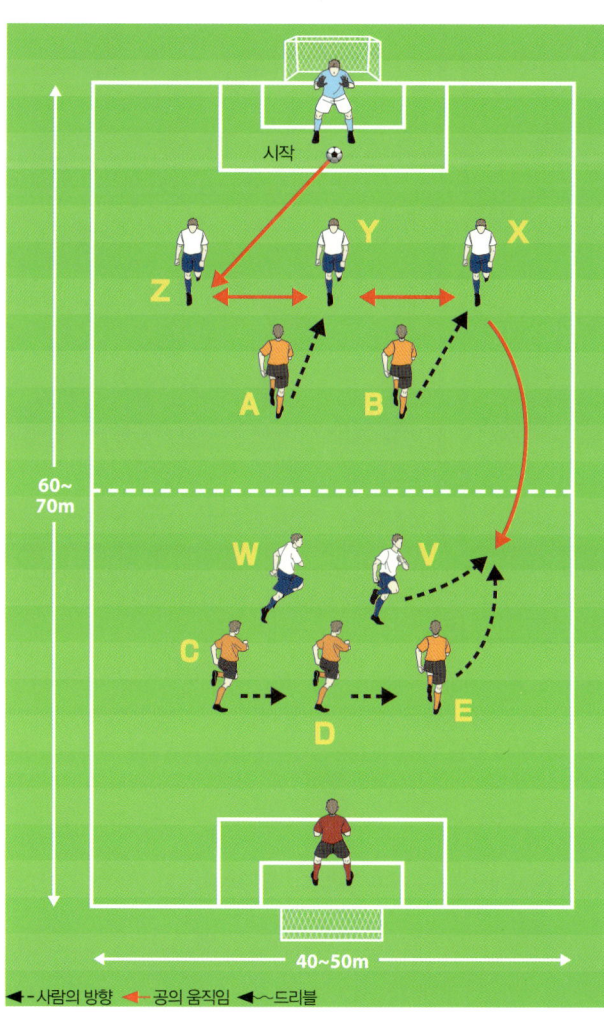

◀— 사람의 방향 ◀— 공의 움직임 ◀~ 드리블

● 순서

① 필드를 이등분한다.
② 한쪽 골키퍼부터 시작한다(미니게임형식).
③ A와 B는 공격수를 압박한다.
④ Z, Y, X는 3 대 2로 공을 지키면서 V와 W에게 전진 패스한다.
⑤ C, D, E는 패스하는 선수가 노마크인가를 판단해 마크한다.
⑥ 수비가 공을 뺏으면 공수를 전환한다.
⑦ 공격도 같은 생각으로 수비한다.

규칙

● 코너킥과 스로인 없음. 플레이가 끊기면 상대팀 골키퍼부터 다시 시작한다.
● 두 구역에 걸쳐 움직일 수 없다.

응용

포워드 → 미드필더의 수비 훈련에도 응용가능하다. 오프사이드를 없애고 아래쪽 골키퍼를 골대로 설정한다.

코칭 포인트

패스하는 선수가 노마크일 때 라인을 올려 오프사이드를 만드는 것은 NG. 라인을 무너뜨려서라도 커버한다.

지도자 MEMO 패스하는 사람이 노마크일 때는 수비 사이로 정확하게 공을 찰 것이다. 수비라인을 내릴 필요는 없지만 일렬로 서지 않도록 앞에서 뺏으려는 선수와 뒤에서 커버하는 선수로 체인지와 커버 관계를 만든다.

수비 과제 분석 　수비지역　미드필드　공격지역

CASE 4》 수비 때 마크가 벗어나기 쉽다
➡ 마크 맡기기 (지역방어)

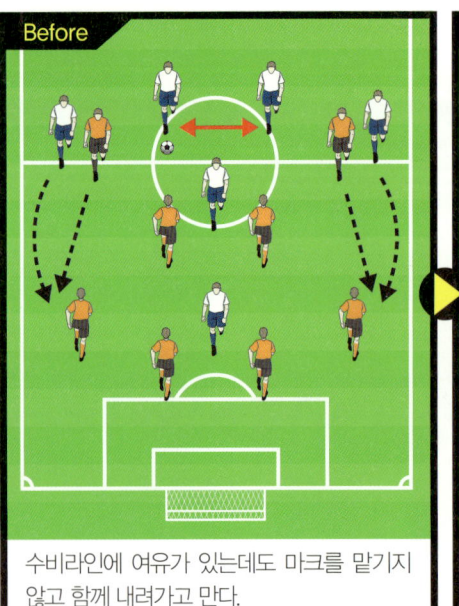

Before
수비라인에 여유가 있는데도 마크를 맡기지 않고 함께 내려가고 만다.

After
내가 처리할게! / 나한테 맡겨!
수비라인의 목소리를 듣고 마크를 맡기면 자신이 맡은 지역을 확실하게 지킬 수 있다.

[체크 포인트] 지역방어는 수비전술의 기본

마크를 맡길 때 일어나는 문제는 지역방어를 구사하는 팀에서 자주 일어난다. 대인방어로 수비하는 팀에서는 마크하기로 정한 선수만 봉쇄하면 되므로 이런 문제가 일어나지 않는다. 그러나 지역방어는 자신이 담당하는 지역을 정하고 거기에 들어온 선수를 마크하는 방식이다. 지역방어의 경우, 자신의 지역을 벗어난 상대팀 선수를 따라가면 일정 지역을 지킨다는 수비철칙이 무너진다. 이때는 자신의 지역을 벗어난 상대팀 선수를 다른 선수가 마크하게 하고 자신은 자신의 지역으로 들어온 상대팀 선수를 마크한다.

지역방어와 마크를 맡기는 일이 반드시 동시에 일어나는 것은 아니다. 지역방어는 각 선수마다 수비를 담당하는 공간을 정하고 공의 움직임에 맞춰 전체가 이동하는 수비방법이다. 이때 반드시 마크를 맡겨야 할 필요는 없다. 자신의 지역에 2명의 상대팀 선수가 들어오면 그대로 둘 사이에 서서 패스가 온 쪽을 마크하기도 한다. 기억해 두자.

프로그램 037 | 마크 맡기기 ①

마크 맡기기
기본 2 대 2 + 골키퍼

초급	중급	상급
인 원	6명
지 역	미드필드

● 목적
상대팀의 움직임에 따라 서로 마크를 맡기며 대처한다.

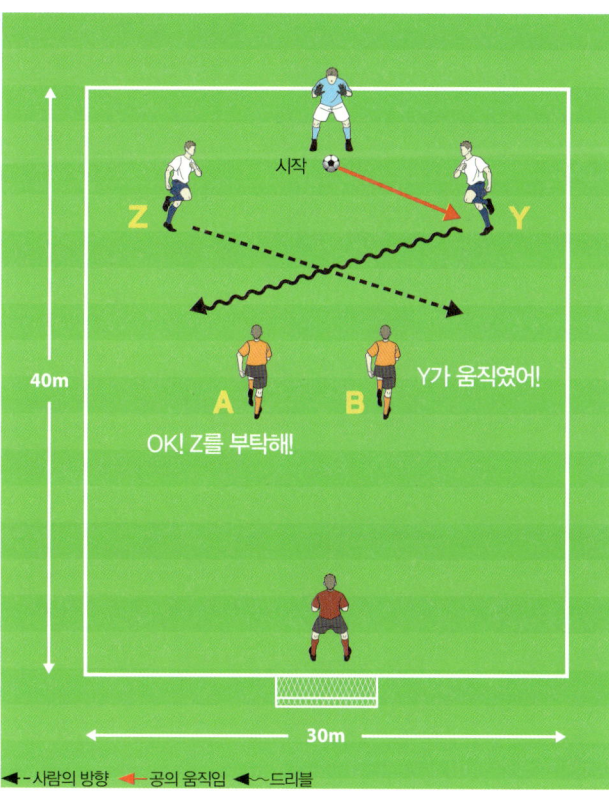

● 순서
① Z와 Y는 공을 받기 전부터 활발하게 움직인다.
② 골키퍼부터 시작한다.
③ A와 B는 지역방어로 대응하며 공을 뺏는다.

규칙
- 코너킥과 스로인 없음. 플레이가 끊기면 상대팀 골키퍼부터 다시 시작한다.
- 공격은 골을 넣으면 이긴다.
- 수비는 공을 뺏으면 이긴다.

코칭 포인트
Z와 Y 모두 왼쪽 측면에 몰려 있다 해도 B가 그것을 쫓아 왼쪽으로 가는 것은 NG. A가 혼자 두 명을 마크하고 B는 커버에 신경 쓴다. 지역수비를 한다.

지도자 MEMO
대인방어 수비는 체력적으로 부담이 있다. 게다가 상대팀 선수가 서로의 위치로 이동하는 것을 쫓아가는 동안 한 번에 스루패스를 당할 수도 있다. 서로의 의견을 주고 받으며 지역방어를 하자.

네덜란드에서 배운다

Style of The Netherlands

공수 전환과 양 팀의 슈팅허용으로 규칙을 바꾸게 될 경우, 실전과 유사한 상황을 만들 수는 있지만 과제로 삼은 상황이 제대로 연출되지 않는다는 단점도 있다.

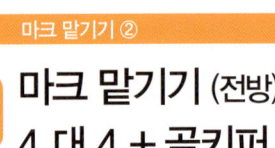

마크 맡기기 ②

프로그램 038

마크 맡기기 (전방)
4 대 4 + 골키퍼

| 초급 | 중급 | 상급 |

인 원 : 10명
지 역 : 미드필드, 수비지역

● 목적

전방으로 마크를 맡기는 훈련을 한다.

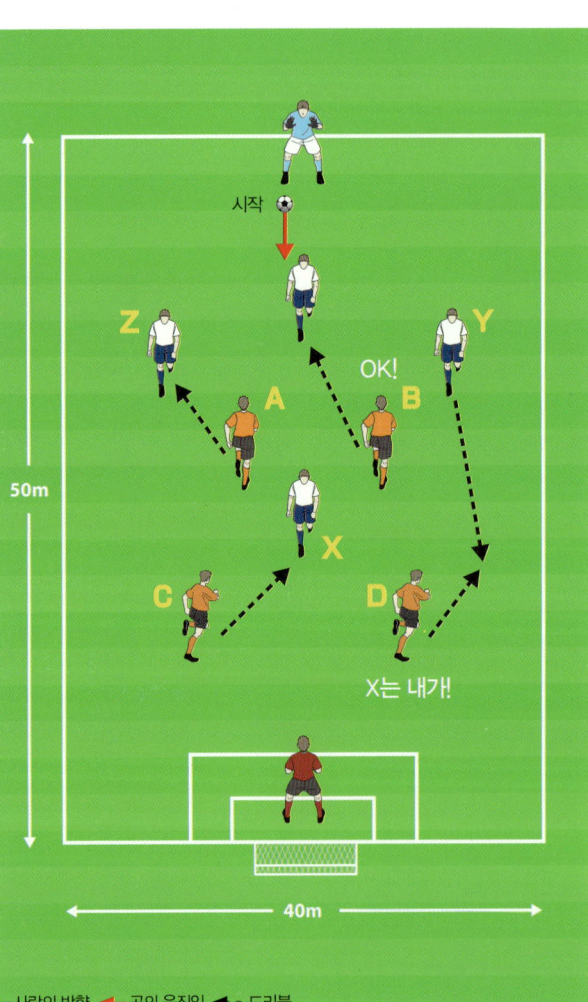

● 순서

① 골키퍼부터 시작한다.
② 공격수는 가능한 많이 움직이며 골대로 향한다.
③ 수비는 지역방어로 공격을 막는다.

규칙

- 코너킥과 스로인 없음. 플레이가 끊기면 상대팀 골키퍼부터 다시 시작한다.
- 수비는 공을 뺏으면 이긴다.
- 공격은 골을 넣으면 이긴다.

코칭 포인트

마크를 맡겨야 하는 상황에서 맡기지 않는 것과 마크를 맡길 수 없는 상황에서 맡기려고 하는 것 모두 NG. A와 B는 뒤에서 지시를 내리기 전까지는 마크하는 선수를 확실하게 쫓아야 한다.

지도자 MEMO 그림을 보면 D가 움직인 공간을 C가 커버할 수 있어 B는 D에게 Y의 마크를 맡길 수 있다. 그러나 X가 오른쪽 측면으로 공격을 전개하거나 C가 왼쪽 측면에서 Z를 마크할 때는 마크를 맡길 수 없다. 주변 상황을 파악하며 플레이한다.

마크 맡기기 ③

프로그램 039

마크 맡기기
실전형식 6 대 6 + 골키퍼

초급 / 중급 / **상급**
인원: 13명
지역: 미드필드, 수비지역

● 목적
포워드 → 미드필더에게 마크 맡기기를 실전처럼 훈련한다.

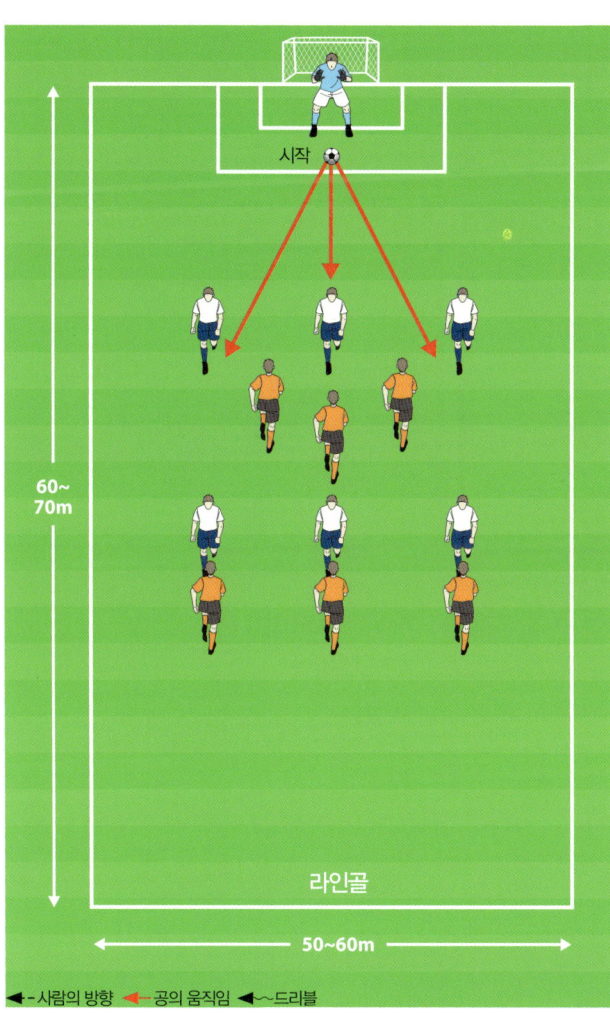

● 순서
① 골키퍼부터 시작한다.
② 공격은 오버래핑, 스위치, 원투 등을 활용해 활발하게 움직이면서 골대로 향한다.
③ 수비는 공격수의 움직임을 보면서 지역방어로 공을 뺏는다.

규칙
- 코너킥과 스로인 없음. 플레이가 끊기면 상대팀 골키퍼부터 다시 시작한다.
- 수비는 공을 뺏으면 이긴다.
- 공격은 골대로 지정된 곳을 드리블로 넘어서면 이긴다.

응용
미드필더 → 수비라인의 수비 훈련에도 응용가능하다. 오프사이드를 더하고 아래쪽과 위쪽의 골대를 각각의 골키퍼로 설정한다.

◀- 사람의 방향 ◀- 공의 움직임 ◀~드리블

지도자 MEMO
공격수가 공을 지키는 것을 우선으로 플레이하면, 포지션 간의 움직임이 줄어 지역방어 훈련이 되지 않는다. 공격수가 상하좌우로 움직일 수 있도록 지도해두는 것이 좋다.

수비 과제 분석

수비지역 미드필드 공격지역

CASE 5》 선수가 따로따로 수비한다
➡ 유기적인 수비

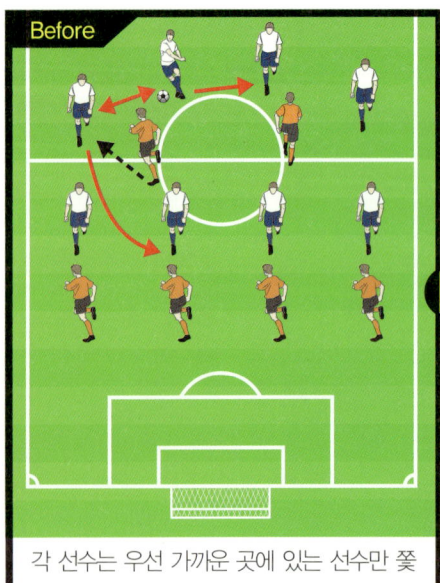

각 선수는 우선 가까운 곳에 있는 선수만 쫓아 뛴다.

팀 전체가 수비지역을 좁히면서 타이밍에 맞춰 유기적으로 움직인다.

[체크 포인트] 서로가 유기적으로 움직이는 것이 기본이다

수비 전술이 효과적이려면 따로따로 움직이지 않고 서로 뜻을 맞춰 움직여야 한다. 여기서 가장 중요한 것이 타이밍이다. '언제 공을 뺏으러 갈 것인가?'를 서로 맞춰 둬야 한다. 다음으로 중요한 것이 장소다. '어디서 공을 뺏을 것인가?'가 확실하면 전원이 함께 공을 뺏기 위한 압박을 가할 수 있다. 이런 의견을 조율하지 않은 채, 한 선수가 '지금이 공을 뺏을 기회'라는 생각이 들어 혼자 압박을 가한다고 하자. 이때 다른 선수가 이를 파악하지 못해 지원을 하지 않으면 역으로 돌파당할 위험이 있다.

상대팀이 움직일 방향을 제한하고 마크를 맡기는 등의 커뮤니케이션이 필요한 수비 전술이 제대로 기능하지 않을 때는 유기적으로 수비한다는 기본 의식을 가져야 한다. 수비는 여러 상황에 맞춘 패턴이 있지만, 전술을 완벽하게 이해하기 위해서는 유기적으로 움직이는 훈련을 해야 한다.

유기적인 수비 ①

프로그램 040

유기적 수비
5 대 3 공 지키기

초급	중급	상급
인 원	8명
지 역	공격지역, 미드필드

● 목적

팀 수비의 기본으로 유기적으로 움직이며 공을 뺏는다.

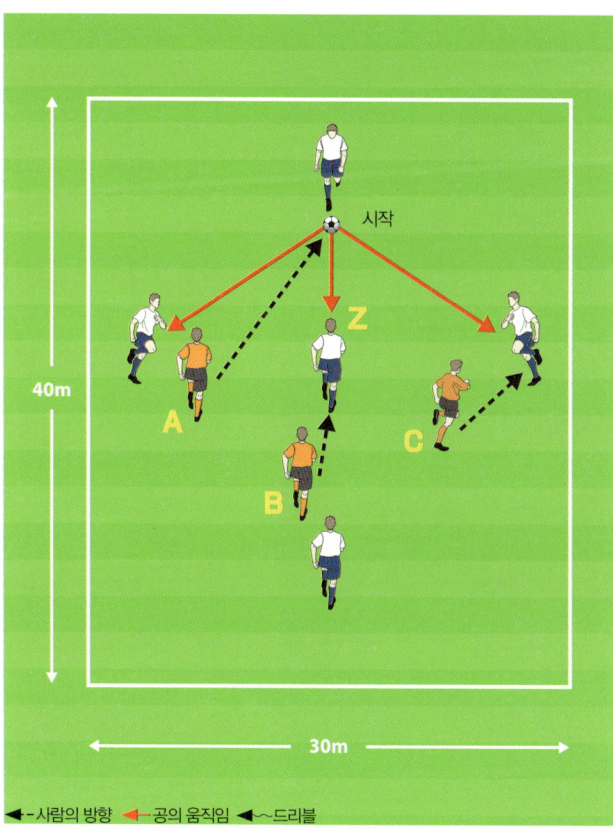

● 순서

① 공격은 5명으로 패스를 주고받으며 공을 지킨다.
② 수비는 3명으로 유기적으로 공을 뺏는다.
③ 수비가 3번 공을 뺏으면 돌아가며 역할을 바꾼다.

규칙

- 코너킥과 스로인 없음. 플레이가 끊기면 공격부터 다시 시작한다.
- 터치 수 제한 없음.
- 수비는 공을 뺏으면 1점.
- 공격은 10번 패스를 성공하면 1점.

응용

공격 중 2명을 프리맨으로 설정하는 것도 좋다. 3 대 3 + 2 프리맨으로 공수를 전환하면서 훈련하면 흐름이 생긴다.

지도자 MEMO 공을 뺏는 쪽은 서로의 거리가 멀어지지 않도록 주의하며, 패스를 하지 못하도록 세 명이 동시에 압박해야 한다. A와 C가 뜻을 맞춰도 B가 아무것도 하지 않으면 Z에게 패스가 간다.

네덜란드에서 배운다

Style of The Netherlands

훈련에 모인 선수의 인원과 레벨에 따라 규칙과 순서를 바꾸는 것도 좋다. '실전에서 일어날 수 있는 일인가? 효율적인가?'를 기준으로 프로그램을 구성하자.

유기적인 수비 ②

프로그램 041

유기적 수비 3색 조끼
8 대 4 + 골키퍼 공 지키기

초급	**중급**	상급
인 원	14명
지 역	전 지역

●목적

인원을 늘리는 것으로 난이도를 높여 유기적인 수비 훈련을 한다.

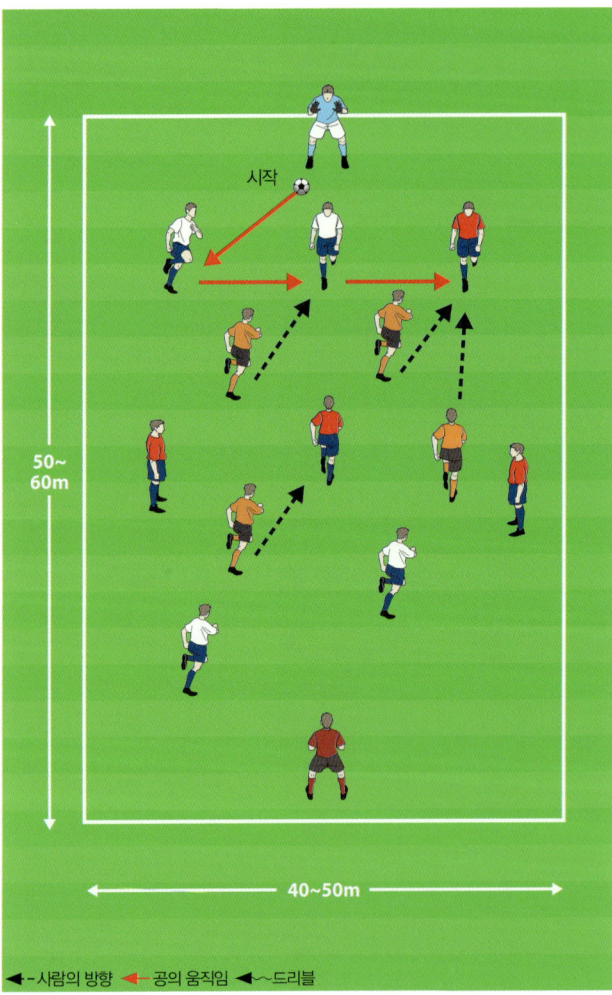

●순서

① 4명씩 3팀으로 나눈다.
② 골키퍼부터 시작한다.
③ 흰색 팀과 빨간색 팀은 두 명의 골키퍼를 더해 10 대 4로 공을 지킨다.
④ 주황색 팀은 공을 뺏는다.
⑤ 공을 뺏긴 팀이 수비가 되어 다시 시작한다.

규칙

- 코너킥과 스로인 없음. 플레이가 끊기면 공을 가진 쪽부터 다시 시작한다.
- 터치 수 제한 없음.
- 수비는 공을 뺏으면 1점.
- 공격은 10번 패스를 성공하면 1점.
- 조끼 색이 모자라면 2팀으로 나눠 시간이나 공을 뺏은 횟수로 공수를 전환하는 것도 좋다.

코칭 포인트

수비수끼리 멀어지면 공을 뺏을 수 없다. 상대팀의 위치 선정을 보고 움직일 방향을 제한할 곳을 결정한다.

 지도자 MEMO 수비가 일제히 공에 다가가는 가장 좋은 타이밍은 상대팀이 실수를 했을 때다. 트래핑이 나쁘거나 패스가 약할 때, 패스가 뜨거나 패스가 벗어났을 때 등, 실수를 노려 유기적으로 다가간다.

유기적인 수비 ③

프로그램 042

유기적 수비 실전형식
6 대 7 + 골키퍼

초급 　 중급 　 **상급**

인 원 : 15명
지 역 : 전 지역

● 목적

실제 사용하는 시스템으로 유기적인 수비를 확인한다.

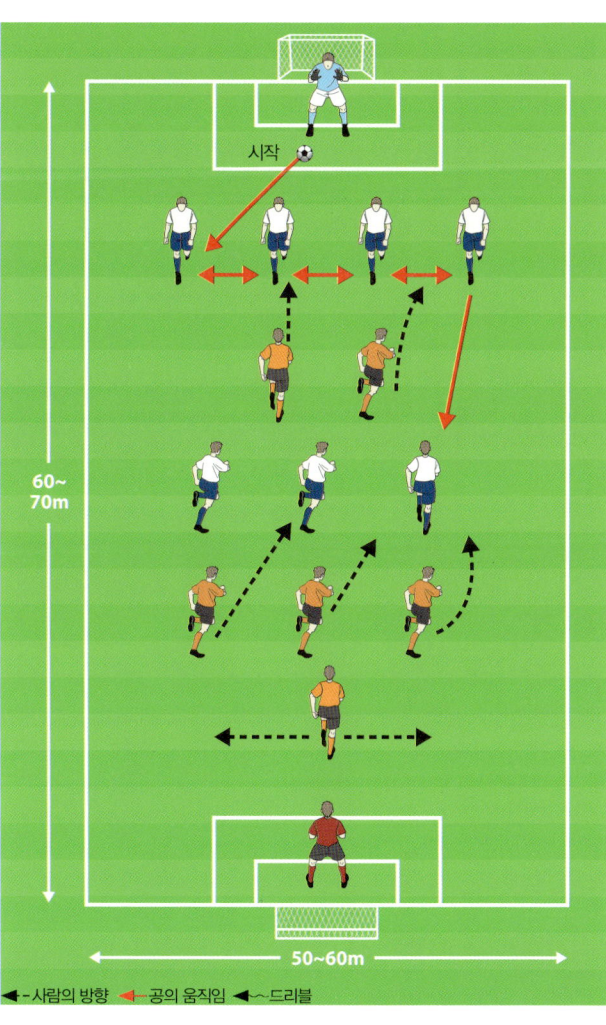

● 순서

① 골키퍼부터 시작한다.
② 공격은 공을 지키면서 골대로 향한다.
③ 수비는 공을 뺏을 타이밍을 보면서 유기적으로 수비한다.

● 규칙

- 코너킥과 스로인 없음. 플레이가 끊기면 상대팀 골키퍼부터 다시 시작한다.
- 수비는 공을 뺏으면 1점.
- 공격은 10번 패스를 성공하면 1점.

● 응용

이 프로그램은 양 팀 모두 '1-4-4-2' 시스템을 가정한 것이다. 실제 연습에서는 팀의 시스템에 맞춘 형태로 재구성한다.

지도자 MEMO 인원을 늘린 실전적인 훈련일수록 수비 이외의 문제가 눈에 띄기 마련이다. 그러나 여기에서는 훈련 과제인 유기적인 수비를 중심으로 지도하자. 지역방어와 커버 등을 지도하기 시작하면 훈련 의도가 애매해진다.

수비 과제 분석

수비지역　미드필드　공격지역

CASE 6 >> 압박해도 돌파당한다
➡ 압박의 기본

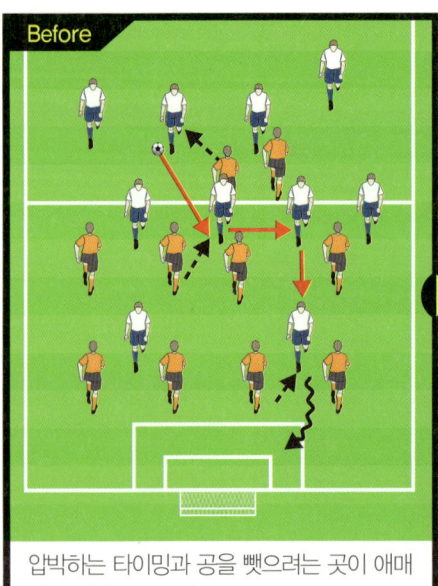

압박하는 타이밍과 공을 뺏으려는 곳이 애매해 돌파당하고 만다.

설정한 지역에 공을 가진 선수가 들어오는 순간, 전원이 압박을 가해 패스 코스를 차단한다.

[체크 포인트] 공을 뺏을 장소를 결정해 다가간다

흔히 압박 전술이라고 하면 최전방에서부터 압박하는 것을 떠올리는 사람이 많다. 그러나 이는 잘못된 생각이다. 전술적인 측면에서, 압박하는 곳을 미드필드나 측면 또는 지역으로 설정할 때도 있다. 이해하기 쉽도록 예를 들면, 수비지역에서 압박할 곳을 설정하고 공을 뺏으면 발이 빠른 선수가 앞으로 치고 나와 역습을 노리는 전술이 있다. 정한 지역에 공이 들어오면 전원이 압박한다. 이것이 압박 전술의 바른 정의다.

반면, 지역 압박은 설정한 지역에 공이 들어오면 그 지역 주변의 선수가 공을 가진 선수를 압박하는 전술이다. 전원이 압박을 가하지 않는다는 점에서 압박 전술과는 차이가 있다.

상대팀이 실수하지 않는 한, 공을 뺏기 위해서는 어느 한 장소에서의 압박은 필수다. 하지만 뺏는 방법이 틀리면 공을 쫓아 움직인 곳에 공간이 생겨 돌파당할 위험이 있다. 압박의 기본을 확실히 익혀두자.

압박의 기본 ①

프로그램 043 **2구역 압박**

초급 / 중급 / 상급
인 원: 9명
지 역: 공격지역

● 목적
2구역으로 나누고 압박하는 타이밍을 정해 훈련한다.

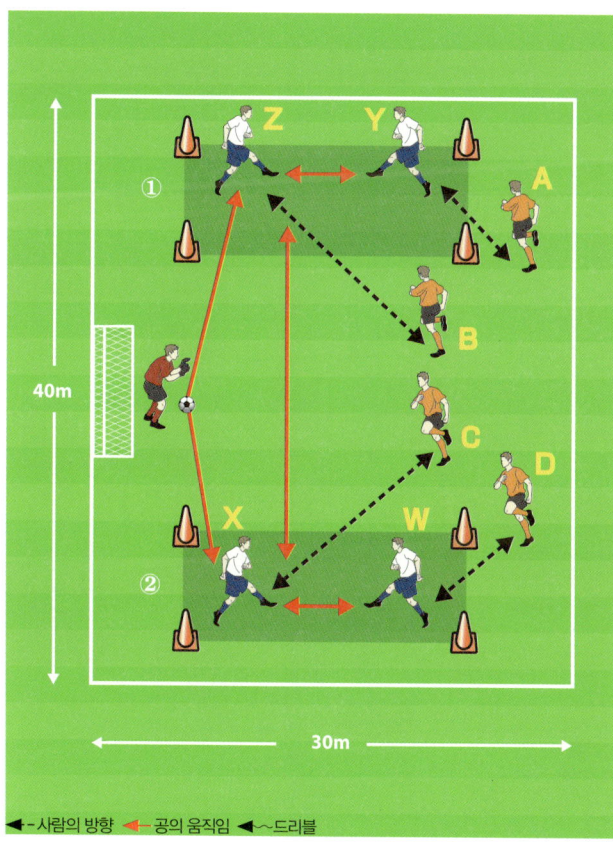

● 순서
① 그림처럼 구역을 설정한다.
② 골키퍼는 한쪽 구역을 정해 패스한다.
③ 구역 1로 패스한 경우는 A, B가, 구역 2로 패스한 경우는 C, D가 압박한다.
④ Z와 Y, X와 W는 압박을 뚫고 반대 구역으로 패스한다.
⑤ 여러 번 반복 후 공수를 바꿔 실행한다.

규칙
● A와 B, C와 D는 패스를 하면 바로 원래의 위치로 되돌아간다. 설정한 구역에 머무는 것을 금지한다.

코칭 포인트
골키퍼는 패스하는 방향을 상대팀이 알 수 없게 한다. 페인트한 다음 패스하는 것도 좋다.

 지도자 MEMO
압박할 때는 파울이 되도 어쩔 수 없다는 기세로 격렬하게 다가간다. 또한, 압박을 가했는데도 돌파당했다면 바로 제자리로 돌아가 다음 기회를 노려야 한다. 원래의 포지션으로 돌아가는 습관을 들이자.

네덜란드에서 배운다

Style of The Netherlands

위와 같은 프로그램을 소개하면 '오늘은 골키퍼가 없어서 훈련할 수 없다.'라고 생각하는 사람도 있을 것이다. 그러나 훈련의 주제는 압박이다. 골키퍼가 없다면 필드 플레이어가 골키퍼 역할을 해도 상관 없다.

압박의 기본 ②

프로그램 044 — 3 대 3 압박

초급	**중급**	상급
인 원	8명
지 역	공격지역, 미드필드

● 목적

타이밍을 노려 압박하는 능력을 기른다.

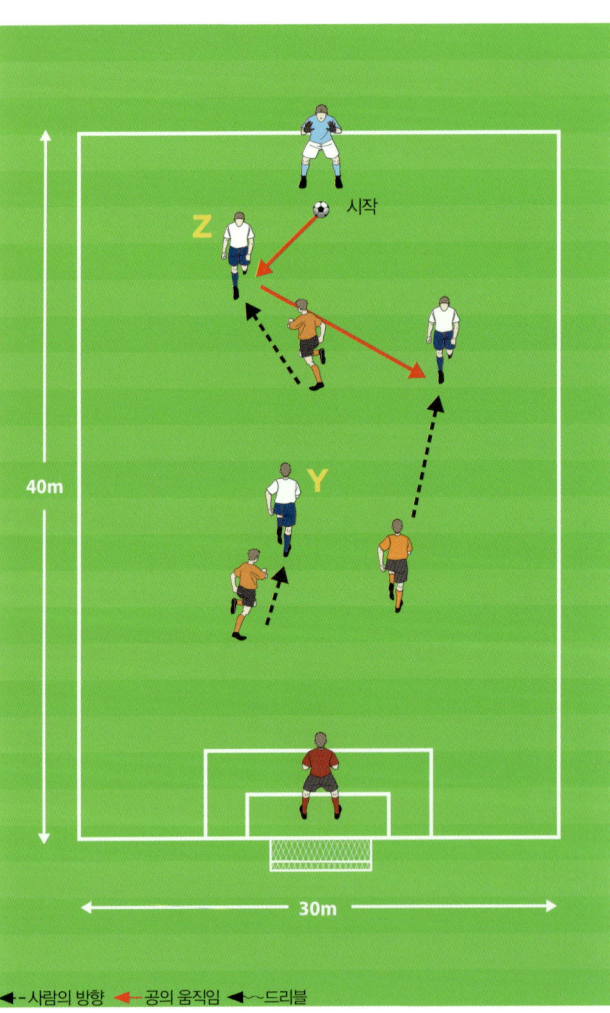

● 순서

① 상대팀 골키퍼부터 시작한다.
② 공격은 골대로 향한다.
③ 수비는 압박하면서 공을 뺏는다.

규칙

- 코너킥과 스로인 없음. 플레이가 끊기면 상대편 골키퍼부터 다시 시작한다.
- 수비는 공을 뺏으면 이긴다.
- 공격은 골을 넣으면 이긴다.

응용

자신의 진영에서 압박하는 것도 좋다. Y에게 전진 패스를 하게 한 후 3명이 압박해 공을 뺏는 등 여러 가지 방법이 있다.

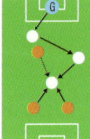

지도자 MEMO

'Z에게 공이 갔을 때', 'Y에게 전진 패스가 왔을 때'와 같이 압박하는 타이밍을 정해두면 압박하기 쉽다. 상대팀의 패스가 좋지 않을 때는 전원이 압박을 가하는 것도 좋다.

압박의 기본 ③

프로그램 045

압박 실전형식
6 대 6 + 골키퍼

| 초급 | 중급 | **상급** |

| 인 원 | 14명 |
| 지 역 | 전 지역 |

● 목적
실제 사용하는 시스템으로 압박의 순서를 확인한다.

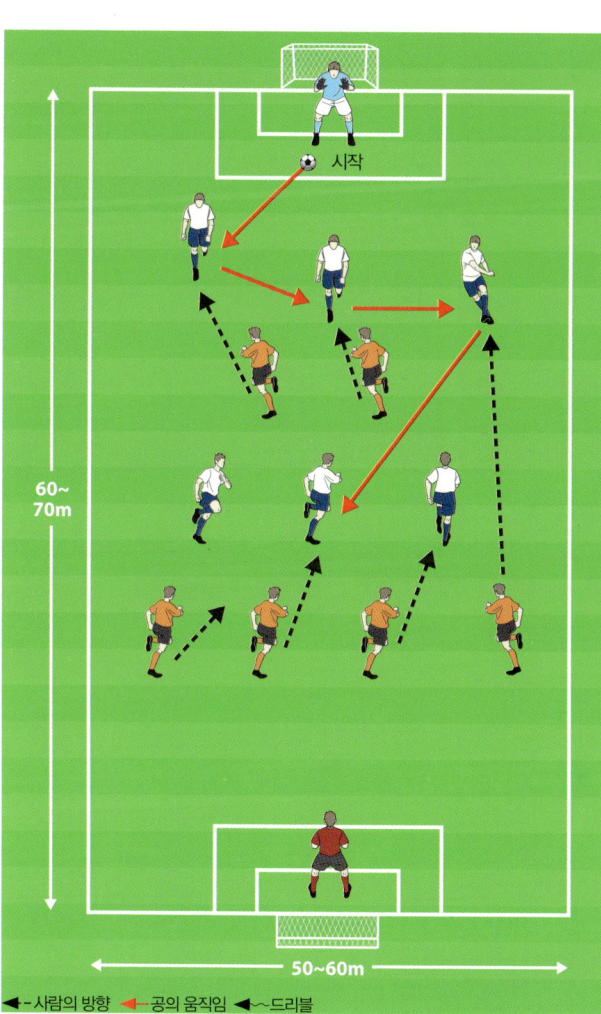

● 순서
① 골키퍼부터 시작한다.
② 공격은 공을 지키면서 골대로 향한다.
③ 수비는 공을 뺏을 타이밍을 찾아 전원이 압박한다.

규칙
- 코너킥과 스로인 없음. 플레이가 끊기면 상대팀 골키퍼부터 다시 시작한다.
- 수비는 공을 뺏으면 이긴다.
- 공격은 골을 넣으면 이긴다.

응용
이 프로그램은 양 팀 모두 '1-4-4-2' 시스템으로 가정한 것이다. 실제로는 팀의 시스템에 맞춘 형태로 재구성한다.

지도자 MEMO — 미드필더가 도울 수 없는 상황인데도 포워드가 단독으로 압박하는 것은 포워드의 문제다. 하지만 미드필더가 전열을 정비했는데도 포워드를 고립시키는 것은 미드필더의 문제다. 서로의 의견을 주고받지 않아 발생하는 문제로 양쪽 모두에게 책임이 있다.

수비 과제 분석
CASE 7》 1 대 1 상황에서 간단히 무너지고 만다

➡ 철저한 커버

1 대 1 상황에서 센터백이 돌파당해 상대팀의 슈팅을 쉽게 허용했다.

왼쪽 풀백이 마크하고 있던 선수를 두고 센터백을 도우러 온다.

[체크 포인트] 자신이 마크하는 선수만 보지 않도록

지금까지 훈련한 압박과 방향 한정 수비 전술에서 실수를 했다 해도 커버해야 한다는 생각이 강하면 한 번 더 상대팀의 공격을 막을 수 있다. 수비라인은 1 대 1에서 돌파당하면 바로 실점할 수 있기 때문에 커버가 상당히 중요하다.

커버 순서는 시스템이 어떻게 맞물려 돌아가는지에 따라 달라지는데, 예를 들어, 자신의 팀이 포백이고 상대팀이 투톱인 경우, 센터백은 1 대 1로 상대팀 포워드를 마크하게 된다. 이때 풀백이 높은 위치에 있는 측면 미드필더에게만 집중하면 한 번의 스루패스로 중앙을 돌파당하게 된다. 그리고 자신의 포지션보다 위험도가 높은 곳이 있다면 풀백이 커버해야 한다.

상대팀이 스리톱일 때는 양 풀백이 대인방어로 상대팀의 윙어를 마크하게 되므로, 이때는 센터백이 측면을 커버할 필요가 있다.

철저한 커버 ①	초급 · 중급 · 상급
프로그램 046 **3개의 골대로 3 대 3**	인원: 6명 / 지역: 미드필드, 수비지역

● 목적

커버가 필요한 필드를 만들어 최소 인원으로 기준을 익힌다.

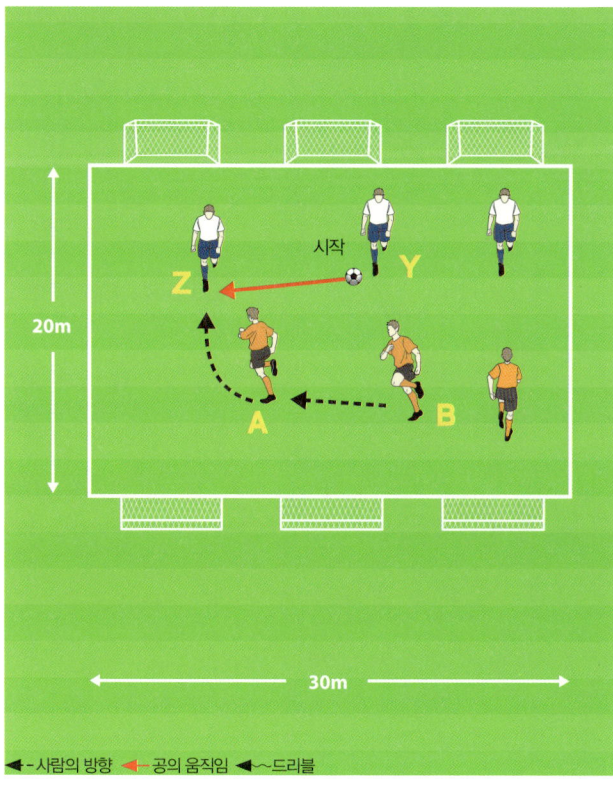

◀— 사람의 방향   ◀— 공의 움직임   ◀~ 드리블

● 순서

① Z 또는 Y부터 시작한다.
② Z에게 공이 가면 A가 압박하고 B는 커버할 수 있는 곳으로 이동한다.
③ 공격팀은 3개의 골대 중 하나에 슈팅한다.
④ 수비팀은 공을 뺏으면 바로 공격으로 전환해 상대 팀의 골대를 노린다.

규칙

● 세 개의 골대를 놓는다. 골대가 모자란 경우, 표식과 콘으로 골대를 설정한다.

응용

골키퍼를 중앙 골대에 두고 측면을 드리블로 돌파하면 1점을 주는 등의 규칙을 설정하는 것도 좋다. 중앙의 슈팅을 막으면서, 측면의 깊은 위치에서 센터링을 올리지 못하도록 커버한다.

코칭 포인트

코트 폭이 너무 넓으면 Z와 Y의 거리가 길어지며 A와 B가 서로 커버할 수 없다. 커버가 가능하면서도 횡패스에 대처할 수 있는 폭이 작은 코트를 사용한다.

 지도자 MEMO 골대가 3개면 '돌파당하면 골이 들어가는 상황'이 되어 빠르게 커버해야 한다. 포인트는 A와 B 사이의 거리. 너무 가까우면 횡패스로 무너지고, 너무 멀면 제때 커버할 수 없다.

네덜란드에서 배운다 훈련은 인원을 늘릴수록 파악해야 할 대상이 늘어 난이도가 올라간다. 처음에는 적은 인원(커버라면 3명)으로 기본을 익히고 서서히 인원을 늘려 난이도를 조절하자.

 Style of The Netherlands

철저한 커버 ②

프로그램 047

마름모꼴 2개의 골대 게임

초급	중급	상급
인 원	6명
지 역	미드필드, 수비지역

● 목적
공격이 우위인 상황을 커버로 극복한다.

● 순서
① 어느 팀이든 상관없이 한 쪽 팀부터 시작한다.
② 공격은 2개의 골대 중 하나를 노리면 된다.
③ 수비는 빠르게 커버한다.
④ 게임 형식으로 실행한다.

규칙
- 필드의 세로와 가로 방향에 4개의 골대를 만든다.
- 코너킥과 스로인 없음. 플레이가 끊기면 바로 다시 시작한다.

코칭 포인트
바로 뒤에서 커버하는 것은 NG. 횡패스를 쫓아갈 수 없다면, 약간 뒤로 떨어져 마크할 수 있는 위치에 있는다.

◀─ 사람의 방향 ◀─ 공의 움직임 ◀~ 드리블

지도자 MEMO
골대와의 거리가 가까워 쉽게 2 대 1 상황이 되며 수비가 다가오면 사이드 체인지를 할 수 있다. 수비 전체가 유기적으로 플레이하지 않으면 쉽게 무너지게 되므로 수비 전술 훈련에 도움이 된다. 5 대 5 등, 인원을 늘리는 것도 좋다.

철저한 커버 ③

프로그램 048 실전형식 5 대 6 + 골키퍼

초급	중급	**상급**
인 원	13명
지 역	미드필드, 수비지역

●목적

실제 사용하는 시스템으로 커버를 얼마나 잘할 수 있는지 확인한다.

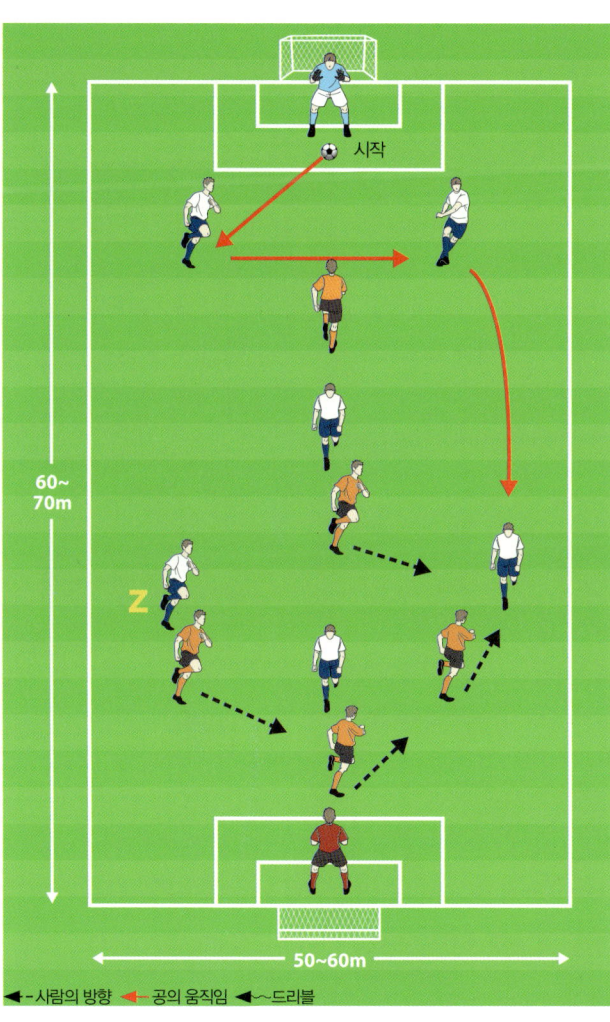

◀―사람의 방향　◀― 공의 움직임　◀~~드리블

●순서

① 골키퍼부터 시작한다.
② 공격은 수적 우위를 살려 공격한다.
③ 수비는 공과 관련 없는 선수(그림에서는 Z)를 마크하는 대신, 커버를 신경 쓰며 수비한다.

규칙

- 코너킥과 스로인 없음. 플레이가 끊기면 상대팀 골키퍼부터 다시 시작한다.
- 수비는 공을 뺏으면 이긴다.
- 공격은 골을 넣으면 이긴다.

응용

미드필더가 수비할 때의 배치로, '1-4-4-2'에서 포워드와 수비를 생략한 것이다. 수비 훈련을 하고 싶다면 선수의 배치를 아래의 그림처럼 바꾼다.

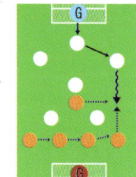

지도자 MEMO　양 팀을 같은 인원으로 구성한 1 대 1 상황에서는 전술 없이도 어떻게든 수비를 할 수 있다. 수적 열세를 만들면 커버를 포함한 수비 전술의 필요성이 늘어 훈련 효과를 높일 수 있다.

Column About the Soccer

하야시 마사토의 〈네덜란드에 관한 에피소드〉 ③
토털 사커의 상징인 크루이프의 명언

스로인은 내가 한다

어떤 선수가 스로인에 적합한지는 네덜란드 지도자들 사이에서도 의견이 엇갈린다. 1978년, 네덜란드 대표팀의 중심 선수로 활약하며 전 세계를 뒤흔든 요한 크루이프. 그가 생각하는 스로인은 무척 흥미롭다.
왜 스로인을 공격에 활용하지 못하는 걸까? 스로인을 기회로 삼아 공격을 전개하지 못하는 것에 늘 불만을 느꼈던 크루이프는 스로인을 분석하면서 하나의 결론에 도달한다.
"내가 스로인하면 된다!"

이 발언은 많은 사람들을 놀라게 했다. 그 당시에는 풀백이 스로인을 담당하고 기술이 좋은 선수가 스로인을 받는 것이 일반적이었기 때문이었다. 그러나 크루이프는 이렇게 말했다.
"상대팀의 수비가 전열을 가다듬고 기다리기 때문에 노마크로 공을 받을 수 없어. 그래서 스로인이 공격으로 이어지지 않는 거야. 그럼, 스로인할 때 가장 마크를 받지 않는 선수는 누구지? 그건 바로 스로인하는 선수야."
스로인한 공을 다른 선수가 원터치로 스로인한 선수에게 다시 보내주면 그 선수는 노마크로 공을 받을 수 있다. 이것으로 얻은 답이 "내가 스로인하면 나한테 공을 다시 돌려줘"이다. 크루이프의 발언은 사람들을 놀라게 하지만 항상 이치에 맞는다는 점이 흥미롭다.

[네덜란드에서 배운다]
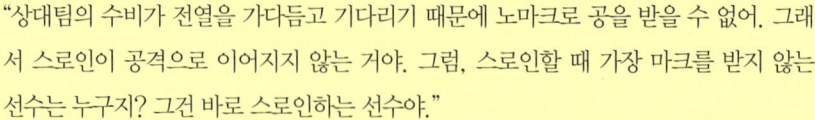
분석력 있는 선수가 있었기에 토털 사커가 시작될 수 있었다.

제5장

공수 전환 과제 해결 프로그램

공격에서 수비로 전환하거나 수비에서 공격으로 전환하는 순간에는
생각도 빠르게 전환되지 않으면 안 된다.
당황한 나머지 훈련의 성과가 발휘되지 못하는 일이 없도록
평소에도 공수 전환 훈련을 하자.

공수 전환 과제 분석

수비지역　미드필드　공격지역

CASE 1》 공수 전환의 중요성을 모른다
➡ 공수 전환 속도를 높인다

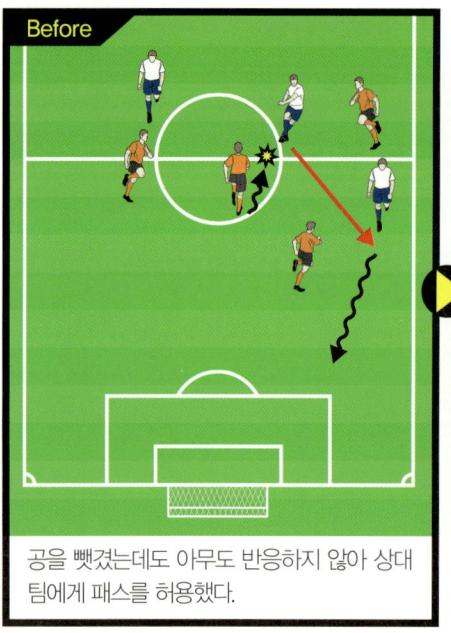

공을 뺏겼는데도 아무도 반응하지 않아 상대 팀에게 패스를 허용했다.

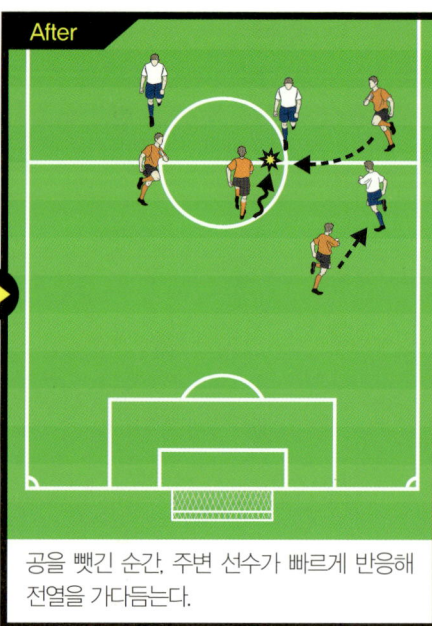

공을 뺏긴 순간, 주변 선수가 빠르게 반응해 전열을 가다듬는다.

[체크 포인트] 빠르고 원활하게 공수를 전환한다

팀원이 주니어거나 레벨이 낮을 때는 축구를 공격과 수비로 나눠서 훈련한다. 그러나 시합 분석법에서도 소개했듯이 레벨이 올라가면 공 → 수, 수 → 공의 전환을 포함한 4가지로 나눠 훈련한다.

공을 뺏겼는데도 걸어서 수비 진영으로 돌아가거나, 공을 뺏었는데도 멍하게 있어 지원이 늦는 모습이 보인다면 팀 전체가 공수 전환이 얼마나 중요한지를 깨닫지 못한 것이다. 빠른 공수 전환이 이루어지지 못한다면 먼저 간단하게 전환 시의 속도를 높이는 훈련을 하자. 이는 공수 전환을 훈련하고 싶을 때, 도입 프로그램으로도 활용할 수 있다.

공을 뺏겼거나 뺏는 순간, 약 1~2초 사이에 공수가 전환된다. 이 순간은 양 팀 모두 준비와 위치 선정이 불완전할 때가 많으니 가능한 한 반응 속도를 높여 원활하고 신속하게 전환될 수 있도록 해야 한다. 축구는 1초 또는 한발 늦는 것이 실패로 이어지는 세계다.

공수 전환 속도를 높인다 ①	초급	중급	상급
인 원	8명 + 지도자
지 역	전 지역

프로그램 049

2구역에서 4 대 2

● 목적

2개의 구역을 빠르게 왕복하며 전환 속도를 올린다.

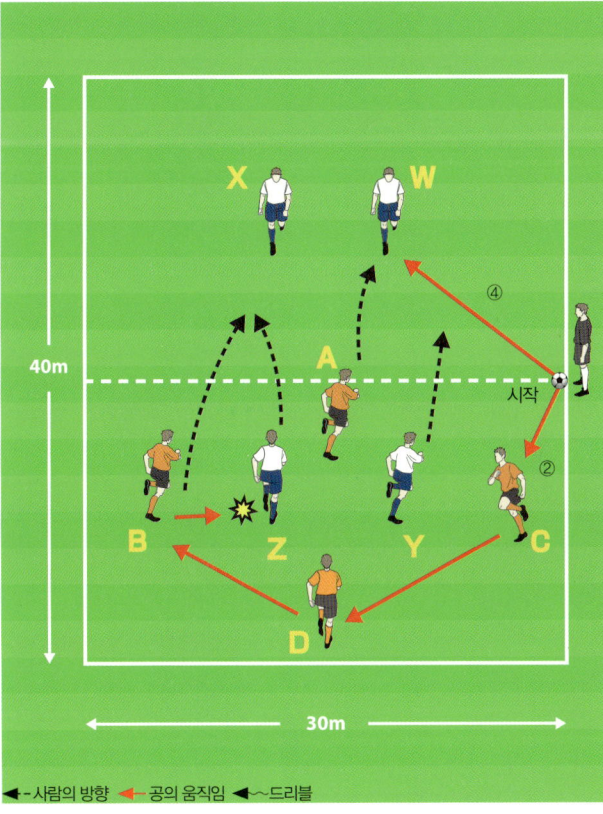

◀─ 사람의 방향   ◀── 공의 움직임   ◀~~ 드리블

● 순서

① 필드를 반으로 나눈다.
② 지도자는 A~D 중 한 명에게 패스한다.
③ 한 쪽 코트에서 4 대 2 상황을 만든다.
④ Z와 Y가 공을 뺏는 순간, 지도자는 반대쪽 코트로 공을 보낸다.
⑤ Z와 Y는 뺏은 공을 밖으로 내보내고 바로 반대쪽 코트로 들어간다. A~D 중 두 명이 반대쪽 코트로 들어가 수비한다.
⑥ 똑같이 4 대 2 상황을 만든다. 공을 뺏으면 A와 B, X와 W가 반대쪽 코트로 이동한다.
⑦ 이를 반복한다.

규칙

- 코너킥과 스로인 없음. 플레이가 끊기면 지도자부터 다시 시작한다.
- 오프사이드 없음.
- 3분 후에 공을 가진 쪽이 1점.
- 코트를 이동할 두 개의 조를 미리 정해 놓고 교대로 이동한다.

지도자 MEMO
공을 뺏긴 순간, A와 B는 가능한 한 빠르게 이동해 4 대 2가 되기 전인 2 대 2 상황에서 공을 다시 뺏는다. 이것이 가장 이상적이다. 이와 반대로 Z와 Y는 재빨리 이동해 4 대 2의 수적 우위를 만들며 공을 안정적으로 지키는 것을 목적으로 한다.

네덜란드에서 배운다

Style of The Netherlands

주로 5명 이상 훈련할 때, 시스템을 생각하며 선수를 배치한다. 4명 이하로 훈련할 때는 인원 부족으로 시스템을 짤 수 없다. 이때는 훈련 주제로 들어가기 위한 도입 훈련을 하자.

프로그램 050 — 공수 전환 속도를 높인다 ②
3개의 팀으로 6 대 3 지키기

초급 / 중급 / 상급
인원: 9명
지역: 전 지역

● 목적
3개의 팀으로 공을 지키며 판단 속도를 높인다.

● 순서
① 3개의 팀 중 수비 팀을 한 팀 골라 6 대 3으로 공을 지킨다.
② 공을 뺏긴 팀이 수비가 된다.
③ 흐름을 끊지 않고 빠르게 공수를 전환한다.

규칙
- 코너킥과 스로인 없음. 플레이가 끊기면 공을 가진 쪽부터 다시 시작한다.
- 오프사이드 없음.
- 터치 수 제한 없음.
- 주황색 팀은 10번 공을 지키면 1점.
- 공을 뺏긴 팀이 애매한 경우 지도자가 팀을 지정해 다시 시작한다.

코칭 포인트
지도자가 공을 뺏긴 팀을 정할 때 항의하는 것은 NG. 실전에서도 심판에게 항의하는 동안 시합이 재개되어 실점하는 경우가 있다. 항의할 시간에 재빨리 공수를 전환한다.

50m × 40m

◀─ 사람의 방향   ◀─ 공의 움직임   ◀∼ 드리블

지도자 MEMO: 공을 뺏긴 순간은 상대팀의 전열도 가다듬어지지 않은 상태이므로, 바로 마크하면 공을 다시 뺏을 수 있다. 또한 뒷선에서 패스를 주고받는 쪽은 빠르게 전열을 가다듬고 위치 선정을 정확하게 해야 한다.

공수 전환 속도를 높인다 ③

초급	중급	**상급**
인 원	14명
지 역	전 지역

프로그램 051
5 대 5 + 골키퍼 + 2 프리맨

● 목적

빠른 전환을 의식하며 슈팅을 포함한 공 지키기 시합을 한다.

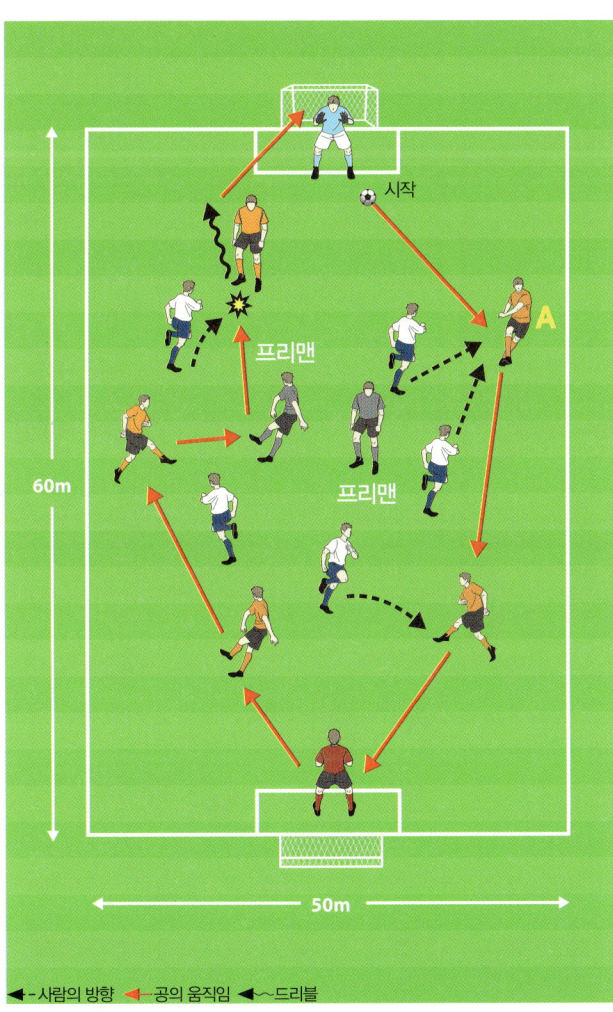

● 순서

① 골키퍼가 A에게 패스하면 시작한다.
② 주황색 팀은 2명의 프리맨과 2명의 골키퍼를 포함한 9 대 5로 공을 돌린다.
③ 흰색 팀은 공을 뺏으면 두 골대 중 한 곳을 노린다.
④ 주황색 팀은 공을 뺏기면 바로 수비로 전환 후 다시 공을 뺏어 지킨다.
⑤ 이를 반복한다.

규칙

- 코너킥과 스로인 없음. 플레이가 끊기면 공을 가진 쪽부터 다시 시작한다.
- 오프사이드 없음.
- 터치 수 제한 없음.
- 프리맨은 공을 뺏기면 수비로 전환한다. 또는, 공을 갖고 있는 쪽에서 플레이하는 것도 좋다.
- 주황색 팀은 10번 공을 지키면 1점.
- 흰색 팀은 골을 넣으면 1점.

지도자 MEMO 역습 전술을 구사할 때는, 같은 팀 선수가 공을 뺏을 것 같을 때 살짝 움직이거나 상대팀이 주목하지 않는 공간에 들어가는 등의 공격을 준비하는 움직임이 필요하다. 정말로 공을 뺏을 수 있는지 애매한 경우에 움직이는 것은 위험하다. 하지만 상황을 예측하는 일은 재밌는 일이다.

공수 전환 과제 분석   수비지역 미드필드 공격지역

CASE 2 >> 공 → 수, 뺏긴 공에 다가갈 수 없다
➡ 빠르게 압박하는 습관을 들인다

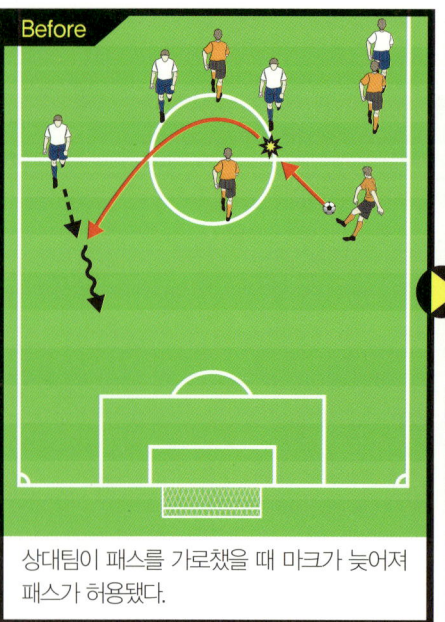

Before

상대팀이 패스를 가로챘을 때 마크가 늦어져 패스가 허용됐다.

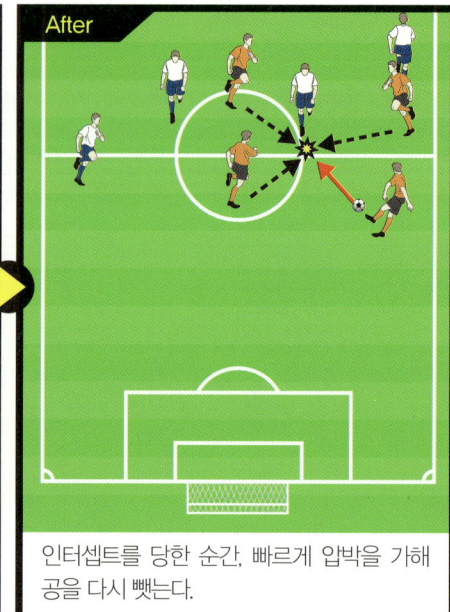

After

인터셉트를 당한 순간, 빠르게 압박을 가해 공을 다시 뺏는다.

[체크 포인트] 분통해하기 전에 공을 쫓는다

프로 선수의 시합을 보다 보면 결정적인 기회에 슈팅한 것이 골키퍼에게 막힌다거나 드리블을 하다 상대팀 선수에게 공을 뺏겼을 때, 공을 쫓아가지도 않고 하늘만 보며 분통을 터뜨리는 선수를 종종 볼 수 있다. 공수 전환은 1~2초 사이에 일어난다. 그리고 그 찰나에도 공은 어김없이 움직인다.
무심코 "아"하고 소리를 지르고 싶을 지 모른다. 하지만 마음을 다잡고 팀을 위해 공을 쫓는다면, 상대팀이 공격을 전개하기 전일 경우에는 다시 찾을 가능성이 크다.
물론 빠르게 압박을 가한다 해도 가랑이 사이로 패스가 통과한다거나 무리한 패스가 어쩌다 성공하는 때도 있다. 이때는 지도자가 선수에게 힘을 북돋아줘야 한다. 어떤 훈련을 해도 100% 완벽하게 성공하는 경우는 없다. 수비로 전환할 때 빠르게 전환하지 않던 선수가 훈련을 통해 빠른 압박을 가할 수 있게 되었다면 실력이 늘게 된 것이므로, 실수를 한다 해도 잘했다고 칭찬해야 한다. 지도자는 팀의 문제점이 해결될 수 있는가를 기준으로 팀을 봐야 한다.

프로그램 052	빠르게 압박하는 습관을 들인다 ①	초급 / 중급 / 상급

1 대 1 대 1

- **인 원**: 3명
- **지 역**: 전 지역

● 목적

2 대 1을 끊김 없이 반복하며 빠르게 압박하는 습관을 들인다.

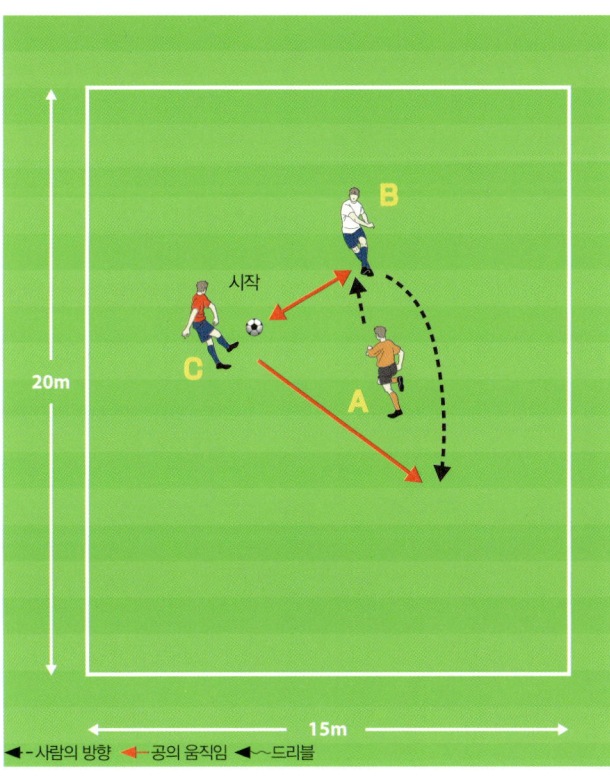

● 순서

① B, C 중 한 명부터 2 대 1을 시작한다. 이 경우, A가 수비한다.
② B와 C 중 공을 뺏긴 선수가 수비한다. 바로 공을 뺏으러 간다.
③ 그대로 끊김 없이 반복한다.

규칙

- 코너킥과 스로인 없음. 플레이가 끊기면 지도자가 공을 보낸다.
- 오프사이드 없음.
- 2분 후에 공을 가진 선수가 1점.
- 터치 수 제한 없음.

지도자 MEMO

2 대 1은 여러 가지 방향으로 자유롭게 이동할 수 있어 안정적으로 공을 지키면 거의 뺏기지 않는다. 이 훈련의 목적은 공을 뺏긴 순간이다. 일반적인 훈련에서는 공을 돌리다 뺏기면 선수가 각자의 포지션으로 돌아가 다시 시작하지만, 이 훈련은 전환을 중심으로 실시한다.

네덜란드에서 배운다

Style of The Netherlands

일본에서는 공 지키기 게임을 할 때 터치 수를 제한하는 경우가 많지만 네덜란드에서는 이를 제한하지 않는다. 기술적인 제약을 두어 선수를 옭아매면 좋은 선수가 탄생할 수 없다.

빠르게 압박하는 습관을 들인다 ②

프로그램 053

대인방어
3 대 3 + 골키퍼

초급	중급	상급
인 원	8명
지 역	전 지역

● 목적

압박의 책임을 알기 쉬운 대인방어로 게임한다.

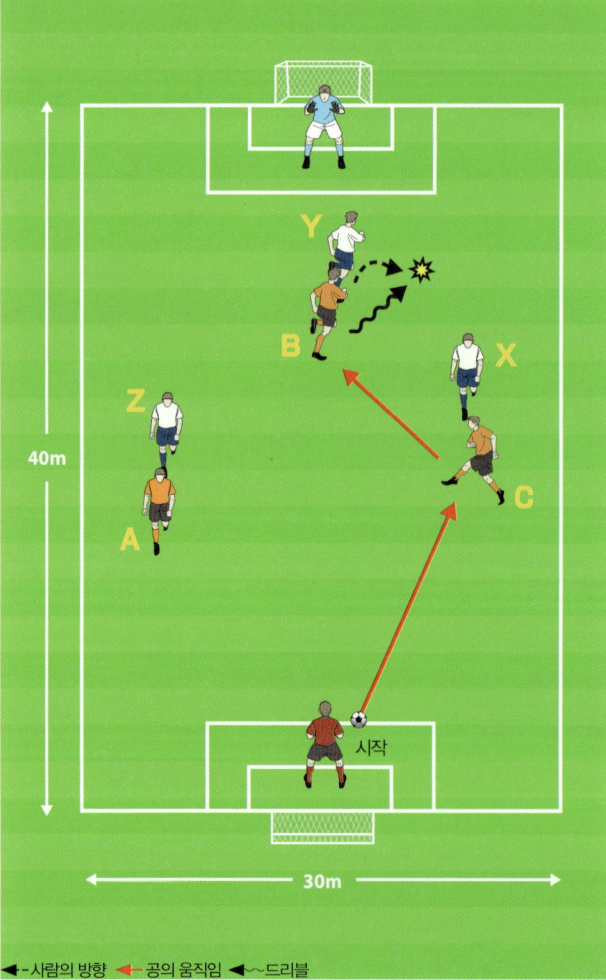

● 순서

① 주황색 팀 골키퍼부터 시작한다.
② 서로 골을 노리는 미니게임을 한다.
③ A와 Z, B와 Y, C와 X가 1대 1로 대항한다.

규칙

- 코너킥과 스로인 없음. 플레이가 끊기면 골키퍼부터 시작한다.
- 포지션은 정하지 않고 마크할 선수만 정한다.

◀— 사람의 방향　◀— 공의 움직임　◀～ 드리블

지도자 MEMO　1 대 1 수비이므로 뚫리면 전부 개인 책임이다. 공수 전환을 할 때 자신이 맡은 선수를 압박하지 않으면 누가 빨리 수비로 전환하지 않는지를 확실하게 알 수 있는 게임이다.

빠르게 압박하는 습관을 들인다 ③

프로그램 054

3구역 대인방어 6 대 6 + 골키퍼

초급 　중급　 **상급**

인 원	14명
지 역	전 지역

● 목적

인원을 늘린 미니게임으로 실전에서의 대인방어 감각을 익힌다

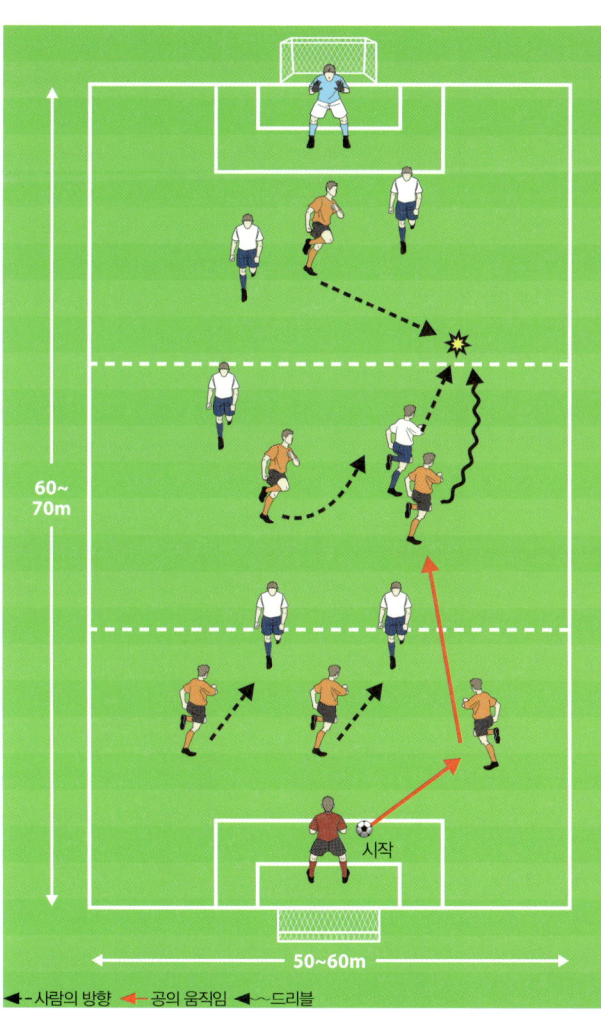

순서

① 필드를 3등분한다.
② 주황색 팀 또는 흰색 팀의 골키퍼부터 시작한다.
③ 양 팀 모두 공을 뺏긴 순간, 압박한다.
④ 시합 형식으로 실행한다.

규칙

- 코너킥과 스로인 없음. 플레이가 끊기면 골키퍼부터 시작한다.
- 구역을 넘어 압박하는 것도 좋다.

응용

그림은 미드필드를 같은 인원, 공격지역을 수적 열세로 만들어 공격 중에 공을 뺏겼을 경우, 수비로 전환해야 하는 상황이 일어나도록 의도적으로 배치했다. 이처럼 3구역 게임에서는 훈련하고 싶은 상황이 쉽게 연출된다.

지도자 MEMO
공을 뺏긴 순간, 압박을 가할 수 있는 거리의 선수는 상대에게 빠르게 다가가 공을 뺏는다. 마크하러 가도 돌파당할 것 같을 때는 뒤로 빠져 수비 조직을 탄탄히 하는 것이 좋다. 가장 잘못된 행동은 1~2초 동안 고민하다 압박하러 가는 것이다.

공수 전환 과제 분석

CASE 3》 공 → 수, 압박해도 돌파당한다

➡ 압박하기 어려울 때는 공격을 지연시킨다

`수비지역` `미드필드` `공격지역`

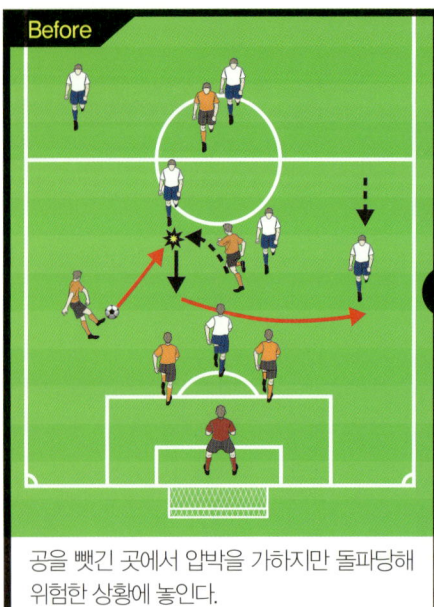

Before: 공을 뺏긴 곳에서 압박을 가하지만 돌파당해 위험한 상황에 놓인다.

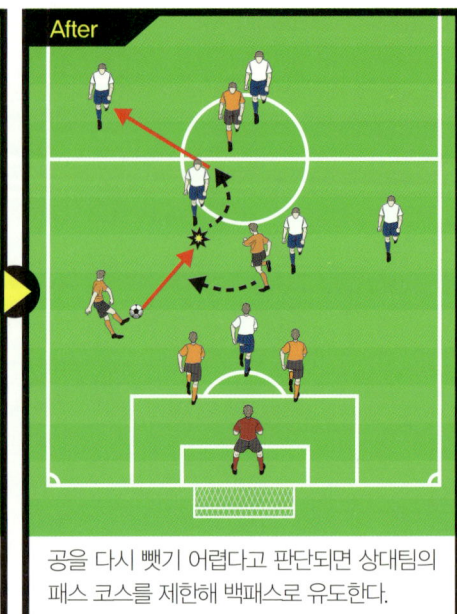

After: 공을 다시 뺏기 어렵다고 판단되면 상대팀의 패스 코스를 제한해 백패스로 유도한다.

[체크 포인트] 순간의 판단력이 열쇠가 된다

지금까지는 공을 뺏기면 상대팀을 빠르게 압박하는 훈련을 했다. 그러나 압박을 하더라도 타이밍이 나쁠 때는 역으로 돌파당하는 위험한 상황이 전개될 수 있다. 예를 들어, 상대 선수가 멀리 떨어져 있을 때는 압박하러 가는 동안 상대팀이 전열을 정비하기 때문에 공을 다시 뺏기 어렵다. 주변이 수적 열세인 경우도 아무리 빨리 압박하러 간다 해도 짧은 패스로 돌파당하기 십상이다. 마지막으로 가장 좋지 않은 경우는 1~2초의 늦은 판단 후 급하게 압박을 가하는 패턴이다. 간발의 차이지만 후방으로 갈수록 상황은 점점 불리해진다.

이를 해결하는 좋은 방법은 공격을 지연시키는 것이다. 공을 뺏겼어도 상대팀이 전방에 마땅히 패스할 곳이 없어 백패스를 하게 되면 최악의 상황은 막을 수 있다. 상대팀의 전환이 빠를 때는 무리해서 압박하러 가지 말고 공격 속도를 늦추는 것이 좋다. CASE 1과 2에서는 전환 속도가 문제였지만 여기서는 속도와 판단력이 중요하다.

압박하기 어려울 때는 공격을 지연시킨다 ①

프로그램 055

공격 지연시키기 2 대 2 + 골키퍼

초급	중급	상급
인 원	6명
지 역	전 지역

● 목적

상대팀의 빠른 전환에 대응하며 공격을 지연시키는 수비를 할 수 있는 판단력을 기른다

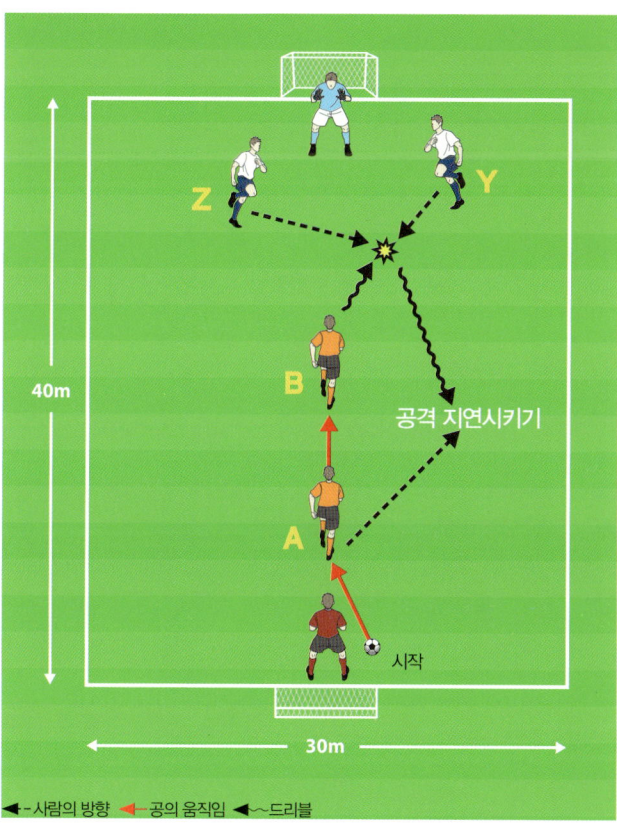

● 순서

① 골키퍼부터 A에게 패스한다.
② A는 B에게 패스한다.
③ Z와 Y는 공을 뺏어 빠르게 역습을 시도한다.
④ A는 공격을 지연시키고 B가 돌아올 때까지 기다려 2 대 2로 수비한다.

규칙

● 코너킥과 스로인 없음. 플레이가 끊기면 골키퍼부터 다시 시작한다.
● A는 오버래핑할 수 없다.

지도자 MEMO

2 대 1에서 공격을 지연시키는 방법은 상대팀이 스루패스와 드리블 모두를 할 수 없는 위치에 있는 것이다. 뒤의 선수가 공을 가졌다면 스루패스 코스 위주로 막고, 앞 선수가 공을 가졌다면 드리블 코스를 위주로 막는다.

네덜란드에서 배운다

Style of The Netherlands

전환 훈련을 하다 보면 공격과 수비의 문제점이 드러난다. 그러나 눈에 띈 문제점을 전부 지적하면 공수 전환이라는 훈련 주제가 애매해진다. 말하고 싶은 것이 있어도 참자.

프로그램 056 | 압박하기 어려울 때는 공격을 지연시킨다 ②

초급 **중급** 상급
인원 10명
지역 전 지역

공격 지연시키기
2구역 4 대 4 + 골키퍼

● 목적
인원을 늘려 훈련하면서 공수 전환부터 공격 지연 여부를 판단한다.

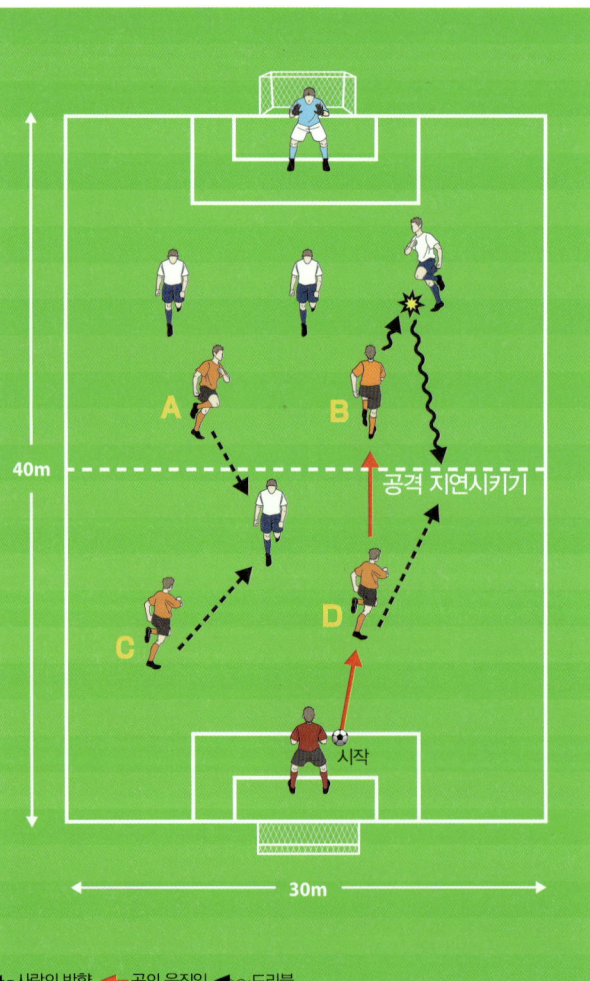

● 순서
① 필드를 이등분한다.
② 골키퍼가 D에게 패스한다.
③ D는 전방의 A와 B에게 전진 패스한다.
④ 2 대 3으로 대결한다.
⑤ 흰색 팀은 공을 뺏으면 빠르게 공격한다.
⑥ C와 D는 공격 지연을 의식하며 위치를 선정한다.
⑦ A와 B도 돌아가 수비에 가담한다.

규칙
● 코너킥과 스로인 없음. 플레이가 끊기면 골키퍼부터 다시 시작한다.
● A와 B가 공을 뺏은 후(전환한 후) 두 구역의 구분을 없앤다.

코칭 포인트
상대팀에게 간단하게 돌파당하는 것은 NG. 속공을 막기 위해서는 위험을 감지하는 능력과 파울로 상대 선수를 저지하는 기술이 필요하다. 네덜란드에서는 주니어 선수들에게도 이런 기술을 가르친다. 이때 옐로카드나 레드카드를 받지 않을 정도로 하라고 이른다.

지도자 MEMO | 모든 전환 훈련 프로그램은 공수 전환이 일어나는(공을 뺏고 뺏기는) 상황이 생길 때 시작된다. 따라서 A와 B가 수적 열세에서 공격하도록 설정하고 흰색 팀이 공을 뺏기 쉽게 한다.

압박하기 어려울 때는 공격을 지연시킨다 ③

프로그램 057

공격 지연시키기 실전형식
7 대 7 + 골키퍼 + 프리맨

초급	중급	**상급**
인 원	16명	
지 역	전 지역	

● 목적

공격은 공을 뺏기는 상황을 떠올리며 영리하게 공격을 지연시킨다.

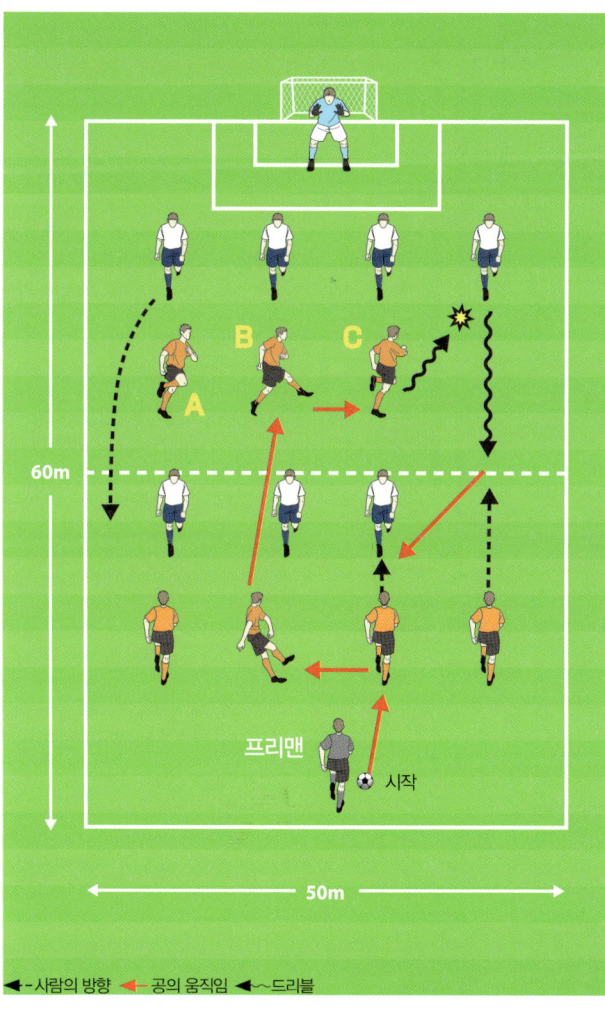

● 순서

① 필드를 이등분한다.
② 프리맨부터 시작한다.
③ 주황색 팀은 공을 이어 전방으로 전진 패스한다.
④ 전방은 3 대 4의 상황을 만든다.
⑤ 흰색 팀은 공을 뺏으면 빠르게 역습을 시도한다.
⑥ 수비는 공격을 지연시키며 A~C가 돌아오는 것을 기다린다.

규칙

- 코너킥과 스로인 없음. 플레이가 끊기면 프리맨부터 다시 시작한다.
- 전환하는 순간, 두 구역의 구분을 없앤다.
- 흰색 팀은 공수를 전환해 프리맨에게 패스하면 1점.
- 주황색 팀은 골을 하거나 공수를 전환해 공을 뺏으면 1점.

응용

두 구역으로 나눈 이유는 공격 지역을 수적 열세로 만들어 자연스럽게 공을 뺏기게끔 하기 위함이다. 빠른 전환으로 공격을 지연시키지 않으면 프리맨에게 패스가 가고 상대팀에게 득점 기회가 생긴다.

코칭 포인트

압박을 가할 수 있는데도 공격을 지연시키는 것은 NG. 항상 공을 뺏는 것이 우선이다.

지도자 MEMO 공수 전환을 할 때는 상황에 따라, 마크하던 선수에게서 떨어져 더욱 위험한 선수를 마크해야 하는 경우도 있다. 공을 가진 상대팀 선수가 자신의 마크 때문에 패스하기 어려운 상황이라면, 마크하지 못해 생길 수 있는 위험을 줄이게 되는 것이다.

공수 전환 과제 분석　　수비지역　미드필드　공격지역

CASE 4》 수 → 공, 뺏은 공을 아무 생각 없이 멀리 찬다
➡ 상황을 판단하며 공을 지킨다

모처럼 공을 뺏었는데도 주변 상황은 생각지도 않고 무조건 멀리 차기만 한다.

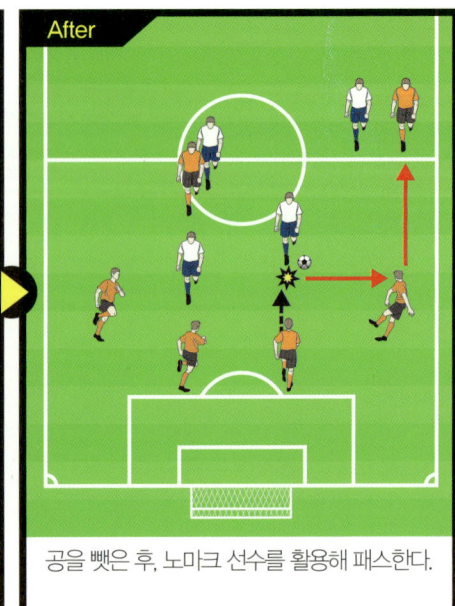

공을 뺏은 후, 노마크 선수를 활용해 패스한다.

[체크 포인트] 패스할 수 있는 상황인지를 판단한다

공을 뺏는 순간, 가까운 곳에 있던 상대팀 선수가 압박하러 오는 경우가 많아 위험을 피하자는 생각에 공을 멀리 차는 때가 많다. 하지만 겨우 공을 뺏었는데 그때마다 멀리 차버리면 공격을 전개할 수 없다. 그 결과 수비하는 시간이 길어져 게임의 주도권을 상대팀에게 넘겨주고 만다. 주변에 노마크 선수가 있음에도 상황 판단을 하지 못해 앞이나 밖으로 공을 차는 것은 문제가 된다.

하지만 오해하지는 말자. 앞으로 멀리 공을 차는 것도 상황에 따라서는 올바른 선택일 수 있다. 주변 선수의 위치 선정이 나쁘거나 위험한 상황(수비 진영의 깊숙한 곳)에서 인터셉트를 당할 경우에는 오히려 지키려던 것 때문에 공을 뺏겨 역습을 당할 수가 있다. 공을 뺏는 순간, 주변에 노마크 선수가 있는지 여부를 판단할 수 있으면 문제를 쉽게 해결할 수 있다.

프로그램 058	상황을 판단하며 공을 지킨다 ①	초급 중급 상급
	공 지키기 **3 대 3 + 프리맨**	인 원: 7명 지 역: 미드필드, 수비지역

● 목적

빠르게 전환하면서 노마크 선수를 찾는 능력을 기른다.

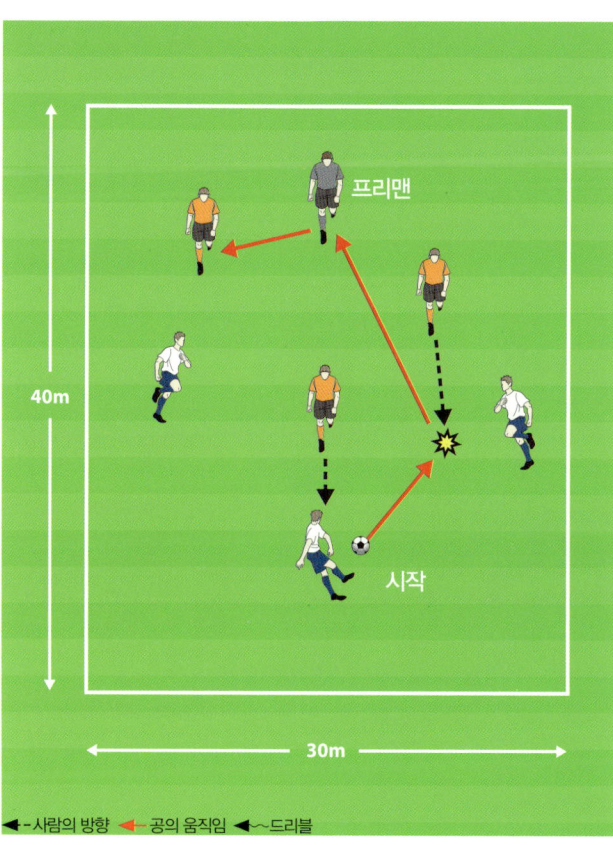

◀— -사람의 방향   ◀— 공의 움직임   ◀~~ 드리블

● 순서

① 흰색 팀은 프리맨을 더해 4 대 3으로 공을 지킨다.
② 주황색 팀은 공을 뺏는다. 뺏는 순간, 프리맨을 포함해 반드시 노마크 선수가 있으니 그곳에 패스한다.
③ 위와 같이 공수를 전환하면서 끊김 없이 진행한다.

규칙

- 코너킥과 스로인 없음. 플레이가 끊기면 공을 가진 쪽부터 다시 시작한다.
- 오프사이드 없음.
- 터치 수 제한 없음.
- 주황색 팀은 10번 공을 지키면 1점.

지도자 MEMO 프리맨이 더해져 한 명의 선수가 더 많은 상황이므로, 노마크 선수를 찾지 못한다는 것은 제대로 된 판단을 하지 못하고 있는 것이다. 그러나 이를 먼저 알려주면 기계적으로 노마크 선수를 찾게 되므로 선수 스스로 깨달을 수 있게 하자.

네덜란드에서 배운다
Style of The Netherlands

시스템이 있는 훈련에 골키퍼를 참여시키는 것은 매우 중요하다. 백패스를 손으로 잡는 것이 규칙으로 금지된 이후 네덜란드는 어느 나라보다도 먼저 골키퍼에게 전술과 기술을 가르쳤다.

상황을 판단하며 공을 지킨다 ②

프로그램 059

수 → 공의 판단
5 대 4 + 골키퍼

초급 **중급** 상급

인 원	11명 + 지도자
지 역	미드필드, 수비지역

● 목적
공을 뺏은 후 빠르게 전환하여 공격을 전개한다

● 순서
① 그림처럼 구역을 만든다.
② 지도자부터 Z와 Y에게 공을 보낸다.
③ Z와 Y는 2 대 3의 상황을 만들어 골대로 향한다.
④ A, B, C는 공을 뺏으면 노마크 선수를 활용해 앞으로 공을 보낸다.
⑤ 전방에서 2 대 2의 상황을 만든다.
⑥ 지도자가 공을 주는 것부터 훈련을 반복한다.

규칙
● 코너킥과 스로인 없음. 플레이가 끊기면 지도자부터 다시 시작한다.
● A, B, C, Y, Z는 구역 밖으로 나올 수 없다.

코칭 포인트
A, B, C가 생각 없이 공을 멀리 차는 것은 NG. 아무도 알려주지 않은 채로 이 훈련을 시키면 이런 상황이 생기게 될 것이다. 그럴 때는 일단 플레이를 멈추고 주변을 확인시킨 다음 무엇을 해야 할지 스스로 생각하게 한다.

◀— 사람의 방향 ◀— 공의 움직임 ◀∼ 드리블

Z와 Y는 전력으로 플레이를 하고, 그대로 골을 노리는 것도 좋다. 실전과 같은 전환 훈련을 위해, 전력으로 공격하고 전력으로 공을 다시 뺏는다. A, B, C는 수적 우위를 살려 앞으로 공을 보낸다.

상황을 판단하며 공을 지킨다 ③

프로그램 060

실전형식 7 대 7 + 골키퍼

초급 중급 **상급**	
인 원	16명
지 역	전 지역

● 목적

실전처럼 포지션을 나눠 상황 판단력을 기른다

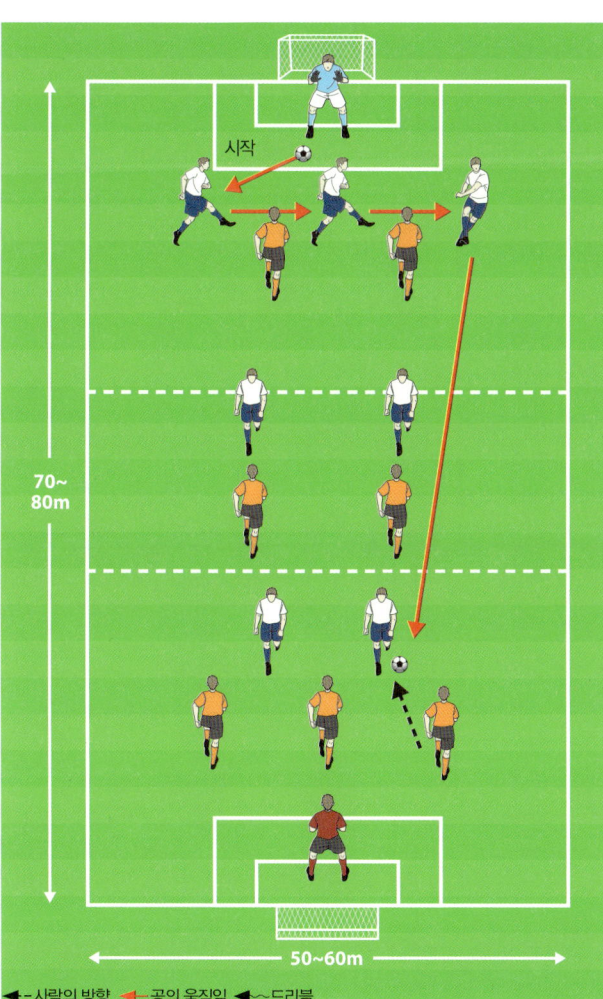

◀─ 사람의 방향   ◀═ 공의 움직임   ◀~ 드리블

● 순서

① 필드를 3등분한다.
② 흰색 팀의 골키퍼부터 시작한다.
③ 흰색 팀은 주황색 팀의 수비지역까지 공을 보낸다.
④ 주황색 팀은 공을 뺏은 후 지키면서 앞으로 공격을 전개한다.

규칙

- 코너킥과 스로인 없음. 플레이가 끊기면 지도자부터 다시 시작한다.
- 구역 사이를 왕복할 수 없다.

응용

주황색 팀의 공격지역은 2 대 3의 수적 열세이므로 흰색 팀에 돌파당하기 쉬우며, 주황색 팀의 수비지역은 3 대 2의 수적 우위이므로 공을 뺏어 전환하기 쉽다. 혹시 흰색 팀이 수적 열세를 돌파해 전환 상황이 자주 일어나지 않는다면 흰색 팀의 플레이에 제한을 두는 것도 좋다. 훈련하고자 하는 상황이 일어나기 쉽도록 프로그램을 유연하게 재구성한다.

지도자 MEMO 수비지역에서 공을 뺏으면 포워드에게 전진 패스한다. 그것이 힘들다면 미드필더에게 전진 패스하고, 그것도 여의치 않으면 수비수끼리 공을 지킨다. 이것도 힘들다면 마지막으로 공을 골키퍼에게 백패스해 지키는 방법을 선택한다.

공수 전환 과제 분석　　　　　　　수비지역　미드필드　공격지역

CASE 5 〉〉 수 → 공, 앞으로 공격을 전개할 수 있는데도 쓸데없이 패스한다
➡ 전진 패스를 우선시한다

앞에 패스할 수 있는 노마크 선수가 있는데도 뺏은 공을 횡패스 한다.

공을 뺏었을 때 앞에 노마크 선수가 보이면 빠르게 전진 패스한다.

[체크 포인트] 1~2초 전환으로 앞으로 공을 보낸다

공을 뺏는 순간, 전진 패스 코스가 열려 있는데도 횡패스나 백패스를 선택하는 것은 패스의 우선순위를 모르기 때문이다. CASE 4에서 과제로 삼았던 뺏은 공을 생각 없이 멀리 차는 문제보다 한 단계 레벨이 올라갔다고 할 수 있다.

공수 전환은 공을 뺏기거나 뺏는 순간, 1~2초 사이에 일어나는 일로 어떤 팀이든 위치 선정에 구멍이 생긴다. 이때 전진 패스를 할 수 있는데도 백패스를 하게 되면, 이는 상대팀에게 흐트러진 수비를 정돈하고 압박을 가할 수 있는 시간을 주게 되는 것이다. 물론 이를 개선하려면 본인의 판단력뿐만 아니라 주변의 지시도 필요하다. 특히 전환할 때는 공 주변이 혼잡해 공을 뺏은 선수가 최선의 선택을 하지 못할 수도 있다. 이때는 주변의 선수가 빠른 지시로 상황 판단을 돕는다.

전진 패스를 우선시한다 ①

프로그램 061

방향성을 더한 공 지키기
3 대 3 + 프리맨

초급	중급	상급
인 원	9명	
지 역	미드필드, 수비지역	

●목적
뺏은 공을 앞으로 전개하는 이미지를 떠올린다.

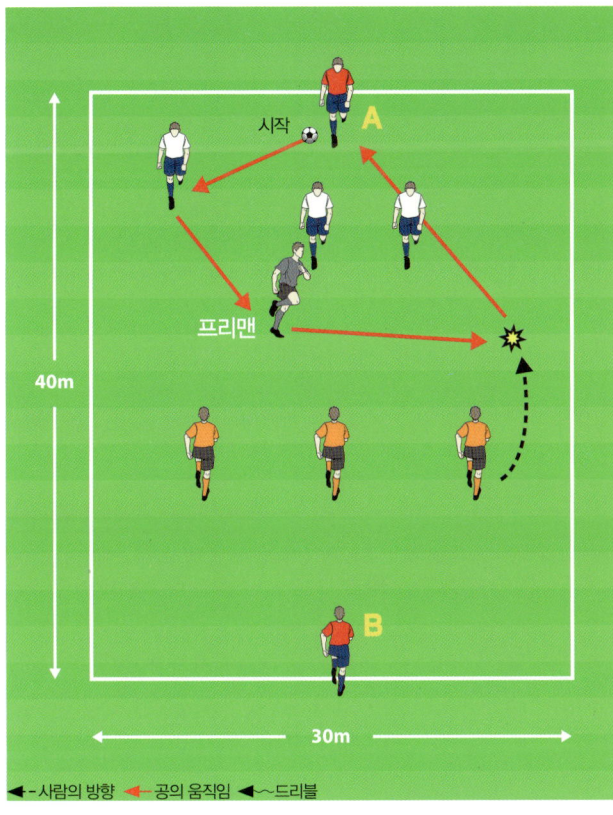

◀— 사람의 방향 ◀— 공의 움직임 ◀∼ 드리블

●순서
① A부터 패스를 시작한다.
② 흰색 팀은 프리맨을 포함해 4 대 3으로 공을 지키고 B에게 패스한다.
③ 주황색 팀은 공을 뺏어 프리맨을 포함해 4 대 3으로 끝 쪽의 A나 B에게 패스한다.
④ 주황색 팀 또는 흰색 팀은 A나 B에게 패스하고 반대쪽을 향해 간다.

규칙
- 코너킥과 스로인 없음. 플레이가 끊기면 공을 가진 쪽부터 시작한다.
- 오프사이드 없음.
- 터치 수 제한 없음.
- A부터 시작해 공을 반대편의 B에게 전하면 1점. 반대도 마찬가지로 1점이다.

코칭 포인트
규칙만 설명하면, 공을 뺏은 후 뒤쪽의 프리맨을 활용하는 것은 NG. 뒤쪽의 프리맨에게 패스하는 것은 앞도 옆도 막혀 어쩔 수 없는 상황에서만이다. 기회가 생기면 앞쪽의 프리맨을 활용하도록 한다.

지도자 MEMO 플레이의 우선순위와 관련된 문제점을 해결하려면 공격과 수비에 방향성을 더한 훈련을 해야 한다. 앞을 활용할 수 있는 상황에서는 전진 패스, 앞이 막힌 상황이라면 횡패스와 백패스로 공을 지키자.

네덜란드에서 배운다

Style of The Netherlands

필드가 좁아 원하는 연습을 할 수 없을 때도 있다. 이때는 골대의 위치를 옮긴다. 예를 들어 골대를 필드 왼쪽 끝에 놓으면, 전면을 오른쪽 측면으로 사용할 수 있어 크로스 훈련 등을 실전처럼 할 수 있다.

전진 패스를 우선시한다 ②

프로그램 062
전진 패스 코트 이동식 4 대 3 ↔ 4 대 3

초급	중급	상급
인원	8명	
지역	미드필드, 수비지역	

●목적
공을 뺏은 후, 코트를 이동하며 공격을 전개한다.

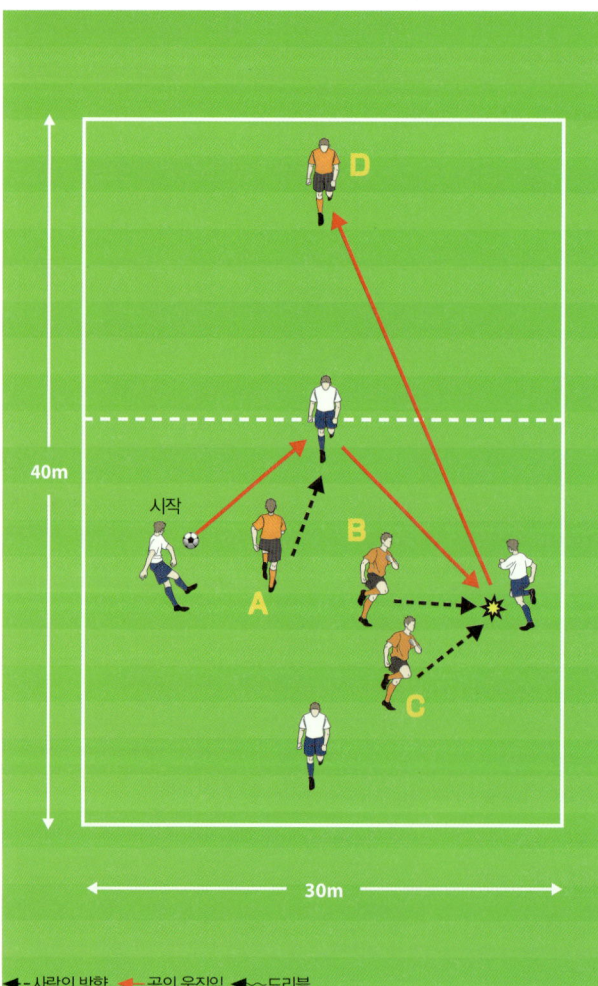

◀— 사람의 방향   ◀— 공의 움직임   ◀〜 드리블

●순서
① 필드를 이등분한다.
② 한쪽에서는 흰색 팀이 4대 3으로 공을 지킨다.
③ 주황색 팀은 공을 뺏어 D로 전개한다. 흰색 팀은 수비로 전환해 그것을 막는다.
④ D에게 패스하면 A, B, C와 흰색 팀 중 3명이 반대쪽 코트로 이동한다.
⑤ 주황색 팀이 똑같이 4대 3으로 공을 지킨다. 흰색 팀은 공을 뺏는다.
⑥ 코트를 왕복하면서 반복한다.

규칙
- 코너킥과 스로인 없음. 플레이가 끊기면 공을 가진 쪽부터 시작한다.
- 오프사이드 없음.
- 터치 수 제한 없음.
- 3분 뒤에 공을 가지고 있는 쪽이 1점.
- 반대편 코트로 이동할 때 공격 쪽에서 코트에 남을 선수를 한 명 미리 정해둔다(처음에는 A가 남고 다음에는 B가 남는다 등).

응용
공격할 때, 누가 코트에 남을 것인지를 정하기 어려울 때는 첫 세트에 남는 사람, 두 번째 세트에 남는 사람을 각각 정하고 세트가 끝날 때마다 훈련을 잠깐씩 멈추는 것도 좋다.

지도자 MEMO
반대쪽 코트로 전진 패스를 할 때, 누구도 잡을 수 없도록 공을 높이 띄워 찰 수도 있지만 그만큼 위험도 커진다. 앞이 막혔다면, 일단 다른 선수를 활용하는 플레이를 익히기 위해 구르는 공을 찬다는 조건을 더하는 것도 좋다.

전진 패스를 우선시한다 ③	초급 중급 **상급**
	인원 14명
프로그램 063 전진 패스 실전형식 3구역 6 대 6 + 골키퍼	지역 전 지역

● 목적

인원을 늘려 전진 패스를 유용하게 활용한다.

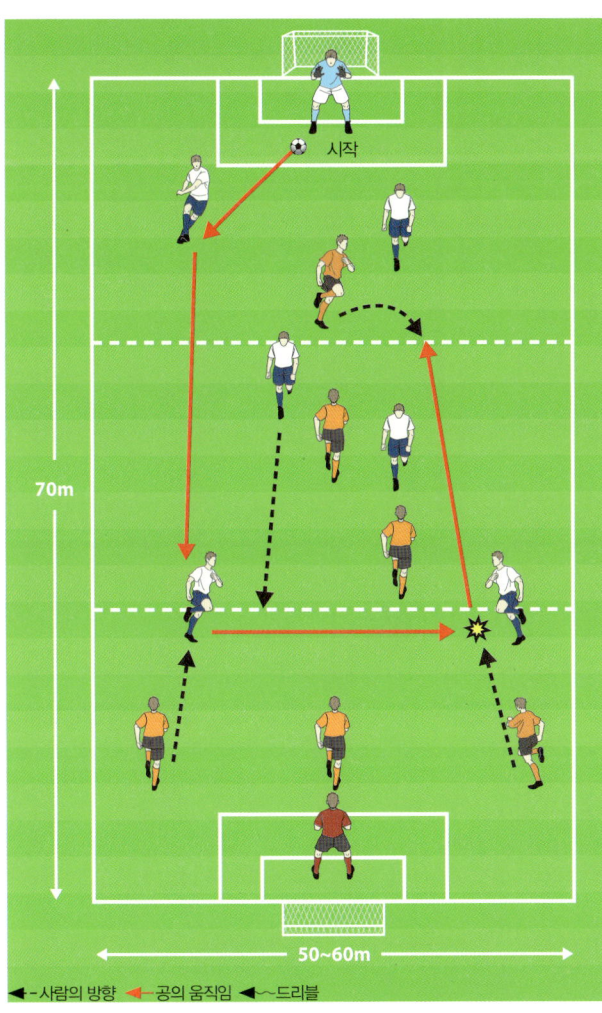

● 순서

① 필드를 3등분한다.
② 흰색 팀의 골키퍼부터 시작한다.
③ 흰색 팀은 골대로 향한다.
④ 주황색 팀은 공을 뺏으면 빠르게 전진 패스를 노린다.

규칙

- 코너킥과 스로인 없음. 플레이가 끊기면 상대팀 골키퍼부터 시작한다.
- 구역을 넘어 오버래핑할 수 있다.

응용

공을 뺏었을 때, 반드시 전진 패스를 성공하겠다는 생각을 갖게 만드는 것이 훈련의 목적이므로 전진 패스가 성공한 시점에서 훈련을 멈추고 골키퍼부터 다시 반복하게 하는 것도 좋다. 훈련을 잘하게 되면 구역의 구분을 없애고 프리 게임을 하면서 앞에서 훈련한 것을 실제 활용할 수 있도록 한다.

◀— 사람의 방향 ◀— 공의 움직임 ◀~ 드리블

지도자 MEMO 오버래핑이 가능하므로 주황색 팀은 수비 전술이 필요하다. 주황색 팀이 공을 뺏는 순간, 전방 쪽에 노마크 선수가 있을 것이다. 그곳으로 빠르게 패스할 수 있도록 한다.

공수 전환 과제 분석   수비지역 미드필드 공격지역

CASE 6 》 수 → 공, 공을 뺏은 뒤에 패스할 곳이 없다
➡ 공수 전환 뒤의 지원

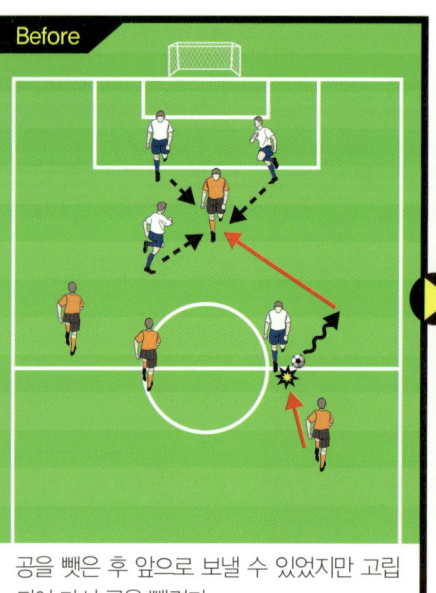

공을 뺏은 후 앞으로 보낼 수 있었지만 고립되어 다시 공을 뺏겼다.

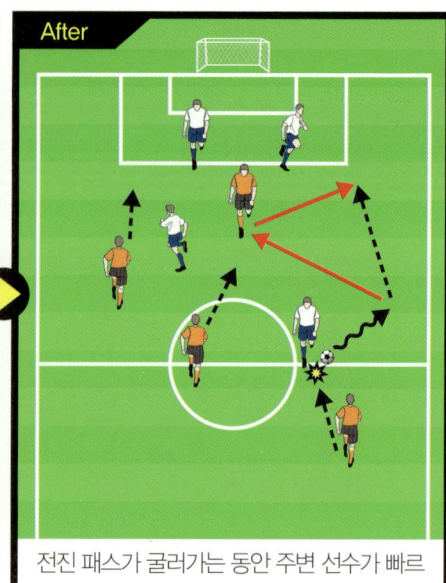

전진 패스가 굴러가는 동안 주변 선수가 빠르게 움직이며 지원해 패스 코스를 만든다.

[체크 포인트] 패스 받을 선수를 고립시키지 않는다

공을 뺏은 후 멀리 차지 않고도 노마크 선수를 활용해 전진 패스를 할 수 있다고 가정하자. 하지만 포워드나 미드필더에게 전진 패스를 했다고 해도 지원이 늦어 패스를 받은 선수가 고립된다면 다음 패스로 연결할 수 없다. 초기의 빠른 판단으로 전진 패스가 이루어졌을 때 발생하는 문제로, 레벨이 높은 팀에서 일어날 수 있는 일이다.

공수 전환은 1~2초라는 짧은 시간에 일어나게 되므로, 여기서 발생한 문제점과 이를 해결하기 위해 구성한 훈련 프로그램에서도 시합에서와 같은 문제점이 나타난다. 여기서 중요한 것은 지도자가 강조하고 싶은 부분이다. 이것도 못하고 저것도 못한다며 마음에 들지 않는 것을 모두 지적하기 쉽다. 수비에서 공격으로 전환하는 훈련 프로그램은 훈련하려는 팀이 수비하는 것에서부터 시작하는데, 이 단계에서 지역방어를 하지 않았다는 등의 수비를 너무 지도하면 본래의 전환 훈련 효과가 나타나지 않으니 주의하자.

공수 전환 뒤의 지원 ①

프로그램 064

단순한 지원
2 대 1 → 2 대 1 + 골키퍼

| 초급 | 중급 | 상급 |

- 인 원: 7명
- 지 역: 미드필드, 공격지역

● 목적

공을 뺏으면 빠르게 지원한다.

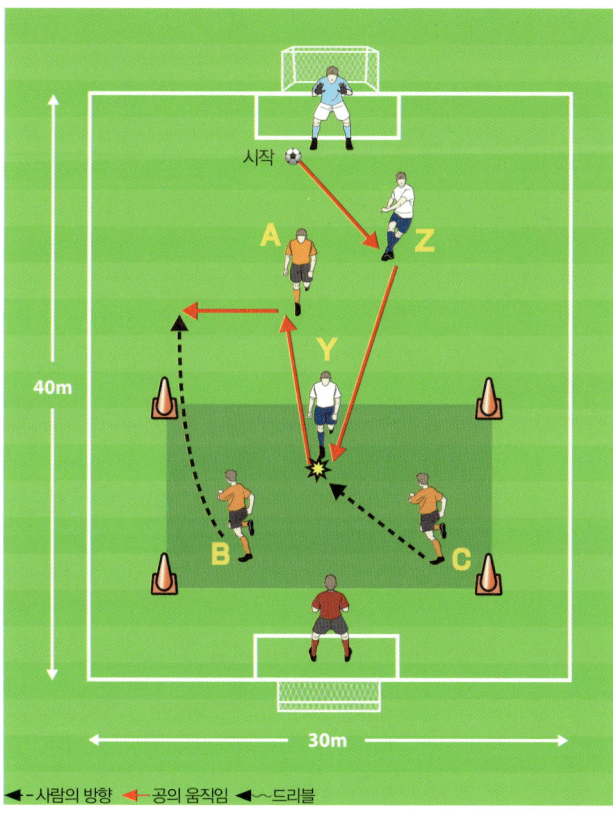

● 순서

① 그림처럼 지역을 설정한다.
② 흰색 팀의 골키퍼부터 시작한다.
③ Z는 Y에게 패스하고 패스를 받은 Y는 골대로 향한다.
④ B와 C는 공을 뺏어 A에게 패스한다.
⑤ B와 C 중 한 명이 A를 지원한다.
⑥ Y는 빠르게 자리로 되돌아가고, 공격은 2 대 2가 되기 전에 2 대 1로 슈팅하도록 한다.

규칙

- 코너킥과 스로인 없음. 플레이가 끊기면 상대팀 골키퍼부터 시작한다.
- B와 C가 전진 패스를 하는 순간, 구역의 구분을 없앤다.

코칭 포인트

B와 C 모두 지원하는 것은 NG. 실전에서도 위험도가 높아진다.

지도자 MEMO
전진 패스한 C가 그대로 올라가거나 B가 올라가는 것이 좋다. A를 지원하기 쉬운 위치에 있는 사람이 올라가, Y가 수비 진영으로 돌아오는 것보다 빨리 지원할 수 있도록 한다. 2 대 1로 공격하는 것이 목표다.

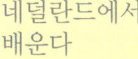

네덜란드에서 배운다

Style of The Netherlands

어떤 훈련을 하든 반드시 슈팅으로 마무리한다. 득점을 많이 한 쪽이 이긴다는 경쟁 원리를 습관화하면 자연스럽게 이기기 위한 노력을 하게 된다.

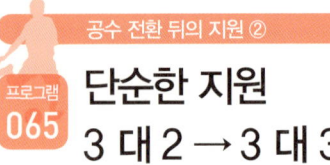

공수 전환 뒤의 지원 ②

단순한 지원
3 대 2 → 3 대 3

프로그램 065

| 초급 | 중급 | 상급 |
인 원: 12명
지 역: 미드필드, 공격지역

● 목적
코트를 이동할 때 빠르게 전방을 지원한다.

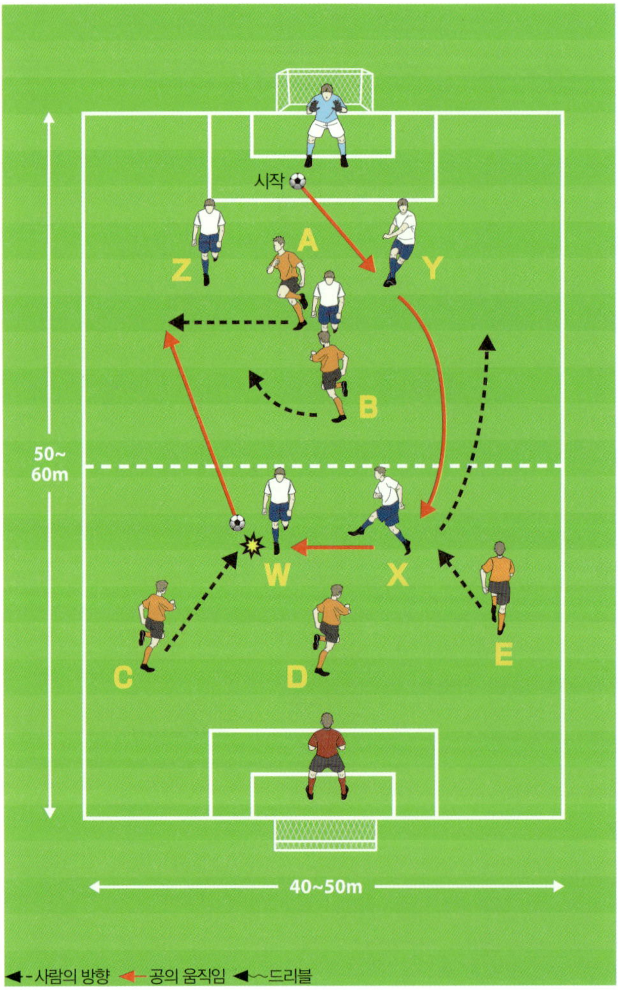

● 순서
① 필드를 2등분한다.
② 흰색 팀의 골키퍼부터 시작한다.
③ Z와 Y는 전방으로 전진 패스하고 W와 X는 골대로 향한다.
④ C, D, E는 공을 뺏어 A나 B에게 전진 패스한다.
⑤ C, D, E 중 한 명이 오버래핑해 3 대 3을 만든다.

규칙
● 코너킥과 스로인 없음. 플레이가 끊기면 상대팀 골키퍼부터 시작한다.
● Z와 Y는 오버래핑 불가.

응용
흰색 팀의 골키퍼가 아니라 지도자부터 직접 W와 Y에게 공을 보내는 것도 좋다. 훈련하고 싶은 상황이 더 많이 연출되도록 구르는 공, 뜬공, 회전공 등 여러 가지 방법으로 공을 찬다.

◀- 사람의 방향 ◀- 공의 움직임 ◀∼드리블

신속하게 지원하는 비결은 같은 팀이 공을 뺏었을 때 빠르게 움직일 수 있도록 준비하는 것이다. 단, '공을 뺏을 수 있을 것 같다.'하는 타이밍에 움직이는 것은 위험한 도박이다. '뺏으면 움직인다.'라는 생각을 갖는 것이 중요하다.

| 프로그램 066 | 공수 전환 뒤의 지원 ③ **실전 지원 3구역 7 대 7 + 골키퍼** | 초급 중급 상급 / 인원 16명 / 지역 미드필드, 공격지역 |

● 목적
3개 구역으로 나눠 공수 전환이 일어나기 쉽게 만들고 여러 명이 지원한다.

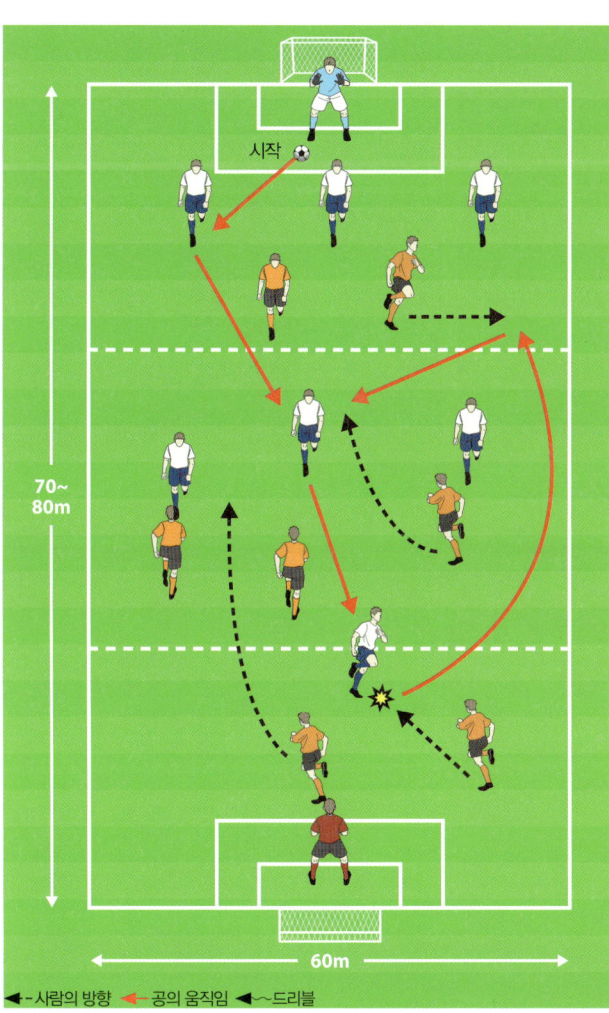

● 순서
① 필드를 3등분한다.
② 흰색 팀의 골키퍼부터 시작한다.
③ 주황색 팀은 공을 뺏으면 빠르게 전진 패스한다.
④ 주황색 팀은 미드필드, 수비지역부터 빠르게 지원한다.

규칙
- 코너킥과 스로인 없음. 플레이가 끊기면 상대팀 골키퍼부터 시작한다.
- 주황색 팀이 공을 뺏은 후 구역의 경계를 없앤다.

응용
선수 모두가 공에 집중하게 되면 수비 라인이 흐트러져 뭉쳐버리는 상태가 오래 지속될 수 있다. 전술 훈련을 제대로 할 수 없다는 생각이 들면 플레이를 끊고 골키퍼부터 다시 시작한다.

◀— 사람의 방향   ◀— 공의 움직임   ◀∼ 드리블

지도자 MEMO 수비 인원을 줄이고 미드필더와 포워드를 늘려 전진 패스할 때의 선택지나 지원하는 상황이 복잡해지도록 배치했다. 세 구역으로 나눈 훈련 프로그램은 배치를 달리하는 것만으로도 개선하고 싶은 상황이 자연스럽게 발생하도록 만들 수 있다.

공수 전환 과제 분석

CASE 7 >> 수 → 공, 빈 공간을 파고들 수 없다

➡ 수→공의 파고들기

공을 가로챈 순간, 빈 공간이 있는데도 파고 들지 못한다.

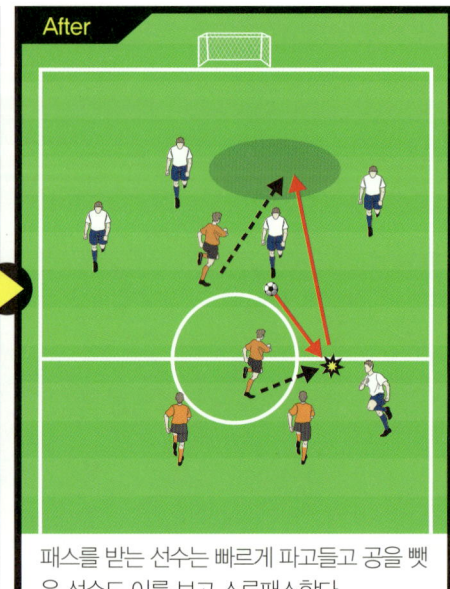

패스를 받는 선수는 빠르게 파고들고 공을 뺏은 선수도 이를 보고 스루패스한다.

[체크 포인트] 커버당하기 전에 빠르게 빈 공간을 파고든다

지금까지는 뺏은 공을 지키는 것, 전진 패스를 우선시하는 것, 패스할 때 주변에서 지원하는 것을 과제로 삼았다. 이는 모두 공격을 전개하는 데 있어 중요한 사항들이다. 그러나 수비에서 공격으로 전환할 때는 신중하게 공격을 전개할 필요 없이 처음부터 빈 공간이 있는 경우가 있다. 이 공간을 감지해 포워드와 미드필더가 빠르게 파고들 수 있는가?

이런 기회를 살릴 수 없는 팀이라면 이를 과제로 삼아야 한다.

혹은 공간을 파고들 수 없는 이유가 공을 뺏은 선수가 다른 선수의 움직임을 보지 않는 경우 즉, 패스하는 선수에게 문제가 있어서일 때도 있다. 해결해야 할 과제는 같을지 모르지만, 지도자는 원인이 무엇인 지를 정확하게 분석해 지도해야 한다.

여러 번 말하지만 공수 전환은 1~2초라는 짧은 시간에 이루어진다. 빈 공간이 나오는 짧은 순간을 놓치 면 바로 상대팀으로부터 대응을 당하게 된다. 적절한 예측과 빠른 판단이 포인트다.

프로그램 067	수 → 공의 파고들기 ①	초급	중급	상급

공간 파고들기 3 대 2 + 골키퍼

인 원	7명
지 역	미드필드, 공격지역

● 목적
단순한 형태로 공간을 파고든다.

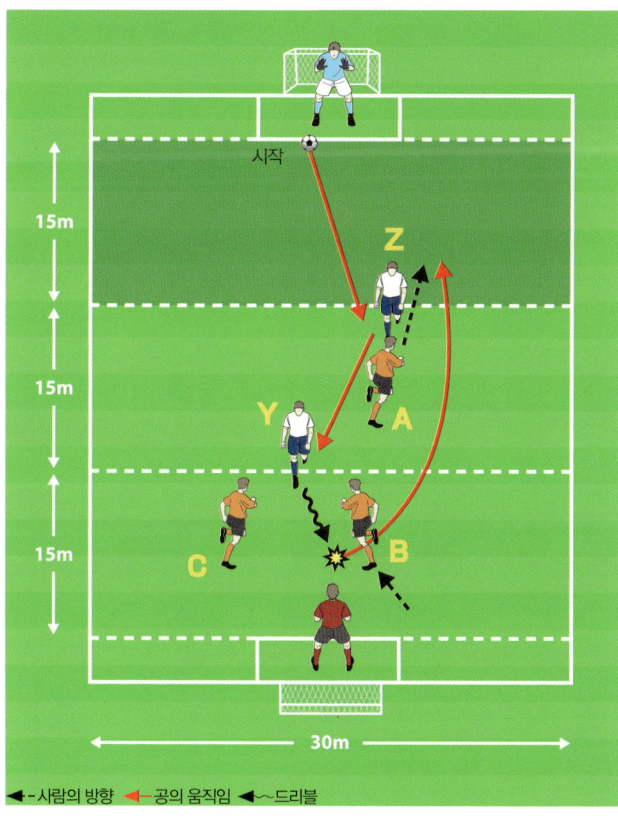

● 순서
① 그림처럼 구역을 설정한다.
② 흰색 팀의 골키퍼부터 시작한다.
③ Z가 Y에게 패스하고 골대로 향한다.
④ B와 C는 공을 뺏은 후, A의 움직임을 보면서 패스한다.
⑤ 공격이 끝나면 골키퍼부터 다시 시작한다.

규칙
● 코너킥과 스로인 없음. 플레이가 끊기면 상대팀 골키퍼부터 시작한다.

코칭 포인트
주황색 팀 공격 시, Z가 공간을 커버하려고 A와 멀어질 때 A의 올바른 판단은 발로 공을 받는 것이다. 그러나 이렇게 되면 공간을 침투하는 훈련의 목적을 달성할 수 없다. 수비인 Z에게 "인터셉트를 노려 A를 밀착 마크해라!"라고 지시하면 뒷 공간을 노리기 쉽다.

 지도자 MEMO
빈 공간이 있는 상황을 설정해 훈련한다. 처음에는 조언없이 진행하고 A가 공간으로 파고들 수 있는지 그리고 B와 C가 A에게 패스를 할 수 있는지를 확인한다. 응용으로 B와 C 중 한 명이 오버래핑해 공간을 파고드는 것도 좋다.

네덜란드에서 배운다

공간을 파고드는 훈련에서는 세 구역 중 한 곳을 빈 공간으로 만들거나 전환 훈련에서 공을 뺏는 상황이 연출될 수 있도록 수비를 수적 우위로 설정하는 등 코트 위에 어떻게 선수를 배치하느냐에 따라 의도한 훈련을 실시할 수 있다.

프로그램 068 | 수 → 공의 파고들기 ②

공간 파고들기
4 대 4 + 골키퍼

초급 **중급** 상급
인원: 10명
지역: 미드필드, 공격지역

● 목적
공간을 열어 파고드는 것과 이에 대응하는 훈련을 동시에 진행한다.

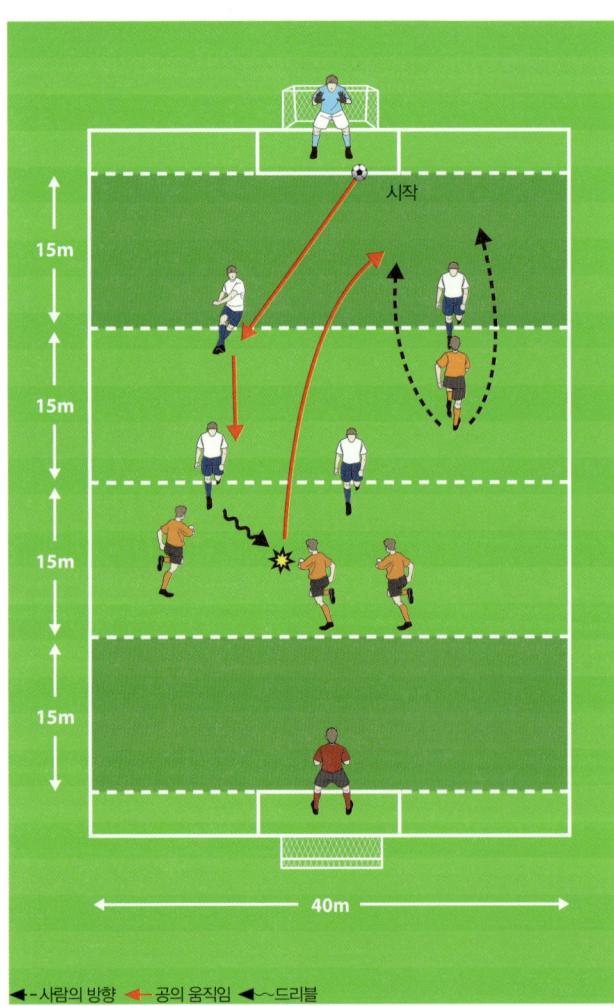

● 순서
① 그림처럼 지역을 설정한다.
② 한쪽 골키퍼부터 시작한다.
③ 상대팀 골대로 향한다.
④ 뺏은 공부터 빠르게 전환해 공간을 파고든다.

규칙
- 코너킥과 스로인 없음. 플레이가 끊기면 상대팀 골키퍼부터 시작한다.
- 양 팀이 공간을 노린다.

코칭 포인트
빈 공간이라 생각해 파고들어도 뒷선의 수비수에게 커버당하는 경우가 있다. 이 경우 빈 공간처럼 보여도 '빈 공간이 아닌 것'으로 판단해야 한다.

◀─ 사람의 방향 ◀─ 공의 움직임 ◀∼ 드리블

지도자 MEMO
공격지역이 수적 열세이므로 쉽게 돌파하지 못한다. 이럴 때는 상대팀의 수비수가 오버래핑한 틈을 노리거나, 포스트 플레이를 한 다음 파고들거나, 상대팀 수비수를 유인한 다음 다른 선수가 파고들게 하는 등의 여러 가지 방법을 생각한다.

수→공의 파고들기 ③

프로그램 069

공간 파고들기 실전형식
7 대 7 + 골키퍼

초급	중급	**상급**
인 원	16명
지 역	전 지역

● 목적
실제 사용하는 시스템에 공간을 더해 시합 중 파고드는 것을 확인한다.

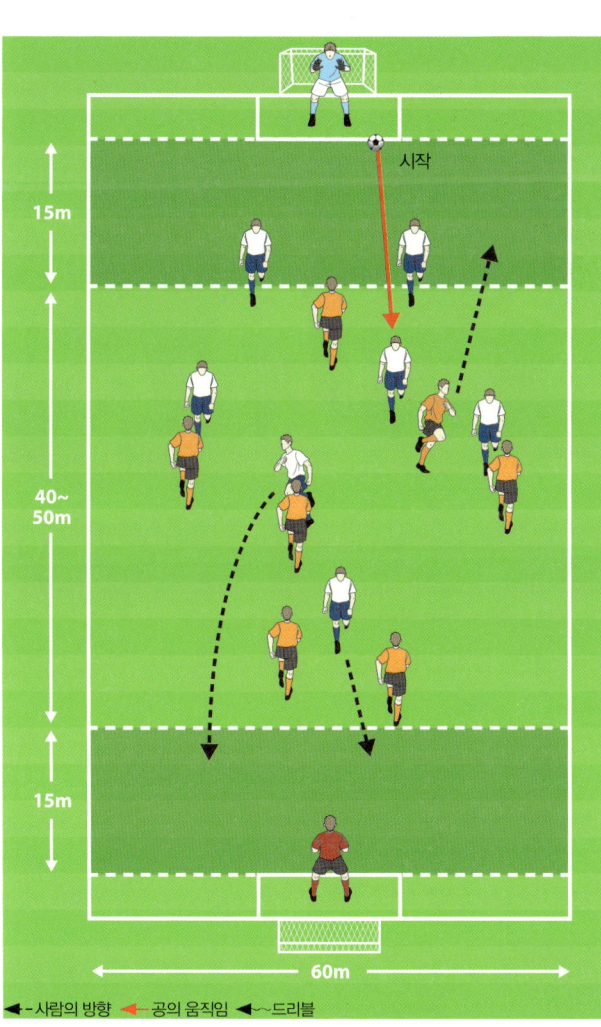

● 순서
① 그림처럼 구역을 설정한다.
② 한쪽 골키퍼부터 시작한다.
③ 서로 수비라인을 그림처럼 높은 위치에 설정한다 (그림 중앙).
④ 전환하는 순간, 빈 공간을 활용한다.

규칙
● 코너킥과 스로인 없음. 플레이가 끊기면 상대팀 골키퍼부터 시작한다.

지도자 MEMO
양 팀을 '1-2-4-1'로 만든 7 대 7이다. 포워드와 미드필더의 수가 많으므로 공간으로 파고들 수 있는 선수도 많아진다. 하지만 동시에 같은 공간으로 파고드는 경우, 제대로 공격할 수 없으므로 빈 공간을 노리는 움직임과 상대팀의 마크를 유인하는 움직임을 생각하자.

공격, 수비, 공수 전환 과제 분석

정리 》 지금까지 분석한 과제를 실전에 활용한다

➡ 게임 형식으로 종합 훈련을 한다

[체크 포인트] **실전과 유사한 형식의 미니게임으로 전술이 얼마나 녹아들었는지를 확인한다**

지금까지 축구의 기본적인 장면(공격, 수비, 공수 전환)을 소개하고, 이런 상황에서 발생하기 쉬운 문제점과 이를 개선하는 프로그램을 소개했다.

네덜란드식 전술 훈련이란, 문제가 되는 상황을 해결하는 법을 필드 위에서 재현하고 이를 반복해서 훈련함으로써 올바른 판단력을 기르는 것이다. 그러려면 스로인과 코너킥을 없애거나 수비의 반격을 금지하는 등 축구의 요소를 간소화해 구성해야 한다. 그래야 훈련 효과가 올라간다. 문제가 되는 상황을 많이 반복하는 것이 중요하기 때문이다.

그러나 훈련한 것을 시합에서 제대로 활용할 수 없다면 의미가 없다. 시합에서는 의도적으로 만든 상황에서의 훈련과는 달리 여러 가지 요소가 뒤엉켜, 시시각각 변하는 상황에 대처할 수 있는 판단력이 무엇보다 중요해진다.

그럼 이제까지 소개한 전술 훈련으로 팀 전체의 실력이 얼마나 향상되었는지 시험해볼 때가 되었다. 스로인과 코너킥도 추가해 실전과 유사한 형태로 종합 훈련을 하자. 그리고 여기서 문제가 생겼다면 분석 프로그램으로 되돌아가자.

게임 형식으로 종합 훈련을 한다 ①

프로그램 070
3구역 게임

초급 중급 **상급**
인 원: 8~16명
지 역: 전 지역

●목적
포지션을 확실하게 정해 지원과 협력 플레이의 실전감각을 기른다.

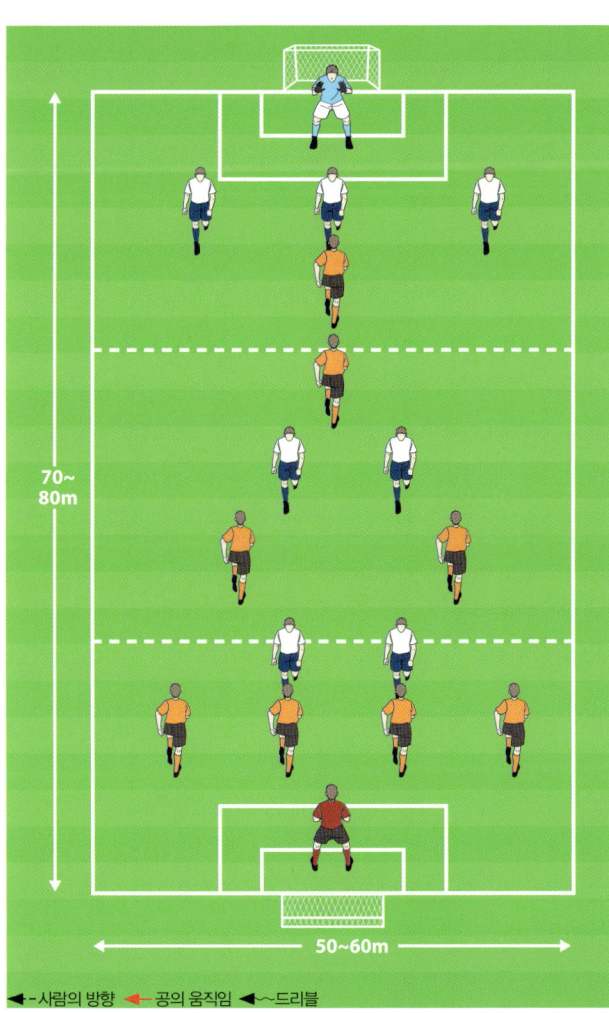

70~80m
50~60m

◀— 사람의 방향 ◀— 공의 움직임 ◀~ 드리블

●순서
① 수비수, 미드필더, 포워드의 3개 구역으로 나눈다.
② 일반적인 미니게임을 한다.
③ 한 쪽 골키퍼부터 패스한다.

규칙
- 스로인 있음. 코너킥은 있어도 없어도 상관 없음.
- 인원은 4 대 4 ~ 8 대 8 정도.
- 특별한 제한사항 없음.

응용
공식전에 나가지 못한 선수는 성장에 어려움을 겪을 수 있다. 그래서 네덜란드에서는 모든 선수에게 기회를 주기 위해 한 팀의 선수를 18명으로 제한한다. 하지만 이 경우 11 대 11의 게임을 하기 어려우므로 훈련 주제와 관계가 적은 포지션부터 생략한다.

지도자 MEMO
각 포지션의 역할을 확실히 정해 선수에게 자신이 해야 할 일을 파악시킨다. 또한 세 구역을 왕복할 수 있으므로 지원의 타이밍과 질, 수비라인 간의 협력플레이를 확인하기 쉽다.

프로그램 071 섀도 게임

게임 형식으로 종합 훈련을 한다 ②

초급 중급 **상급**
인원 몇 명이든 OK
지역 전 지역

● 목적
수비의 압박을 줄여 전체적인 공격의 흐름을 확인한다.

● 순서
① 게임형식으로 훈련한다.
② 공격 전개부터 공격의 흐름을 생각하며 속도를 높여 여러 번 반복한다.

규칙
- 스로인 있음. 코너킥은 있어도 없어도 상관 없음.
- 수비는 실력의 50% 정도만 발휘한다.

코칭 포인트
중요한 것은 템포다. 속도가 느린 것은 NG. 수비가 약한 만큼 패스, 드리블 등의 속도를 높여 빠르게 진행한다.

60~70m
50~60m

◀— 사람의 방향　◀— 공의 움직임　◀~ 드리블

지도자 MEMO
수비라인의 압박이 너무 거세 패스를 전혀 할 수 없을 때는 상대팀을 약하게 만든 섀도 게임으로 전술을 확인한다. 설치된 모형을 제치는 것과는 달리 움직이는 상대가 있어 실전과 유사한 상황을 만들 수 있다. 네덜란드에서 선호하는 방법이다.

게임 형식으로 종합 훈련을 한다 ③

프로그램 072

11 대 11 풀게임

초급 / 중급 / **상급**
인원: 22명
지역: 전 지역

● 목적

실제 사용하는 시스템으로 풀코트 게임을 하고 전술이 얼마나 녹아들었는지를 확인한다. 새로운 과제도 발견한다.

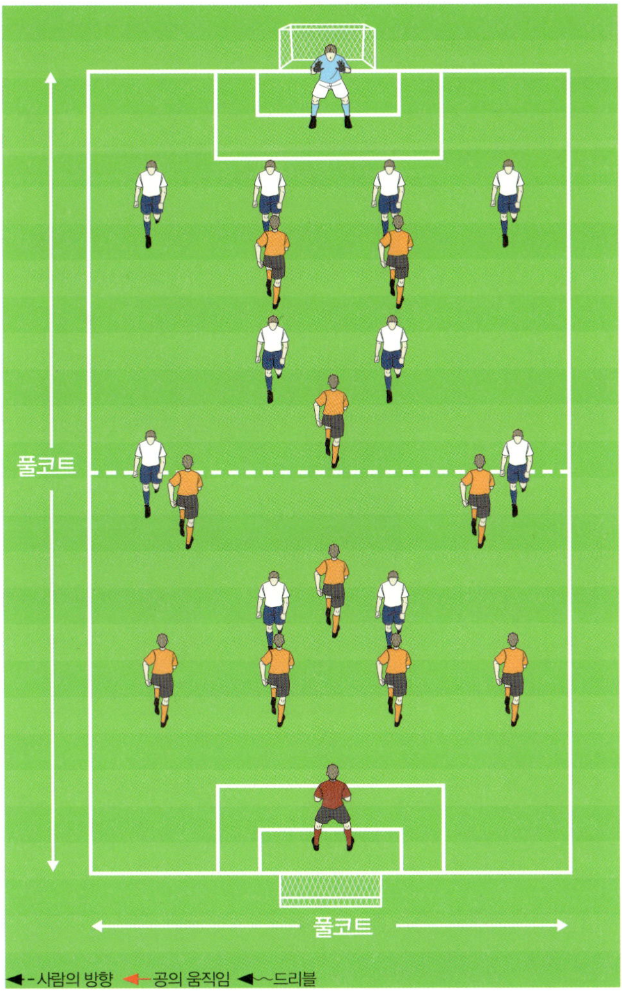

● 순서

① 실전처럼 킥오프한다.
② 양 팀의 시스템과 전술이 맞물렸을 때 발생하는 장단점이 확실하게 드러나 어디서 기회가 생기는지를 쉽게 알 수 있다.

규칙

- 공식전과 똑같은 규칙을 적용한다.
- 상대팀의 시스템을 바꾸거나 전술을 바꿔 팀을 자극한다.

◀— 사람의 방향　◀— 공의 움직임　◀∼ 드리블

지도자 MEMO 모든 요소를 실전처럼 설정한 풀코트 게임으로 문제점을 해결할 수 있는지를 확인한다. 전술 훈련은 11 대 11의 실전과 관계없는 포지션을 생략해 만들어진다. 새로운 문제점을 발견한다는 의미에서도 11 대 11이 출발점이 된다.

Column About the Soccer

하야시 마사토의 〈네덜란드에 관한 에피소드〉 ④

패스는 하는 사람이 결정하나?
받는 사람이 결정하나?

네덜란드인은 게임 중에 말이 많다

예를 들어 시합 중 A가 공을 갖고 있을 때 B가 노마크 되었다고 가정하자. 이때 패스를 결정하는 사람은 패스를 하는 A일까, 받는 B일까? 보통은 공을 차는 A쪽이 결정한다고 생각하기 쉽지만 레벨이 높은 축구에서는 실제로 B가 결정한다. A의 눈에 B가 노마크 상태라 해도, 실제로 B가 패스를 받을 수 없는 자세라면 이 패스는 이어지지 않는다. 그런데도 무리하게 A가 B에게 패스를 한다면 B는 이에 대응하지 못하거나 실수를 저지르게 될 것이다.

4 대 4의 미니게임에서도 네덜란드인은 정말 말이 많다. "패스해!"라고 지시하며 패스를 받는 B가 결정권을 쥐는 상황이 자연스럽게 연출된다.

그러나 일본인은 미니게임을 하면서도 조용하다. 패스를 하는 A가 멋대로 뒤에 패스해 놓고 "왜 안 뛰어!"라고 말하는 장면을 자주 볼 수 있다. 빈 공간이 있으니 공을 보낸다는 생각은 전혀 전술적이지 않다.

공을 받는 B가 "뒤로 줘!"라고 지시하고 A가 패스를 하면 패스의 성공률은 훨씬 높아진다. 패스를 받는 쪽을 중심으로 커뮤니케이션한다는 점을 꼭 기억하자.

[네덜란드에서 배운다]
전술적인 의도가 요구되는 쪽은 패스를 받는 쪽이다.

제6장

상대팀 분석을 통해 이끌어낸 실전대책 프로그램

자신의 팀을 분석해 약점을 보강했다면 실전에 돌입해야 한다.
반대로 상대팀을 분석했다면 약점을 노리고 장점을 살리지 못하도록 해야 한다.
이제부터는 상대팀에게서 자주 볼 수 있는 패턴을 소개하겠다.
시합에서 맞붙을 것을 염두에 두고 훈련하자.

네덜란드 축구 기초지도 이론 〈실전편〉

6장 : 상대팀 분석으로 도출한 실전 대책 프로그램
취급설명서

1》 상대팀의 약점을 파악하고 강점인 플레이를 차단하는 훈련 프로그램

3~5장에서는 팀 분석으로 알게 된 문제점을 개선하기 위한 방법을 소개했다. 이번 6장에서는 대전 상대가 되는 팀을 분석하고 그에 대처할 수 있는 실전적인 대책 훈련을 소개한다. 대책 훈련이기 때문에 당연히 상대팀의 시합을 보고 분석해야 한다.
이 장은 상대팀을 분석함으로써 알게 된, 일어나기 쉽고 있을 법한 상황을 예로 들었다. 거듭 말하지만 프로그램대로만 훈련하지 말고 이를 참고해 팀에 적합한 프로그램을 찾기 바란다.

| 상대팀의
특징을 분석해
파악한다 | ● 긴 패스가 많다
● 패스워크가 뛰어나다
● 압박이 빠르다 | ● 운동량이 많다
● 한쪽 측면이 강하다
● 뒤로 물러나 수비를 탄탄히 한다 |

2》 상대팀의 플레이에 따라 상황을 만든다

긴 패스를 많이 사용하는 팀에 대한 대책을 세울 때는, 훈련을 할 때 상대팀의 역할을 하는 팀에게 똑같이 긴 패스 전술을 주문한다. 같은 프로그램이라 해도 실제 상대할 상대팀이 구사하는 축구와 무관한 전술을 다루는 팀과의 대책훈련은, 막상 시합에 나가 플레이해야 하는 선수에게 익숙지 않은 상황을 해결해야 하는 과제를 안겨줄 수 있다.

상대팀을 이해하면 구체적인 대책을 세울 수 있다.

 상대팀 역할을 하는 팀
 훈련하는 팀

상대팀을 따라할 때는 시스템은 물론 어느 측면을 많이 활용하는지, 타깃은 누군지 등을 자세하게 재현하면 시합에서 일어날 수 있는 상황을 만들 수 있다.

3>> 어떤 선수가 중요한가?

상대팀에는 반드시 시합의 흐름을 주도하는 선수가 있다. 이 선수의 움직임을 집중적으로 연구해 필요 없는 요소를 생략한다. 그러면 프로그램을 이해하기 쉽고 간단하게 만들 수 있다.

긴 패스를 자주 활용하는 팀에 대한 대책을 세울 때 반드시 갖춰야 할 요소가 있다. 바로 긴 패스를 하는 선수, 그 패스를 받는 선수, 이를 지원하는 같은 팀의 선수다. 그 이외의 선수는 별로 중요하지 않다. 긴 패스를 하면 미드필더를 전부 건너뛰기 때문에 인원에 따라 생략해도 상관없다.

이러한 포인트를 이해하면 프로그램을 여러 가지로 생각할 수 있다. 이 책에서 소개한 것을 충실하게 따를 필요는 없다. 의도와 본질을 파악하는 것이 전술 훈련에서 가장 중요한 일이다. 이 장에 소개된 프로그램의 레벨이 높다는 생각이 들면 각 프로그램에 소개된 병용 프로그램을 먼저 실행하기 바란다.

긴 패스를 차단하는 프로그램에서는 미드필더를 생략할 수 있다

4>> 상대팀을 파악해 팀의 특징을 살린다

"상대팀이 어떻게 나오든 우리는 우리의 축구를 할 것입니다."
프로 선수의 시합 전 인터뷰를 보면 위와 같이 대답하는 것을 자주 볼 수 있다. 물론 일관되게 팀의 스타일대로 플레이하는 것이 승리를 위한 길이라면 그보다 더 좋은 방법은 없다. 그러나 축구는 90분 동안 상대팀과 싸워야 하는 게임이다. 상대팀의 장점을 봉쇄할 수 있다면 팀의 특징을 살리기 쉬워진다. 2006년 독일 월드컵에서 히딩크 감독이 이끈 호주 대표팀이 일본 대표팀에 역전한 시합이 좋은 예다(192페이지 참조).

'적을 알고 나를 알면 백전백승'이라는 고사성어도 있지 않은가. 어떤 시합이든 팀의 장점을 충분히 발휘할 수 있도록 대전할 팀의 특징을 자세하게 분석하는 것이 지도자의 중요한 역할이다.

대전한 적이 없는 팀과 시합하는 경우에도 선수가 '이런 스타일의 선수에게는 이런 방법이 좋다.'라고 시합 중에 스스로 판단할 수 있도록 평소 대책법을 훈련시켜야 한다는 것을 명심하자.

상대팀 분석을 통해 이끌어낸 실전 대책 프로그램 : 수비편

CASE 1>> 긴 패스를 많이 활용하는 팀과는 어떻게 싸울 것인가?

상대팀은 미드필드를 건너뛰는 긴 패스를 활용해 포스트 플레이로 공격의 기점을 만드는 팀이다. 흘러나오는 공을 미드필더가 재빨리 잡는 타이밍으로 공격한다.

상대팀 분석을 통해 이끌어낸 실전 대책 프로그램 : 수비편 ①

프로그램 073

지역별로 4 대 4 + 골키퍼

초급 중급 상급
인원 10명

병용 예
프로그램 028 프로그램 031 프로그램 034 프로그램 046
프로그램 052

● 목적
긴 패스로 공격할 때 방어하는 기본을 훈련한다.

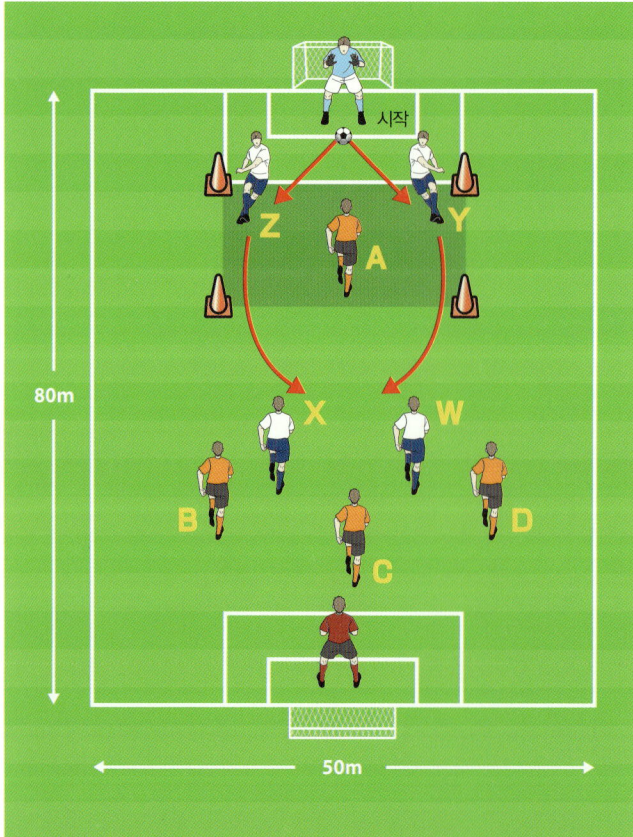

● 순서
① 그림처럼 지역을 만든다.
② 상대팀 골키퍼부터 시작한다.
③ Z와 Y는 지역 안에서 공을 지키고 전방에 긴 패스를 한다. A는 압박을 가해 이를 막는다.
④ X와 W는 긴 패스에서 슈팅을 노린다. B, C, D는 이를 막는다. 직접 긴 패스를 가로채는 것은 좋다.

규칙
● 흰색 팀(공격)은 긴 패스를 중심으로 공격한다.
● 터치 수 제한 없음.
● 코너킥과 스로인 없음.
● 플레이가 끊기면 상대팀 골키퍼부터 다시 시작한다.

◀— 사람의 방향 ◀— 공의 움직임 ◀∼∼ 드리블

지도자 MEMO 긴 패스를 할 때 누가 몸싸움을 하고 누가 흘러나온 공을 잡을까? 두 선수가 동시에 공을 쫓으면 다른 선수가 노마크될 수 있다. 누가 몸싸움으로 패스를 받고 누가 흘러나온 공을 잡을 것인지를 확실하게 정하자.

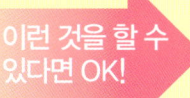

- 압박을 가해 긴 패스를 정확하게 하지 못하도록 한다
- 공이 떨어지는 지점 주변을 촘촘히 수비한다
- 수비진의 위치 선정에 주의한다(몸싸움과 커버)
- 퍼스트볼(긴 패스)을 따낸다
- 흘러나온 공을 잡는다
- 상대팀 미드필더의 지원을 예상하며 대처한다
- 골키퍼, 수비수, 미드필더 간에 커뮤니케이션을 한다
- 골키퍼는 수비라인 뒷 공간을 커버한다

이런 것을 할 수 있다면 OK!

상대팀 분석을 통해 이끌어낸 실전 대책 프로그램 : 수비편 ②

지역별로 7 대 8 + 골키퍼

초급 / **중급** / 상급

인 원 17명

병용 예

● 목적

시합과 유사한 상황에서 긴 패스 대책 훈련을 한다.

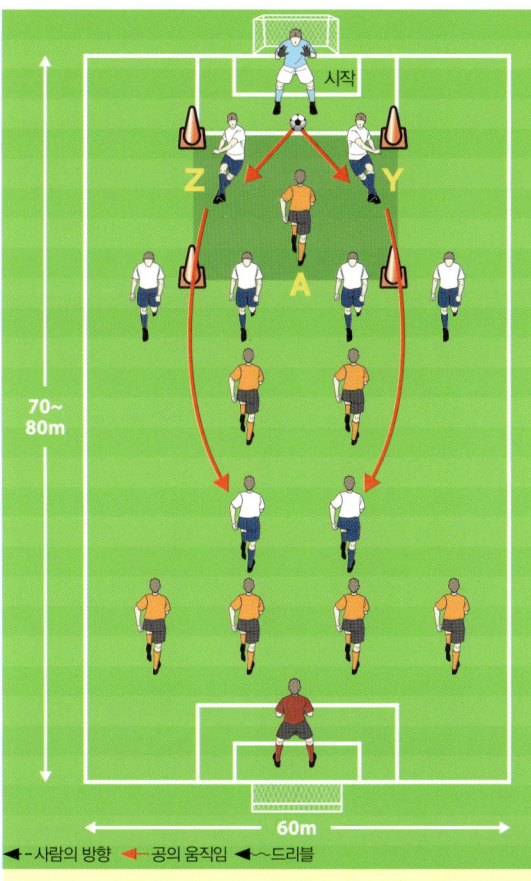

70~80m
60m
◀ ―사람의 방향 ◀― 공의 움직임 ◀∼드리블

● 순서

① 그림처럼 지역을 만든다.
② 상대팀 골키퍼부터 시작한다.
③ Z와 Y는 지역 안에서 공을 지키고 전방에 길게 패스한다. A는 압박을 가해 이를 막는다.
④ 공격은 슈팅을 노리고 수비는 이를 막는다.

규칙

- 흰색 팀(공격)은 긴 패스를 중심으로 공격한다.
- 터치 수 제한 없음.
- 코너킥과 스로인 없음.
- 플레이가 끊기면 상대팀 골키퍼부터 다시 시작한다.

응용

이 그림은 양 팀 모두 1-4-4-2의 박스형 시스템을 활용하는 경우를 나타낸다. 상대팀이 스리톱 또는 미드필드가 다이아몬드형이라면 그에 맞게 배치해야 한다.

흘러나온 공을 잡는 것도 중요하지만 항상 성공할 수 있는 것은 아니다. 상대팀이 흘러나온 공을 잡는 때도 있으니 몸싸움한 선수나 주변 선수들도 바로 수비할 수 있도록 한다.

상대팀 분석을 통해 이끌어낸 실전 대책 프로그램 : 수비편

CASE 2 >> 운동량이 많은 팀과는 어떻게 싸울 것인가?

전체적으로 운동량이 많아 패스&고(Pass and go: A가 B에게 패스한 후 빈 공간을 침투해 들어가면 패스를 받은 B가 A에게 다시 패스하는 전술)나 오프 더 볼 (Off the ball: 공을 소유하지 않았을 때 활발하게 움직이는 것)로 수비를 교란시키며 공격하는 팀과의 대전이다. 대인방어로 수비해도 빈 공간에 상대팀 선수가 점점 침투한다.

프로그램 075

상대팀 분석을 통해 이끌어낸 실전 대책 프로그램 : 수비편 ③

골대 공 지키기
4 대 4 + 2 프리맨

초급 / 중급 / 상급
인원 10명

병용 예: 프로그램 037 / 프로그램 043 / 프로그램 046

● **목적**

움직임이 많은 팀을 방어하는 기본을 훈련한다.

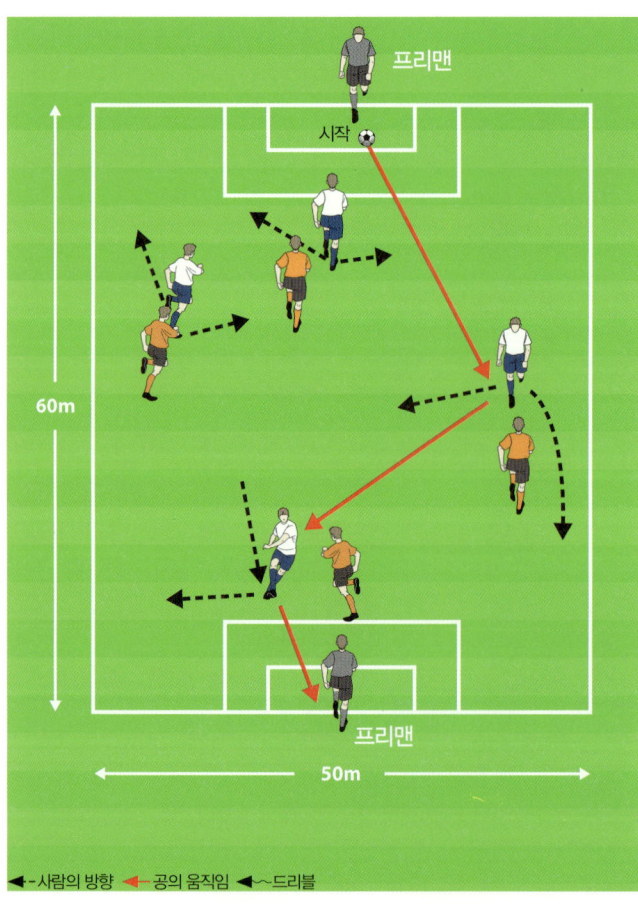

● **순서**

① 둘 중 한쪽의 프리맨부터 시작한다.
② 공격은 패스를 돌리며 공을 골대로 가져간다.
③ 수비는 압박해 막는다.

규칙

● 터치 수 제한 없음.
● 오프사이드 없음.
● 코너킥, 스로인 없음.
● 플레이가 끊기면 상대팀부터 시작한다.

 지도자 MEMO

움직임이 많은 팀을 방어하는 훈련이므로 흰색 팀이 포지션을 고정한 채 패스를 돌리며 공을 지키면 제대로 훈련이 되지 않는다. 흰색 팀은 종횡무진 움직이며 의식적으로 대전할 팀의 특징을 내보이는 플레이를 한다.

이런 것을 할 수 있다면 OK!

- 지역방어를 한다
- 선수의 움직임을 쫓지 말고 공의 움직임에 맞춰 수비한다
- 포지션 간의 균형을 지킨다
- 마크를 다른 선수에게 맡긴다
- 커버를 의식한다
- 공을 뺏을 곳을 확실하게 정한다
- 골키퍼, 수비수, 미드필더 간에 커뮤니케이션을 한다

상대팀 분석을 통해 이끌어낸 실전 대책 프로그램 : 수비편 ④

프로그램 076

게임형식
7 대 7 + 골키퍼

초급 **중급** 상급

인 원 16명

병용 예
프로그램 038 프로그램 039 프로그램 044 프로그램 045
프로그램 047 프로그램 048

● 목적
시합과 유사한 상황에서 지역방어를 한다.

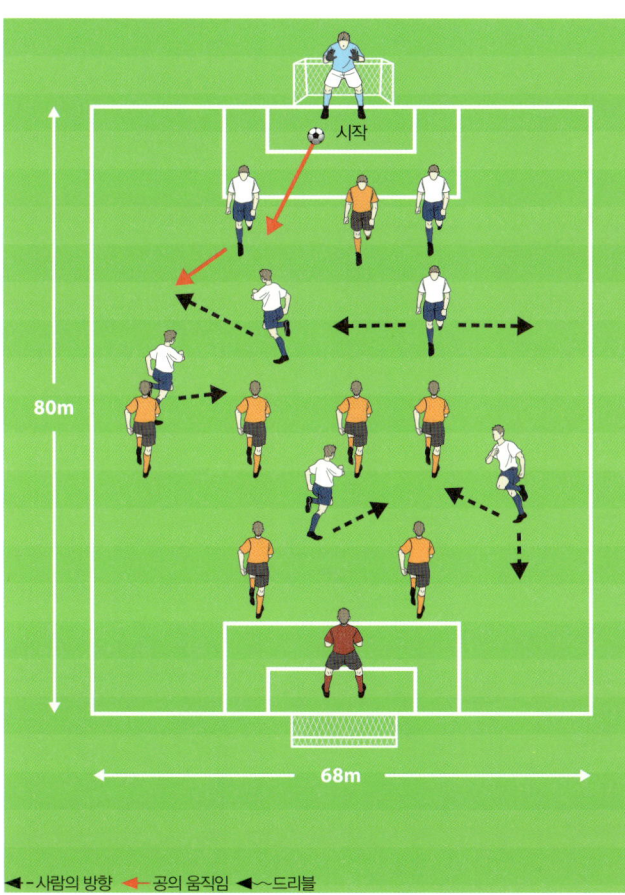

● 순서
① 상대팀 골키퍼부터 시작한다.
② 일반적인 게임형식으로 진행한다.

규칙
- 터치 수 제한 없음.
- 코너킥, 스로인 없음.
- 플레이가 끊기면 상대팀 골키퍼부터 시작한다.

지도자 MEMO 운동량이 많은 팀을 대인방어로 쫓다 보면 쉽게 지친다. 선수만 쫓지 말고 지역방어로 시스템의 균형을 유지하자.

◀ - 사람의 방향 ◀ 공의 움직임 ◀～드리블

상대팀 분석을 통해 이끌어낸 실전 대책 프로그램 : 수비편

CASE 3>> 패스워크가 강한 팀과는 어떻게 싸울 것인가?

선수보다는 공을 많이 움직이는 팀에 대한 대책이다.
아무 생각 없이 공을 쫓으면 패스워크에 농락당하고 만다.
운동량도 패스워크도 좋은 팀이 상대인 경우, 어느 쪽에 더 중점을 두고 시합하는지 분석하자.

프로그램 077

상대팀 분석을 통해 이끌어낸 실전 대책 프로그램 : 수비편 ⑤

게임 형식
5 대 5 + 골키퍼

초급 / 중급 / 상급
인원 : 12명

병용 예
프로그램 031
프로그램 037
프로그램 040
프로그램 043
프로그램 046

● 목적
패스워크가 강한 팀을 방어하는 기본 방법을 훈련한다.

● 순서
①상대팀 골키퍼부터 시작한다.
②일반적인 게임형식으로 실시한다.

규칙
● 터치 수 제한 없음.
● 코너킥, 스로인 없음.
● 플레이가 끊기면 상대팀 골키퍼부터 시작한다.

지도자 MEMO
공격은 포지션을 바꾸지 말고 패스워크로 수비를 무너뜨리도록 지시한다. 상대팀을 움직이게 하는 것은 전술 트레이닝의 중요 포인트다. 이때도 팀원이 스스로 생각할 수 있도록 아무 것도 가르치지 않는다.

이런 것을 할 수 있다면 OK!

- ☐ 촘촘히 위치를 선정한다
- ☐ 패스를 못하게 한다(대인방어도 좋다)
- ☐ 커뮤니케이션을 한다
- ☐ 패스할 곳을 예상해 움직인다
- ☐ 공을 뺏을 곳을 확실하게 정한다
- ☐ 커버에 신경 쓴다

상대팀 분석을 통해 이끌어낸 실전 대책 프로그램 : 수비편 ⑥

프로그램 078

게임 형식
8 대 8 + 골키퍼

초급 / **중급** / 상급

인 원 : 18명

병용 예
| 프로그램 033 | 프로그램 039 | 프로그램 041 | 프로그램 042 |
| 프로그램 044 | 프로그램 045 | 프로그램 047 | 프로그램 048 |

● 목적
실전을 바탕으로 한 시스템을 짜고 난이도를 높여 훈련한다.

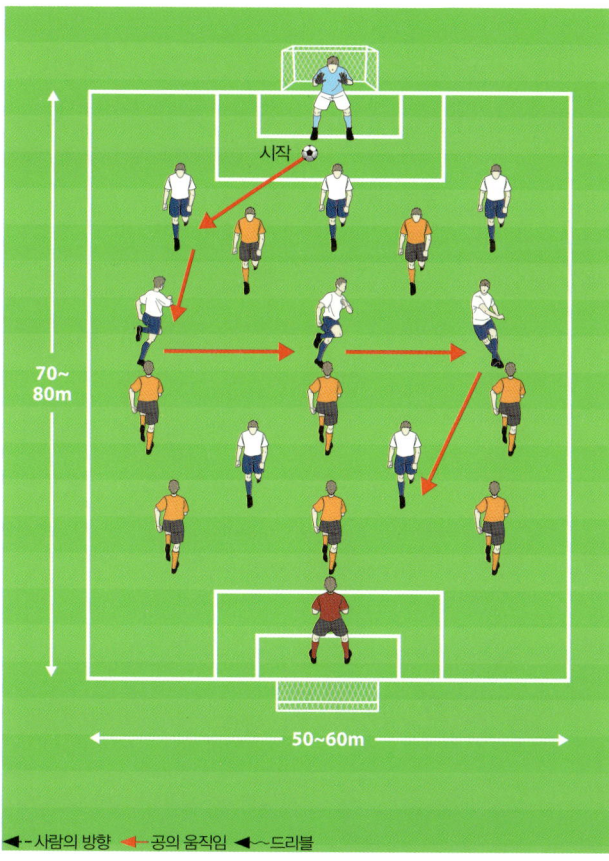

● 순서
① 상대팀 골키퍼부터 시작한다.
② 일반적인 게임형식으로 실시한다.

규칙
- 터치 수 제한 없음.
- 코너킥, 스로인 없음.
- 플레이가 끊기면 상대팀 골키퍼부터 시작한다.

지도자 MEMO
패스워크가 좋은 팀이므로 대인방어로도 수비하기 쉽다. 지역방어는 지역 간에 생기는 틈새로 패스할 수 있다. 패스하는 것을 기다렸다가 막는 것보다는 패스 코스를 예측해 차단하는 것이 좋다.

◀— 사람의 방향   ◀— 공의 움직임   ◀〜 드리블

상대팀 분석을 통해 이끌어낸 실전 대책 프로그램 : 수비편

CASE 4 >> 한쪽 측면이 강한 팀과는 어떻게 싸울 것인가?

로번이나 메시처럼 드리블을 잘하는 윙어가 있어 한쪽 측면이 강한 팀과 맞붙었을 때의 대책이다. 그냥 두면 1 대 1에서 돌파당하기 쉬우니 이런 상황이 생기지 않는 수비법을 구사해야 한다.

프로그램 079 — 상대팀 분석을 통해 이끌어낸 실전 대책 프로그램 : 수비편 ⑦

게임 형식
6 대 6 + 골키퍼

난이도: 초급 / **중급** / 상급
인원: 14명

병용 예: 프로그램 028 / 031 / 034 / 043 / 046

● 목적
특정 측면이 강한 팀을 방어하는 기본 방법을 훈련한다.

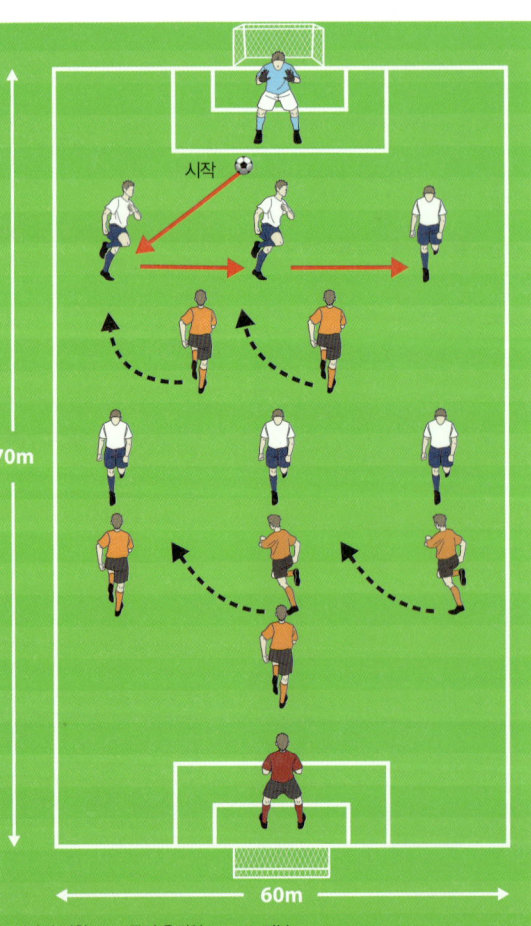

● 순서
① 상대팀 골키퍼부터 시작한다.
② 일반적인 게임형식으로 한다.

규칙
● 터치 수 제한 없음.
● 코너킥, 스로인 없음.
● 플레이가 끊기면 상대팀 골키퍼부터 시작한다.

응용
공격은 특정 측면을 중점적으로 공격하도록 하고 대책을 훈련해야 하는 수비에는 아무 지시도 내리지 않는다. 그리고 공격의 의도대로 특정 측면이 무너지면 "지금 당하고 있지 않니?", "발이 빠른 선수에게 공이 가지 않도록 하는 건 어떨까?"라며 약간의 힌트가 담긴 질문을 던진다.

 지도자 MEMO
상대팀이 어느 특정한 곳에서 강하다면 그쪽으로 공이 가지 않도록 하는 것이 포인트다. 상대팀의 오른쪽 측면에 드리블이 빠른 선수가 있으면 원 사이드 컷(One side cut, 상대가 직접 슈팅이나 원활하게 패스할 수 있는 방향을 제한시키는 수비)으로 오른쪽 측면을 막아 상대팀을 왼쪽 측면으로 몰아넣는다. 처음부터 공을 갖지 못하도록 막는 것이 좋다.

◀— 사람의 방향   ◀— 공의 움직임   ◁〜 드리블

> 이런 것을 할 수 있다면 OK!
> ☐ 한쪽 측면(또는 중앙)을 통과하지 못하게 막는다
> ☐ 커뮤니케이션을 한다
> ☐ 수비는 협력플레이(포워드부터 코스를 한정)를 한다
> ☐ 팀 전체가 공을 뺏는 타이밍을 맞춘다
> ☐ 상대팀이 공을 갖게 되면 탄탄히 수비한다
> ☐ 돌파당할 것 같으면 파울로 저지한다

프로그램 080

상대팀 분석을 통해 이끌어낸 실전 대책 프로그램 : 수비편 ⑧

게임 형식 8 대 8 + 골키퍼

초급 　중급 　상급
인원 18명

병용 예
프로그램 030 　프로그램 033 　프로그램 036 　프로그램 045
프로그램 048

● 목적
시합과 유사한 상황에서 상대팀이 강한 측면을 활용하지 못하도록 수비한다.

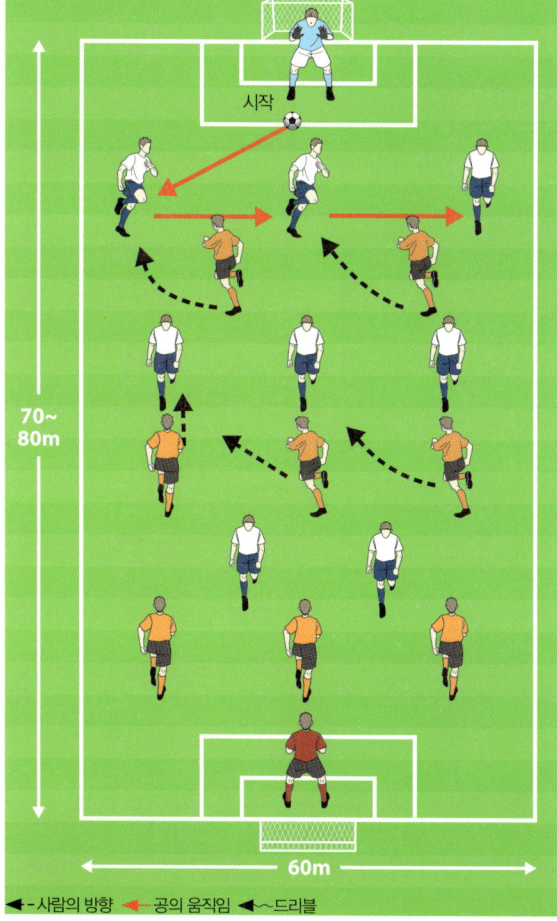

● 순서
① 상대팀 골키퍼부터 시작한다.
② 일반적인 게임형식으로 한다.

규칙
● 터치 수 제한 없음.
● 코너킥, 스로인 없음.
● 플레이가 끊기면 상대팀 골키퍼부터 시작한다.

코칭 포인트
이는 시합 중에 계속해서 성공할 수 있는 방법은 아니다. 특별히 주의해야 할 선수가 공을 갖게 되면 카드를 받지 않을 정도로 파울해 플레이를 중단시키는 것도 필요하다.

지도자 MEMO
강한 측면에 공이 가지 않도록 하는 대책이지만, 상대팀에게 약한 측면이 있다면 그쪽으로 공이 가도록 하는 방법도 있다. 네덜란드인은 이런 전술에 상당히 뛰어나며 시합 중에도 "저 선수에게 공이 가게 해!"라는 소리가 자주 들린다. 이 상황을 얼마나 빨리 인지하는지, 얼마나 빨리 대응하는지가 관건이다.

상대팀 분석을 통해 이끌어낸 실전 대책 프로그램 : 공격편

CASE 5>> 압박이 빠른 팀과는 어떻게 싸울 것인가?

처음부터 압박해오는 팀과 싸울 때의 대책이다. 상대팀의 전선이 수비진과 연동해 빠르게 압박하므로 당황하여 급하게 패스하면 인터셉트를 당하는 등, 실수가 늘어 위험을 초래하고 만다.

상대팀 분석을 통해 이끌어낸 실전 대책 프로그램 : 공격편 ①

프로그램 081

코트 이동식
3 대 2 ↔ 3 대 2

| 초급 | 중급 | 상급 |

인 원 8명

병용 예
프로그램 001 / 프로그램 004 / 프로그램 007 / 프로그램 013 / 프로그램 067

● 목적
압박이 빠른 팀을 상대할 때 공격하는 기본을 훈련한다.

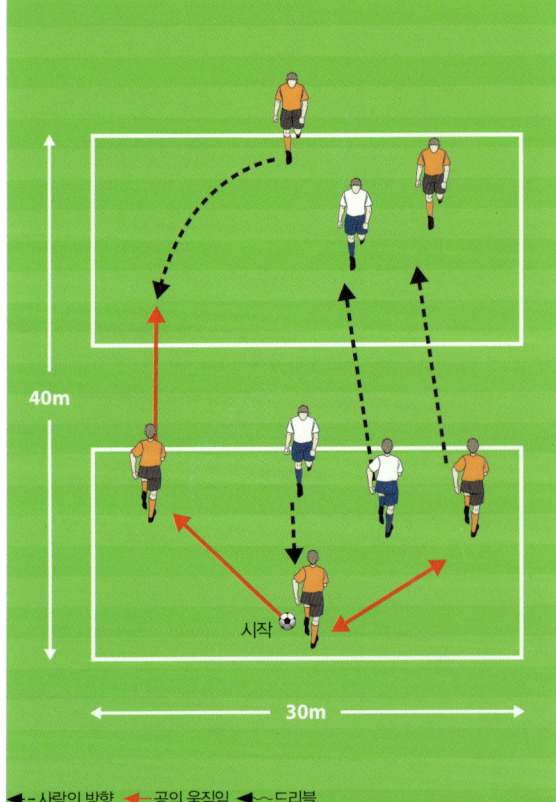

● 순서
① 한쪽 코트에서 3 대 2로 플레이하고, 반대쪽 코트는 2 대 1 상태로 대기한다.
② 코트를 건너 패스한다.
③ 패스와 동시에 양 팀의 한 선수씩 코트를 이동하며 지원과 압박을 한다.
④ 패스를 돌리며 코트 이동을 반복한다.
⑤ 수비는 항상 전력으로 압박한다.

규칙
● 터치 수 제한 없음.
● 코너킥, 스로인 없음.
● 3번 왕복하면 1점.

응용
위험 관리를 할 수 있도록 하고 싶다면 양쪽에 미니 골대를 설치해 수비가 공을 뺏으면 그것을 노리도록 한다. 공격은 실전과 같이 뺏겼을 때를 생각하면서 패스를 돌릴 필요가 있다.

◀— 사람의 방향 ◀— 공의 움직임 ◀~드리블

지도자 MEMO 중요한 것은 당황하지 않고 정확하게 패스하는 것이다. 상대팀의 압박이 강하므로 패스 코스를 지원해도 바로 차단당한다. 이때 항상 삼각형으로 위치 선정을 하면 한쪽이 차단당해도 다른 쪽을 활용할 수 있다.

> 이런 것을 할 수 있다면 OK!
> - ☐ 침착하게 플레이한다
> - ☐ 패스의 질을 높인다
> - ☐ 패스 코스가 여럿 생기는 삼각형으로 위치를 선정한다
> - ☐ 뒷 공간을 노린다
> - ☐ 상대팀이 압박하면 커버로 위험을 피한다
> - ☐ 1 대 1에서 제칠 수 있으면 제친다

 상대팀 분석을 통해 이끌어낸 실전 대책 프로그램 : 공격편 ②

프로그램 082

7 대 6 + 골키퍼

초급 / **중급** / 상급
인 원 15명

병용 예
 프로그램 002 프로그램 003 프로그램 005 프로그램 006
프로그램 008 프로그램 009 프로그램 015 프로그램 069

● 목적
시합과 유사한 상황에서 여러 선수의 빠른 압박에 대응한다.

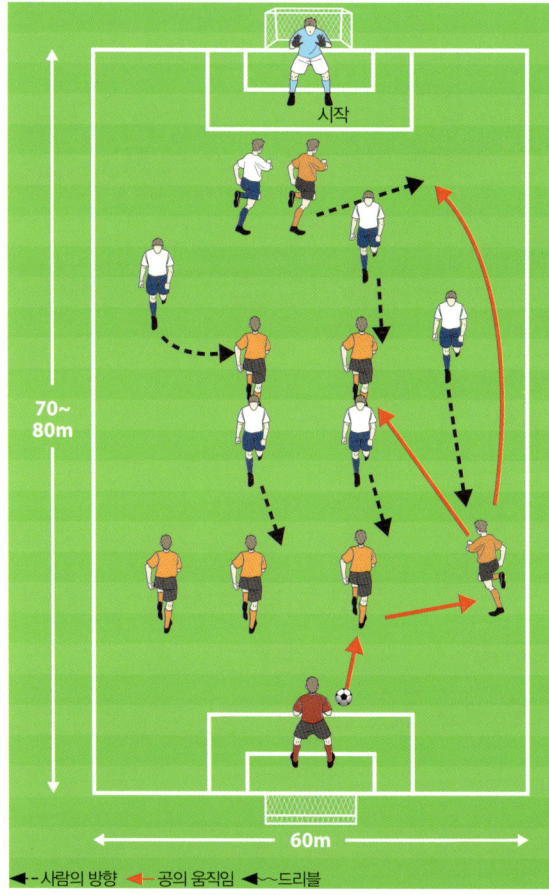

시작
70~80m
60m
◀─ 사람의 방향   ◀── 공의 움직임   ◀~~ 드리블

● 순서
① 골키퍼부터 시작한다.
② 일반적인 게임형식으로 진행한다.
③ 수비는 항상 전력으로 압박한다.

규칙
- 터치 수 제한 없음.
- 코너킥, 스로인 없음.
- 플레이가 끊기면 상대팀 골키퍼부터 시작한다.

응용
상대팀이 전력으로 압박할 때는 측면 미드필더가 풀백을 압박할 때가 많으므로 그림과 같은 형태로 설정한다. 실제 상대팀에 맞춰 배치하면 된다.

 지도자 MEMO
압박이 빠른 팀이라고 해도 기본적으로 수비라인이 수적 우위이므로 한 명이 많은 형태다. 혹시 같은 인원으로 압박해 온다면 포워드에게 빠르게 패스해 대결하게 하는 것이 좋다. 뒷 공간이 비어 있다면 그곳을 활용해 위험을 피할 수도 있다.

상대팀 분석을 통해 이끌어낸 실전 대책 프로그램 : 공격편

CASE 6 》 수비 진영으로 내려가 수비에 치중하는 팀과는 어떻게 싸울 것인가?

적극적으로 공을 쫓지 않고 수비 진영으로 내려가 수비를 견고히 한 다음 압박하는 팀과 대전할 때의 대책이다. 실력이 떨어지는 팀이 자주 사용하는 전술이며 공간이 없어 공격지역에서 공격하기 어렵다.

상대팀 분석을 통해 이끌어낸 실전 대책 프로그램 : 공격편 ③

프로그램 083

게임형식
6 대 6 + 골키퍼

초급 / 중급 / 상급
인원 14명

병용 예
프로그램 010 / 프로그램 016 / 프로그램 019 / 프로그램 022
프로그램 025 / 프로그램 061

● 목적

수비 진영에서 수비에 치중하는 팀을 공략하는 기본을 훈련한다.

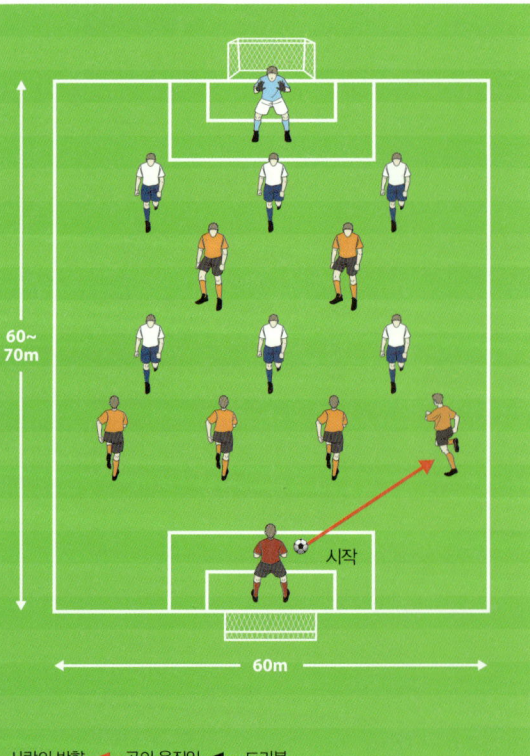

60~70m
60m

◀ - 사람의 방향　◀ - 공의 움직임　◀~ 드리블

● 순서

① 골키퍼부터 시작한다.
② 일반적인 게임형식으로 진행한다.
③ 수비는 항상 전력으로 압박한다.

규칙

- 터치 수 제한 없음.
- 코너킥, 스로인 없음.
- 플레이가 끊기면 상대팀 골키퍼부터 시작한다.

지도자 MEMO
상대팀이 수비를 강화하게 되므로 우선 공을 측면으로 보내 수비라인이 옆으로 퍼지게 한 다음 빈 공간을 활용한다. 상대팀이 모든 공간을 커버할 수 없으므로 반드시 빈 공간이 생긴다. 이곳을 노리자.

이런 것을 할 수 있다면 OK!
- ☐ 패스의 질과 속도를 높인다
- ☐ 측면 공격을 한다
- ☐ 공간을 판단해 파고든다
- ☐ 비어 있는 죽은 공간을 파악한다
- ☐ 파워플레이를 한다
- ☐ 압박하는 타이밍으로 리듬을 조절한다
- ☐ 미들슛을 한다

프로그램 084

상대팀 분석을 통해 이끌어낸 실전 대책 프로그램 : 공격편 ④

게임형식
8 대 8 + 골키퍼

초급 / 중급 / 상급
인원 18명

병용 예
프로그램 012 / 018 / 020 / 021
프로그램 023 / 024 / 027 / 063

● 목적
시합과 유사한 상황에서 내려간 수비 진영을 무너뜨리는 실전훈련을 한다.

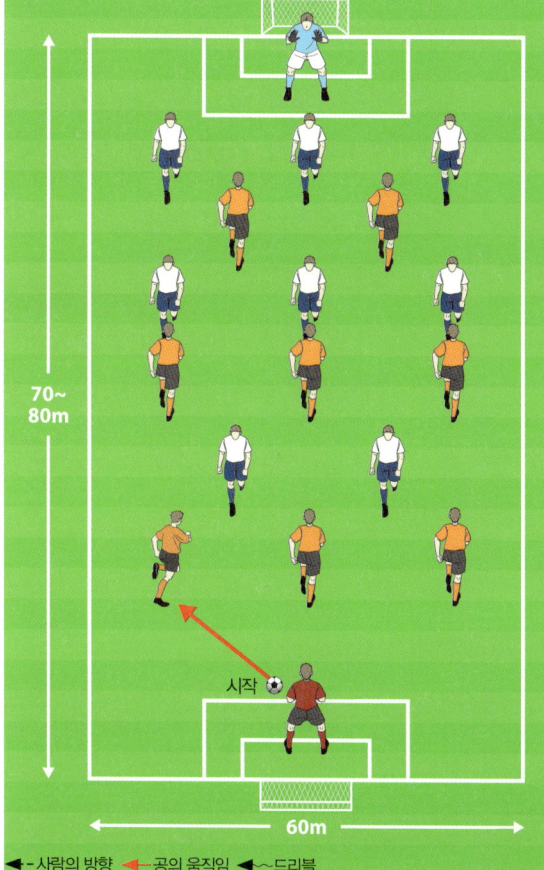

70~80m
60m
시작
◀- 사람의 방향 ◀- 공의 움직임 ◀~ 드리블

● 순서
① 골키퍼부터 시작한다.
② 일반적인 게임형식으로 진행한다.
③ 수비는 항상 전력으로 압박한다.

규칙
- 터치 수 제한 없음.
- 코너킥, 스로인 없음.
- 플레이가 끊기면 상대팀 골키퍼부터 시작한다.

응용
상대팀이 수비 진영으로 내려가 수비하는 것이 전제이므로 상대팀의 수비라인과 수비형 미드필더가 반드시 필요하다. 배치하는 방법은 상대팀의 시스템에 맞춘다.

지도자 MEMO

선수 간의 거리를 좁혀 수비하는 경우는 수정도 빨라 패스 속도가 느리면 절대로 무너뜨릴 수 없다. 필요하다면 공을 전방으로 보내는 파워플레이와 미들슛을 노리는 것이 좋다. 네덜란드 대표팀도 상대팀이 뒤로 물러나 수비할 때가 많아 이런 훈련을 자주 한다.

상대팀 분석을 통해 이끌어낸 실전 대책 프로그램 : 공격편

CASE 7>> 지고 있는 상황에서 꼭 이겨야만 할 때, 어떻게 싸울 것인가?

이는 상대팀 분석이라기보다는, 우승이 걸려 있거나
지면 떨어지는 토너먼트 시합에서 반드시 이겨야 할 때의 대책이다.
0-1로 지고 있는 상황과 같이 단시간에 골을 해 승리하고 싶을 때 사용한다.

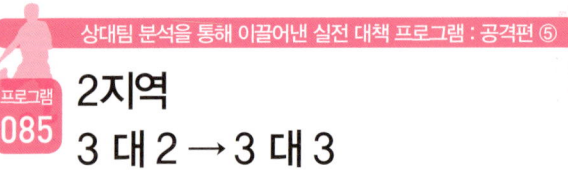

상대팀 분석을 통해 이끌어낸 실전 대책 프로그램 : 공격편 ⑤

프로그램 085

2지역
3 대 2 → 3 대 3

| 초급 | 중급 | 상급 |

인 원 : 12명

병용 예
프로그램 016 프로그램 019 프로그램 022 프로그램 025
프로그램 049

●목적
시합에서 이겨야 할 때 공격하는 방법을 훈련한다.

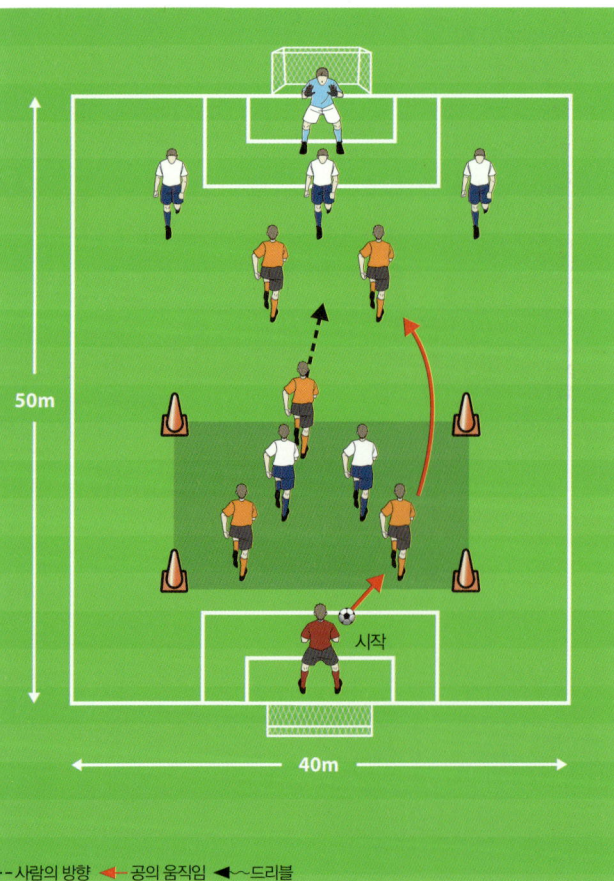

●순서
① 그림처럼 지역을 만든다.
② 골키퍼부터 시작한다.
③ 지역 안에서 3 대 2로 공을 지킨다.
④ 수비는 항상 전력으로 압박한다. 빠르게 골대로 향한다.

규칙
● 터치 수 제한 없음.
● 코너킥, 스로인 없음.
● 플레이가 끊기면 상대팀 골키퍼부터 시작한다.

 지도자 MEMO 득점이 필요한 상황이므로 공을 포워드에게 바로 보내 빨리 슈팅하는 것이 좋다. 3 대 2의 상황에서 미드필더를 두고 수비수 역할, 포워드를 지원하는 역할, 타깃맨과 같은 실전 시합의 역할을 주고 배치한다.

> □ 파워플레이를 한다
> □ 패스의 질을 높인다
> □ 지원을 의식한다
> □ 흘러나온 공을 잡는다
> □ 재빨리 골대를 향해 공격한다
> □ 공을 뺏겼을 때 위험 상황을 관리한다
> □ 공수 전환의 속도를 높인다

이런 것을 할 수 있다면 OK!

프로그램 086

상대팀 분석을 통해 이끌어낸 실전 대책 프로그램 : 공격편 ⑥

2구역
3 대 2 → 6 대 6 + 골키퍼

초급 / 중급 / 상급
인원: 19명

병용 예
프로그램 018 / 021 / 023 / 024
프로그램 026 / 027 / 050 / 051

● **목적**

시합과 유사한 상황에서 득점하는 파워플레이를 한다.

● **순서**

① 그림처럼 구역을 만든다.
② 골키퍼부터 시작한다.
③ 공격 진영에서 3 대 2로 공을 지키고 바로 전방으로 보낸다.
④ 빠르게 골대로 향한다.

규칙

● 터치 수 제한 없음.
● 코너킥, 스로인 없음.
● 플레이가 끊기면 상대팀 골키퍼부터 시작한다.

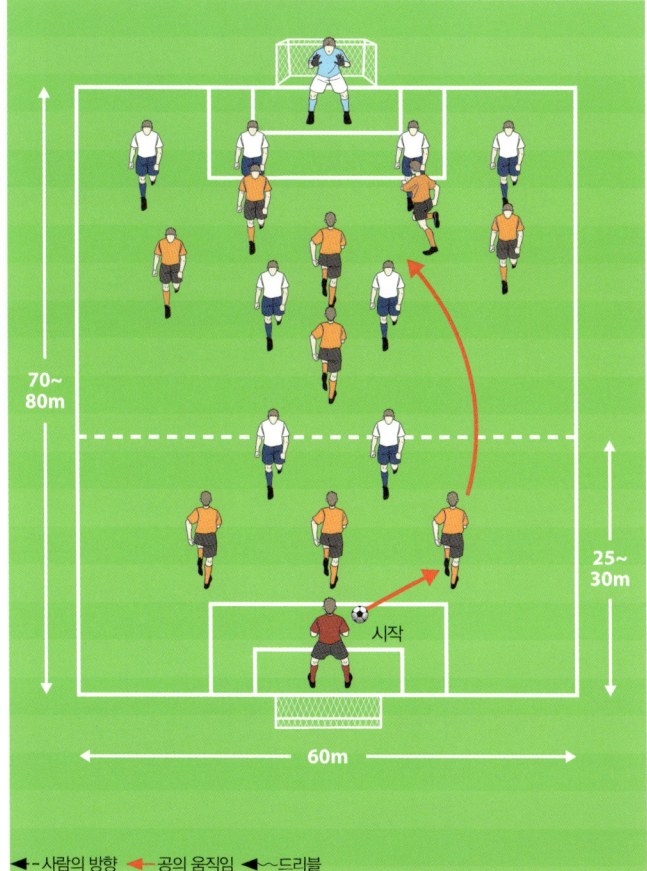

◀ - 사람의 방향   ◀— 공의 움직임   ◀∼ 드리블

지도자 MEMO: 지속적으로 포워드에게 공을 보내 파워플레이를 한다. 측면 미드필더 등의 미드필더가 포워드와 가깝게 위치해, 흘러나온 공을 공격으로 연결한다. 또한 공을 뺏겼을 때의 위험 관리를 위해 수비형 미드필더가 낮은 위치에서 균형을 맞춰야 할 필요가 있다.

Column About the Soccer

하야시 마사토의 〈네덜란드에 관한 에피소드〉 ⑤
역시 히딩크는 대단했다!

마술의 정체는 시합 준비력

"행운은 생각한 대로 가져올 수 있다."
이 말을 들었을 때, 나는 매우 큰 충격을 받았다. 2006년 독일 월드컵에서 일본을 3-1로 이기고 16강에 진출한 호주 대표팀. 당시 감독은 네덜란드 출신의 명장 히딩크였다.

본 대회 전, 호주 대표팀은 네덜란드에서 최종 훈련을 했다. 그 덕에 나는 그들의 연습을 직접 볼 수 있었다. 히딩크는 일본전을 염두에 두고 미드필더 지원을 하나씩 늘려 장신 포워드에게 긴 패스를 보내는, 말하자면 파워플레이를 몇 번이고 훈련했다. 아마 이때 이미 동점 또는 역전을 노려야 한다는 것을 예상했을 것이다.

실제 시합에서 무슨 일이 일어났는가? 일본이 전반 득점으로 1-0으로 이기고 있는 상황, 호주는 후반 절반 정도 지났을 때 장신 포워드를 투입했다. 그렇다, 네덜란드에서 철저히 훈련한 파워플레이다. 이 전술이 맞아떨어져 호주는 단숨에 3득점에 성공했다.

이런 역전극을 펼치다 보니 '히딩크 마법'이란 말이 탄생했다. 칼럼의 첫 문장은 마법이란 말을 들은 히딩크의 대답이다. 그가 일본전에서 보여준 것은 결코 마법이 아니다. 그의 탁월한 분석력과 그것을 팀에 녹아들게 한 지도력이 있었기에 가능한 일이었다. 나는 히딩크의 '시합 준비'에 크게 감명 받았다.

[네덜란드에서 배운다]
실전에서 어떻게 활용할 것인지를
파악하는 것이 '시합을 준비하는 열쇠'다.

제7장

개인 기술
향상 프로그램

네덜란드에서는 개인 기술 훈련에도 축구 요소를 도입한다.
기술을 익히는 것뿐만 아니라 상황을 판단하는 능력도 기를 수 있기 때문이다.
또한, 경쟁과 시합 요소를 추가하면 실전 감각을 자연스럽게 익힐 수 있다.

네덜란드 축구 기초지도 이론〈실전편〉

7장 : 개인 기술 향상 프로그램
취급설명서

1» '개인 능력'을 중심으로 한 프로그램, '축구 요소'를 중심으로 한 프로그램

7장의 프로그램은 드리블, 패스, 페인트, 1 대 1 등 각 기술을 4단계 혹은 8단계로 나눠 구성했다. 첫 단계는 공을 갖고 이동하는 간단한 훈련으로, 단계가 높아질수록 난이도가 올라가 실전과 가까워진다.

앞에서 말했듯이 네덜란드에서는 드리블이나 패스와 같은 개인 능력 향상을 중시한 훈련 프로그램을 그다지 추천하지 않는다. 드리블 실력을 향상시키기 위해 콘 사이를 지그재그로 돌거나, 패스 능력을 높이기 위해 혼자 벽에 패스하는 훈련은 공을 다루는 기술을 향상시키는 데는 좋지만 상황을 판단해 적재적소에 공을 보내는 기술 즉, 게임 전체를 읽는 기술을 익히는 데는 적합하지 않다. 단지, 이런 훈련은 누구나 할 수 있어 초심자나 유소년 선수들에게 좋다. 7장 프로그램의 1~3단계는 대부분 공을 다루는 기술을 향상시키는 훈련이다.

여기서 중요한 것은, 반드시 1단계부터 훈련을 시작할 필요가 없다는 것이다. 네덜란드에서는 오히려 상대편 선수가 함께 하는 4단계부터 시작해, 실전처럼 훈련하며 실력을 키울 것을 권장한다. 네덜란드의 경우, 6단계를 할 수 없으면 5단계를, 5단계를 할 수 없으면 4단계를 훈련한다. 한마디로 위에서 아래로 단계를 내려가며 프로그램을 고른다. 이는 여타의 훈련 방식과는 많이 다를 것이다. 네덜란드에서는 하나의 기술을 완벽하게 구사하지 못해도, 가능한 한 실전과 비슷한 형태로 훈련하는 것이 효과적이라고 생각한다.

그렇다고 공을 다루는 기술을 전혀 훈련하지 않는 것은 아니다. 일주일에 2~3번밖에 훈련할 수 없는데 개인 훈련만 하는 것을 추천하지 않는다는 것이다. 일주일에 6번 훈련할 수 있다면, 하루는 이런 훈련에 몰두하는 것도 기술 향상에 도움이 된다.

| 드리블 | 패스 | 페인트 | 1 대 1 |

7장에서는 수준에 맞춰 난이도(1~8단계)가 다른 프로그램을 소개했다.

난이도 : 낮음 ◄──────────────────────────► 난이도 : 높음

'개인 능력 향상'을 중심으로 한 프로그램
공을 다루는 기술이 집중적으로 높아진다

'축구 요소'를 중심으로 한 프로그램
공을 다루는 기술과 함께 상황 판단력을 기를 수 있다.

2>> 모든 훈련은 슈팅으로 마무리한다

드리블, 패스, 페인트, 1 대 1 등의 나열된 훈련 프로그램을 보고 슈팅 훈련이 없다고 생각하는 독자도 있을 것이다. 슈팅은 따로 훈련하지 않는다. 드리블로 상대방을 제친 다음 슈팅으로 동작을 마무리하는 등 모든 훈련에 도입하는 것이 가장 이상적이다. 실전에서도 슈팅만 하는 건 아니다. 페인트로 상대방을 속인 다음 슈팅을 하듯, 어떤 플레이 다음에 슈팅을 한다. 따라서 이러한 훈련법이 훨씬 이치에 맞는다고 할 수 있다. 이것도 항상 11 대 11의 실전 축구를 기본으로 생각하는 네덜란드다운 아이디어라고 생각한다.

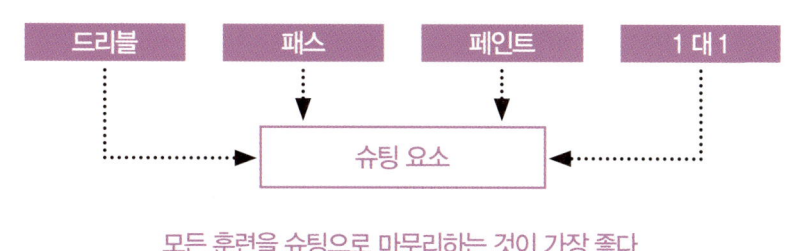

모든 훈련을 슈팅으로 마무리하는 것이 가장 좋다.

3>> 훈련에 경쟁 요소를 더한다

상대가 있는 훈련은 자연스럽게 선수들의 경쟁심을 부추기지만, 개인 능력을 향상시키는 훈련에는 경쟁 요소가 없다. 이때 단순한 드리블 훈련에도 경쟁할 팀을 구성해 "더 빨리 되돌아오는 쪽이 승리한다."라는 규칙을 만들어 경쟁하게 하는 것이 좋다.

경쟁을 하게 되면 선수가 훈련에 집중할 수 있게 되고 이것이 무의식적으로 능력을 향상시킨다. 지도자가 구성을 통해 팀을 이상적인 상태로 이끌어낼 수 있다. 의도한 대로 팀을 만들 수 있는 것이다. 이는 지도자에게 매우 즐거운 일이 아닐 수 없다.

프로그램 087
개인 기술 향상 프로그램 : 드리블 ①
직선 드리블

● 순서
① 줄을 서서 드리블을 시작한다.
② 일정 지점에 도착하면 원점으로 되돌아온다.

● 목적
직선 드리블로 초심자를 공과 친숙해지게 한다.

● 규칙
● 필드의 크기는 인원수에 따라 변경한다.

지도자 MEMO 드리블 코스를 막는 콘이 없으며 같은 편끼리 부딪힐 염려도 없다. 매우 단순한 훈련이므로, 도중에 페인트 등을 함께 훈련하는 것도 좋다.

프로그램 088
개인 기술 향상 프로그램 : 드리블 ②
열린 공간으로 이동

● 순서
① 사각의 공간에 참가자 전원이 공을 갖고 들어간다.
② 각자 자유롭게 드리블한다.

● 목적
시야를 확보하면서 드리블할 수 있다.

● 규칙
● 인원수에 따라 필드 크기를 넓히거나 필드 개수를 늘린다.

지도자 MEMO 다른 선수와 부딪힐 수 있을 때는 멈추거나 방향을 바꿔야 한다. 얼굴을 들고 시야를 확보한 상태로 드리블한다.

개인 기술 향상 프로그램 : 드리블 ③

프로그램 089 90도 턴 드리블

● 목적

방향을 바꾸면서 드리블하는 능력을 기른다.

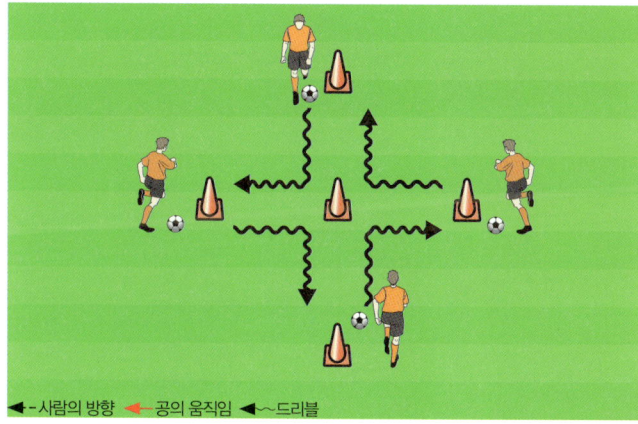

◀─사람의 방향   ◀─공의 움직임   ◀〜드리블

● 순서

① 4명이 각각 공을 갖고 바깥쪽에서 가운데를 향해 드리블을 시작한다.
② 가운데에 있는 콘에 다다르면 전원 90도로 턴 한 다음 콘으로 향한다.
③ 이를 반복한다.

● 규칙

- 역방향으로 도는 것도 훈련한다.
- 앞사람을 쫓는 경쟁 형식으로도 진행한다.

지도자 MEMO 정해진 방향으로 드리블하는 훈련이다. 기본적으로 좌우 90도 또는 180도 턴 후 드리블을 할 수 있다면 어떤 상황에도 대처할 수 있다.

개인 기술 향상 프로그램 : 드리블 ④

프로그램 090 정면으로 1 대 1

● 목적

정면으로 다가오는 상대방에 대응하는 드리블로 실전 능력을 익힌다.

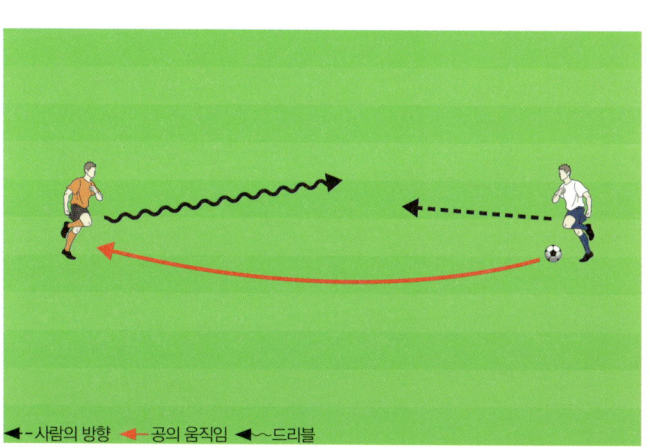

◀─사람의 방향   ◀─공의 움직임   ◀〜드리블

● 순서

① 상대방에게 패스를 받아 드리블한다.
② 다가오는 상대방을 제치면서 드리블한다.

● 규칙

- 특별히 없다.

지도자 MEMO 이 단계부터가 축구 요소를 포함한 훈련이다. 수비를 하는 사람은 전력으로 압박하는 것도 좋고, 상대방의 실력에 맞춰 살짝 힘을 빼는 것도 좋다.

프로그램 091 — 개인 기술 향상 프로그램 : 드리블 ⑤
대각선으로 1 대 1

● **순서**

① 사각 코트 끝에 한 명씩 들어가 대각선을 이룬다.
② 상대방에게 패스를 받아 드리블한다.
③ 오른쪽 또는 왼쪽으로 제치고 코트를 나간다.

● **목적**

드리블 방향을 선택해 상대방을 제치고 공을 몰고 간다.

규칙

● 특별히 없다.

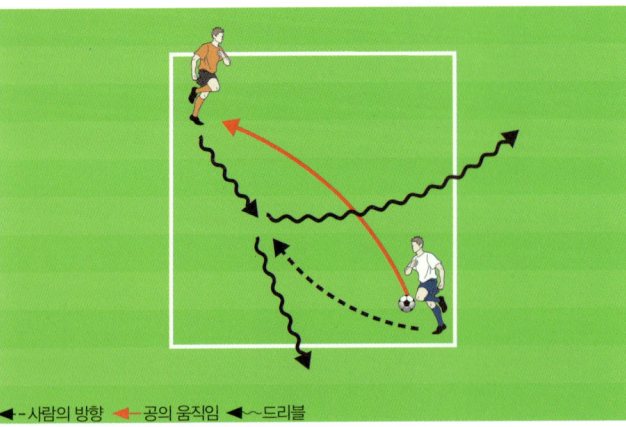

◀– 사람의 방향 ◀– 공의 움직임 ◀〜 드리블

 지도자 MEMO
코트를 대각선으로 사용하면 오른쪽 또는 왼쪽으로 상대 선수를 제칠 수 있으니 상대방의 움직임을 보면서 방향을 판단한다. 오른쪽으로 움직였을 때 상대방이 쫓아오면 왼쪽으로 방향을 틀어 돌파하고 쫓아오지 않으면 그대로 돌파하는 등 상황을 판단한다.

프로그램 092 — 개인 기술 향상 프로그램 : 드리블 ⑥
2 대 2 / 3 대 3

● **순서**

① 한쪽 팀부터 시작한다.
② 드리블을 주로 이용해서 상대편의 뒤쪽 라인을 향한다.

● **목적**

패스를 포함한 실전적인 드리블 훈련을 한다.

규칙

● 라인을 드리블로 돌파하면 골이다.

◀– 사람의 방향 ◀– 공의 움직임 ◀〜 드리블

 지도자 MEMO
2 대 2나 3 대 3 정도의 인원으로 훈련하면 주로 드리블을 이용하기 때문에 드리블을 중심으로 한 미니 게임을 할 수 있다. 패스를 하는 척하다 드리블하고 드리블을 하는 척하다가 패스하는 등 여러 가지 방법을 이용해 돌파할 수 있다.

개인 기술 향상 프로그램 : 드리블 ⑦

프로그램 093

드리블 건너기 게임

● 목적
드리블을 주제로 한 게임을 통해 즐겁게 기술을 향상시킨다.

● 순서
① 여러 선수가 일렬로 늘어서 그림처럼 동시에 출발한다.
② 코트 안의 수비는 누군가 한 명에게서 공을 뺏으면 공수를 교대해 시작 지점부터 드리블한다.

규칙
- 반대쪽으로 가면 1점.
- 먼저 10점을 낸 팀이 이긴다.

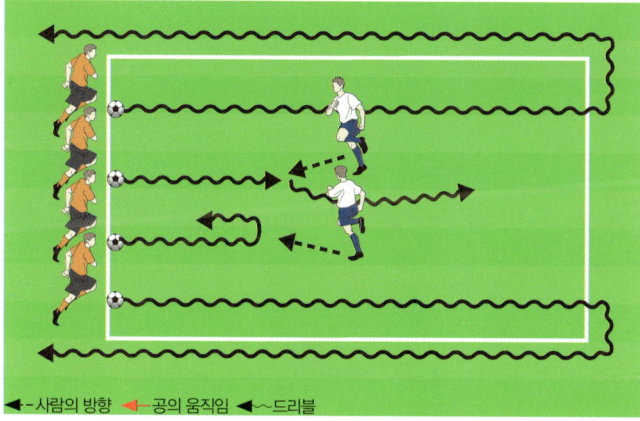
◀─ 사람의 방향   ◀─ 공의 움직임   ◀∼ 드리블

지도자 MEMO 수비수가 멀리 있을 때는 속도를 내 반대편으로 건너가면 된다. 반대로 수비수가 가까이 다가오면 '돌파하는 드리블'로 반대편으로 도망가거나 되돌아오는 것도 좋다.

개인 기술 향상 프로그램 : 드리블 ⑧

프로그램 094

라인수비 1 대 1

● 목적
수비수가 움직이는 방향을 제한함으로써 난이도를 낮춰 1 대 1을 한다.

● 순서
① 양쪽에 공을 가진 선수가 선다.
② 한쪽 선수부터 시작한다.
③ 수비수를 제치고 반대쪽으로 간다.
④ 다른 한쪽의 선수도 시작해 반대쪽으로 돌파한다.
⑤ 이를 반복한다.

규칙
- 수비수는 콘을 잇는 라인에서만 움직일 수 있다.
- 공을 뺏기면 공수 교대한다.

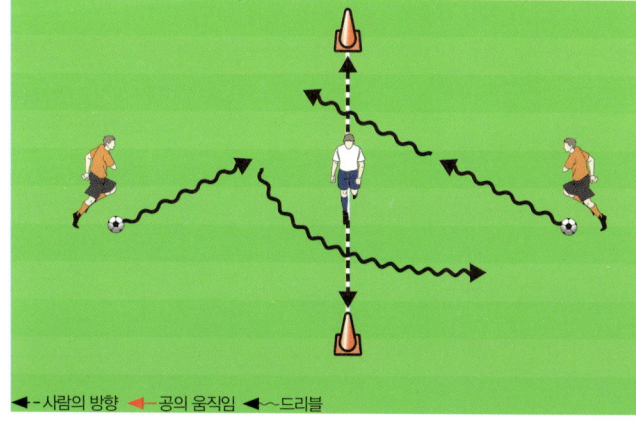
◀─ 사람의 방향   ◀─ 공의 움직임   ◀∼ 드리블

지도자 MEMO 일반적인 1 대 1보다 수비수의 움직임이 좁아 드리블로 돌파하기 쉽다. 수비수가 움직이는 라인을 길게 할수록 난이도는 내려가고 짧게 할수록 올라간다.

개인 기술 향상 프로그램 : 패스 ①

프로그램 095
2인조 정면 패스

● 순서
① 콘을 그림처럼 놓고 골대로 삼아 그 뒤에 한 명씩 선다.
② 상대편을 향해 패스한다.
③ 트래핑해 패스한다.
④ 이를 반복한다.

● 목적
골대를 추가한 형태로 정확한 트래핑과 패스를 익힌다.

규칙
● 콘 사이를 지나가면 1점이다.

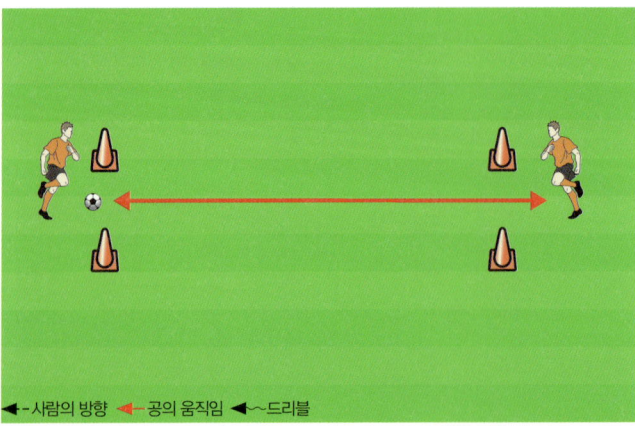

◀— 사람의 방향　◀— 공의 움직임　◀〜 드리블

지도자 MEMO
단순히 서로 차기만 하는 것이 아니라 골대를 추가해 경쟁하게 만드는 것이 포인트다. 드리블이든 패스든, 모든 훈련에는 슈팅 요소가 더해져야 한다. 단, 이 훈련으로 공을 다루는 기술은 향상시킬 수 있지만 상황 판단력은 향상되지 않는다는 점을 기억하자.

개인 기술 향상 프로그램 : 패스 ②

프로그램 096
그룹 정면 패스

● 순서
① 그림처럼 선수를 배치한다. 두 그룹 이상 만든다.
② 한쪽부터 패스하고 패스한 선수는 패스&고로 반대쪽 줄 끝으로 간다.
③ 패스를 받은 선수도 똑같이 패스&고로 반대쪽으로 간다.
④ 이를 반복한다.

● 목적
인원을 늘려 패스&고로 정면 패스를 한다. 정확한 트래핑과 패스를 익힌다.

규칙
● 실수 없이 한 바퀴 돌면 1점.
● 차는 방법을 인사이드, 아웃사이드 등으로 한정하거나 터치하는 발을 왼쪽이나 오른쪽으로 제한하는 것도 좋다.

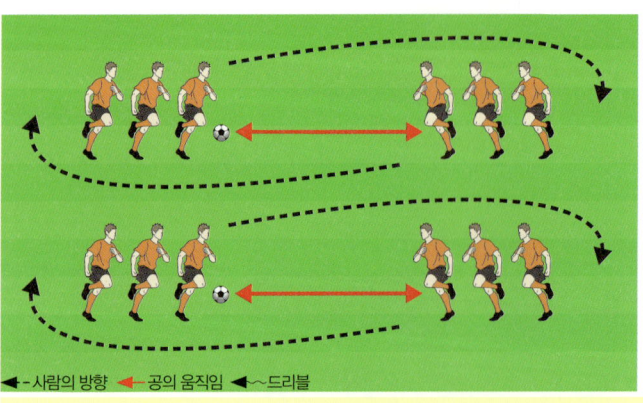

◀— 사람의 방향　◀— 공의 움직임　◀〜 드리블

지도자 MEMO
단순하게 패스&고를 훈련할 수 있는 형태지만 경쟁이라는 요소를 추가하고 싶으면 두 그룹 이상을 만들어 점수를 경쟁하게 하는 것도 좋다.

개인 기술 향상 프로그램 : 패스 ③

프로그램 097
3인조 & 4인조 순서대로 패스

● 목적
패스 순서를 결정하고 다음 플레이를 생각하며 패스한다.

● 순서
① 콘을 삼각형 또는 사각형으로 둔다.
② 각 선수의 순서를 정한다.
③ 정한 순서대로 패스를 이어간다.

규칙
● 특별히 없다.

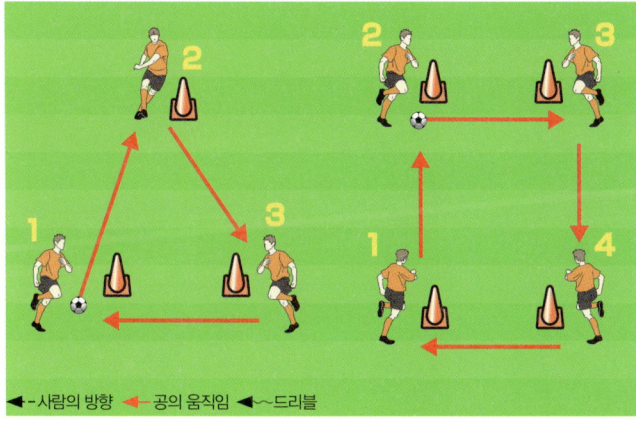

 지도자 MEMO
직선으로 공을 차는 단계 1과 2와는 달리 여기서는 멈춘 공의 각도를 바꿔 패스해야 한다. 어디서 공을 멈춰야 차기 쉬운지를 생각하면서 공을 차면 금방 실력이 늘게 된다.

개인 기술 향상 프로그램 : 패스 ④

프로그램 098
순서대로 자유롭게 패스

● 목적
열린 공간에서 주변을 보며 패스하는 능력을 키운다.

● 순서
① 각 선수의 순서를 정한다.
② 전원이 자유롭게 움직이면서 ①에서 정한 순서대로 패스를 연결한다.

규칙
● 특별히 없다.

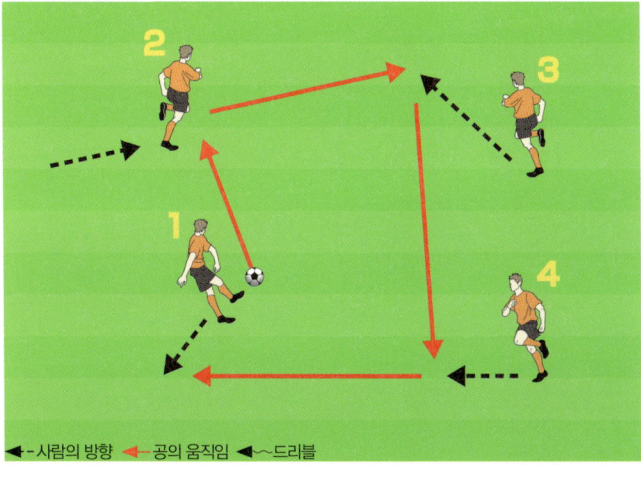

지도자 MEMO
선수의 위치가 고정되지 않고 항상 움직이므로 공을 멈춘 채 상대를 찾으면 패스하는 데 시간이 걸린다. 공만 쫓지 말고 다음에 패스해야 할 선수가 어디에 있는지를 항상 파악한다.

개인 기술 향상 프로그램 : 패스 ⑤

프로그램 099

3 대 1 & 4 대 2 공 지키기

● 순서

① 코트 내에 3 대 1 이나 4 대 2로 공 지키기를 실시한다.
② 공을 뺏긴 선수는 수비와 교대한다.

● 목적

상대 선수와 접촉하며 실전적인 패스 기술을 익힌다.

규칙

● 터치 수 제한 없음.

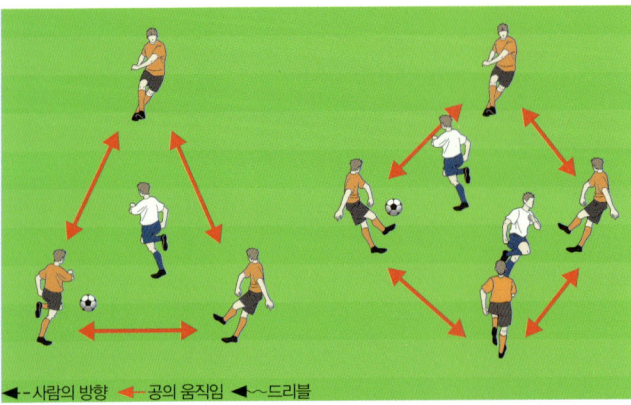

◀─ 사람의 방향　◀─ 공의 움직임　◀∼ 드리블

 지도자 MEMO 축구의 중요한 요소인 '상대 선수'를 추가한 훈련이다. 수비수가 있으므로 외부 선수는 누가 노마크인가를 빠르게 판단해 패스해야 한다.

개인 기술 향상 프로그램 : 패스 ⑥

프로그램 100

패스 중시 3 대 3

● 순서

① 3 대 3으로 나눠 미니게임을 한다.

규칙

● 터치 수 제한 없음.

● 목적

터치 횟수가 많아지는 미니게임으로 패스 기술을 기른다.

◀─ 사람의 방향　◀─ 공의 움직임　◀∼ 드리블

지도자 MEMO 기술력을 높이는 것이 중요하므로 터치 수가 늘어나도록 적은 인원의 미니게임을 한다. 2 대 2로도 상관없지만 드리블보다 패스를 중시하려면 3 대 3이 더 적합하다.

개인 기술 향상 프로그램 : 패스 ⑦

프로그램 101 초심자용 공 지키기

● 목적
축구 요소를 가지고 만든 훈련을 초심자가 할 수 있도록 재구성한다.

● 순서
① 코트 내에 작은 구역을 만들고 수비수를 그곳에 배치한다.
② 3 대 1로 공 지키기를 실시한다.

규칙
● 수비수는 구역 내에서 벗어날 수 없다.

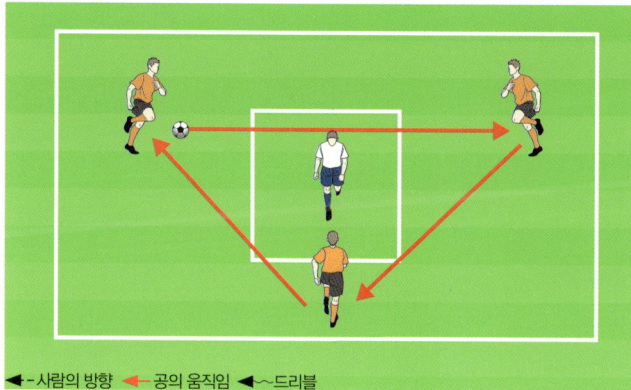

◀-사람의 방향   ◀─공의 움직임   ◀~드리블

 프로그램 099와 같이 3 대 1이나 4 대 2로는 난이도가 높은 경우, 그림처럼 수비수의 움직임을 한정한다. 그러면 공을 가져도 압박이 가해지지 않아 난이도가 내려간다. 네덜란드에서는 축구 요소가 가미된 이런 훈련을 선호한다.

개인 기술 향상 프로그램 : 패스 ⑧

프로그램 102 쇼트건 게임

● 목적
누구나 즐길 수 있는 놀이 형식으로 정확하게 패스하는 기술을 익힐 수 있다.

● 순서
① 각 선수가 공을 갖고 팀별로 선다.
② 중앙에 공을 둔다.
③ 전원 일제히 공을 향해 갖고 있는 공을 찬다.
④ 중앙에 둔 공을 상대편 쪽으로 보낸다.

규칙
● 일정 시간 실시해 공을 상대편에게 가까이 보낸 팀이 승리한다.
● 중앙에는 색깔 공을 놓아 다른 공과 구별할 수 있도록 한다. 조끼를 입혀 구분하는 것도 좋다.

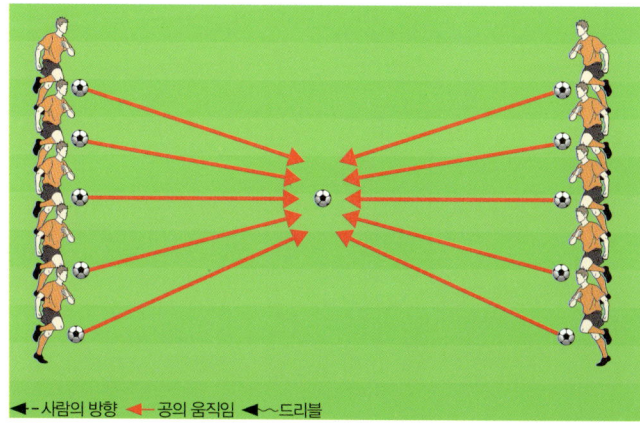

◀-사람의 방향   ◀─공의 움직임   ◀~드리블

 상대가 정확히 차지 못한 공이 자기 팀으로 굴러오므로 그런 공도 차 낸다. 워밍업 등으로 즐겁게 하면 긴장을 없애는 효과도 볼 수 있다.

프로그램 103 — 개인 기술 향상 프로그램 : 페인트 ①
직선 페인트

● 목적

정면에서 오는 선수를 제치는 페인트를 익힌다.

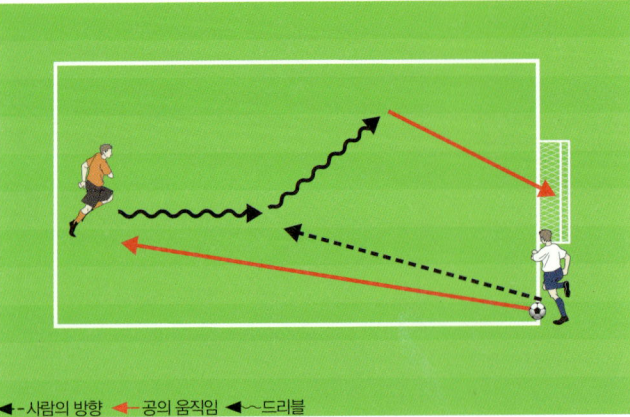

◄ - 사람의 방향   ◄ 공의 움직임   ◄〜드리블

● 순서

①수비수에게 패스를 받아 드리블을 시작한다.
②다가온 수비수를 페인트로 제치고 슈팅한다.

규칙

● 수비수는 저지하는 흉내만 낸다.
● 미리 수비수를 한 명 더 두고 1 대 2로 하는 것도 좋다.

 지도자 MEMO

이영표 선수의 전매특허 '헛다리짚기(Scissors move)', 공을 넘어가 급하게 멈추는 '스텝오버(Step over)', 인사이드와 발바닥을 사용한 턴 등 어떤 것을 사용할 것인지는 지시하지 않는다. 선수가 수비수의 위치와 공간을 판단해 적당한 방법을 선택할 수 있도록 한다.

프로그램 104 — 개인 기술 향상 프로그램 : 페인트 ②
상대 선수가 있는 90도 페인트

● 목적

옆에서 오는 상대를 제치는 페인트를 익힌다.

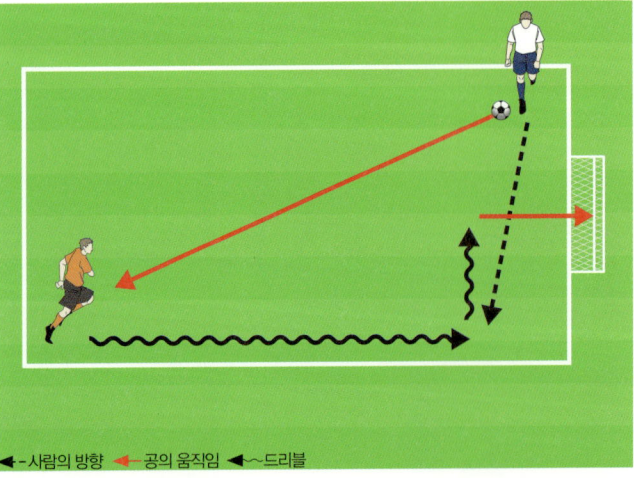

◄ - 사람의 방향   ◄ 공의 움직임   ◄〜드리블

● 순서

①수비수에게 패스를 받아 드리블을 시작한다.
②옆으로 오는 수비수를 페인트로 제치고 슈팅한다.

규칙

● 수비수는 수비하는 흉내만 낸다.

 지도자 MEMO

시합에서 상대 선수가 반드시 정면으로 온다는 보장은 없다. 측면을 돌파한 경우에는 상대가 옆에서 오게 되므로 90도 턴이 효과적이다. 인사이드 턴, 아웃사이드 턴, 크루이프 턴(Cruijff Turn, 수비수를 앞에 두고 공을 상대편 골대에서 먼 방향으로 밀었다가 수비수의 몸이 공을 따라 움직일 때 순간적으로 발목을 이용해 공을 반대방향으로 돌리는 기술), 발바닥 등을 사용해 상대를 제친다.

프로그램 105

개인 기술 향상 프로그램 : 페인트 ③

180도 페인트

● 목적

여러 가지 형태로 180도 턴을 하며 페인트를 익힌다.

● 순서

① 한쪽에서 패스를 하고 자신도 달린다.
② 공을 받은 선수는 드리블을 하고 달리는 선수와 부딪히지 않도록 180도 턴해서 제친다.
③ 슈팅을 한다.

규칙

● 특별히 없다.

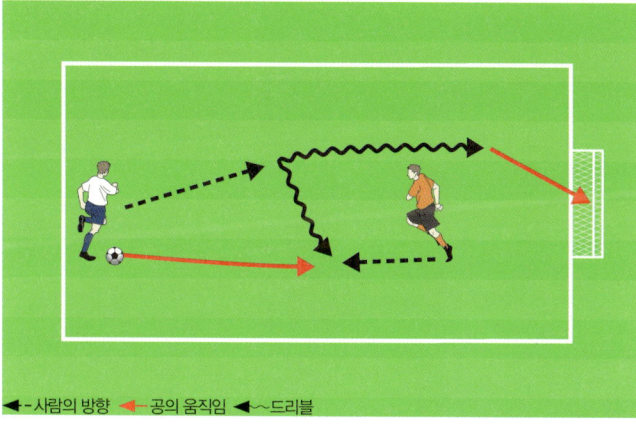

◀- 사람의 방향 ◀- 공의 움직임 ◀∼ 드리블

지도자 MEMO 턴은 인사이드, 아웃사이드, 발바닥, 왼발과 오른발 모두 훈련한다. 상황 판단이 필요한 상황이 더해지지 않아 실전성은 떨어지지만 공을 다루는 기술을 집중적으로 기를 수 있다.

프로그램 106

개인 기술 향상 프로그램 : 페인트 ④

상대 선수가 있는 180도 페인트

● 목적

쫓아오는 선수를 180도 페인트로 제친다.

● 순서

① A는 B에게 패스를 받아 옆으로 드리블한다.
② 수비수는 압박한다.
③ 180도 페인트로 제치고 가능하다면 슈팅한다.
④ 수비수가 더욱 강하게 압박하면 한 번 더 180도 페인트로 제치고 슈팅한다.

규칙

● 수비수는 저지하는 흉내만 낸다.

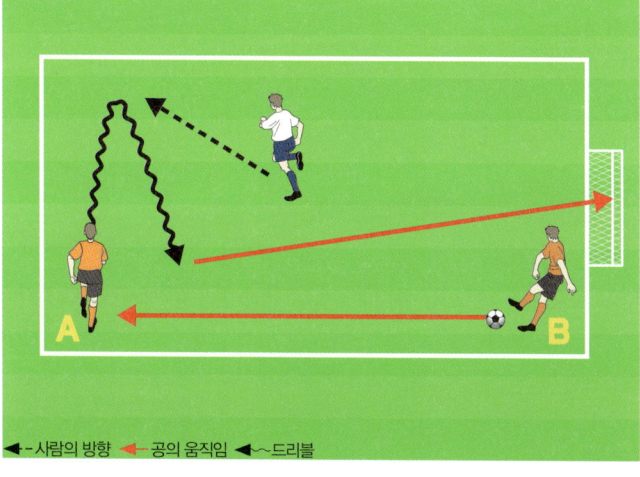

◀- 사람의 방향 ◀- 공의 움직임 ◀∼ 드리블

지도자 MEMO 수비수가 있어 어렵게 보이지만 그들은 어디까지나 '흉내'만 낸다. 선수의 레벨이 높으면 실제로 저지하는 것도 좋다. 수비로 난이도를 조절한다.

개인 기술 향상 프로그램 : 1 대 1 대결 ①

프로그램 107

상대를 등지고 1 대 1

● 목적

상대방을 등진 상태로 1 대 1 대결에서 이기는 능력을 기른다.

● 순서

① A는 Z를 등진 상태에서 시작한다.
② A는 같은 팀 선수에게 패스를 받는다.
③ 페인트 등으로 상대방을 제치고 슈팅한다.

규칙

● 공격과 수비 모두의 훈련으로, 전력으로 플레이한다.

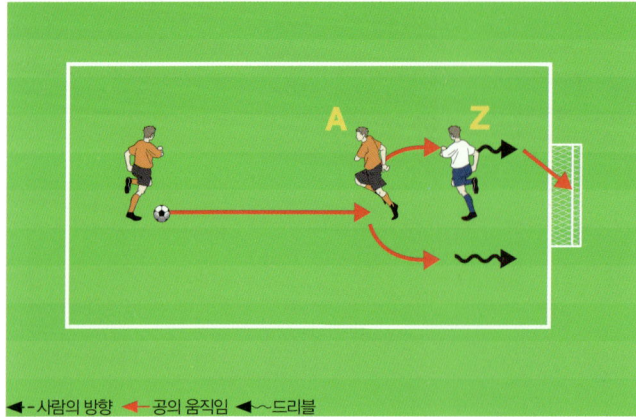

◀─사람의 방향 ◀─공의 움직임 ◀∼드리블

지도자 MEMO

공격은 반드시 돌파할 필요 없다. 상대방을 제치고 슈팅하면 OK. 수비수는 너무 딱 붙어 수비하면 몸을 축으로 돌파당할 수 있기 때문에 몸에 직접 닿지 않게 마크한다.

개인 기술 향상 프로그램 : 1 대 1 대결 ②

프로그램 108

옆에서 따라오는 1 대 1

● 목적

옆에서 오는 상대방과의 1 대 1 대결에서 이기는 기술을 터득한다.

● 순서

① Z는 A에게 패스한다.
② A는 패스를 받아 드리블한다.
③ Z는 그대로 수비한다.

규칙

● 공격과 수비 모두의 훈련으로, 전력 플레이한다.

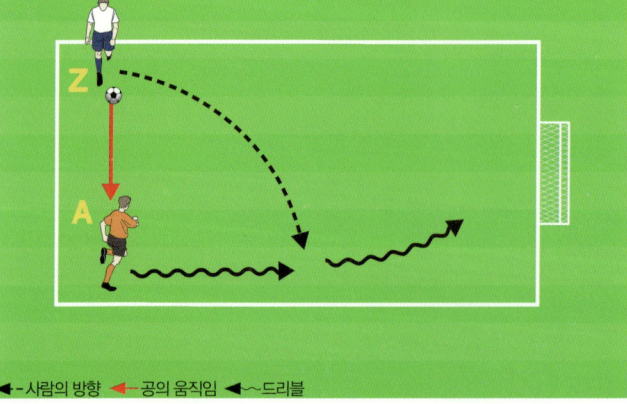

◀─사람의 방향 ◀─공의 움직임 ◀∼드리블

지도자 MEMO

공격은 똑바로 갈 수 있는지 90도 혹은 180도 턴해야 하는지를 판단해 슈팅을 노린다. 수비는 공격하는 선수가 골대 방향으로 갈 수 없도록 진로에서 기다렸다가 공격 코스를 제한한다.

프로그램 109

개인 기술 향상 프로그램 : 1 대 1 대결 ③

대각선 1 대 1

● 목적

대각선으로 쫓아오는 상대방과의 1 대 1에서 이기는 기술을 터득한다.

● 순서

① 골대를 옆으로 배치한다.
② Z부터 A에게 패스하고 A는 드리블을, Z는 수비를 한다.
③ 1 대 1로 실시한다.

규칙

● 공격과 수비 모두의 훈련으로, 전력으로 플레이한다.

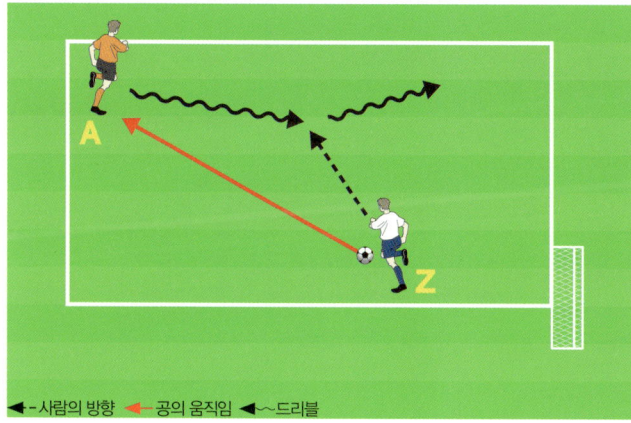

◀- 사람의 방향   ◀ 공의 움직임   ◀∼드리블

 지도자 MEMO

공격을 크로스 또는 슈팅으로 마무리해도 상관없다. 속도, 방향 전환, 저지하는 타이밍을 파악하는 것이 중요하다. 수비는 너무 다가가면 돌파당하므로 거리가 좁혀지면 한번 멈추고 자세를 낮춰 어느 쪽으로든 대응할 수 있도록 준비한다.

프로그램 110

개인 기술 향상 프로그램 : 1 대 1 대결 ④

드리블로 상대 선수를 제치는 1 대 1

● 목적

퍼스트 터치로 제치는 기술을 익힌다.

● 순서

① Y가 A에게 패스한다. Z는 A를 빠르게 마크한다.
② A는 트래핑으로 Z를 제친다.
③ Y와 1 대 1로 대결한다.

규칙

● Z는 수비하는 척하며 A에게 다가간다. Y는 전력으로 플레이한다.

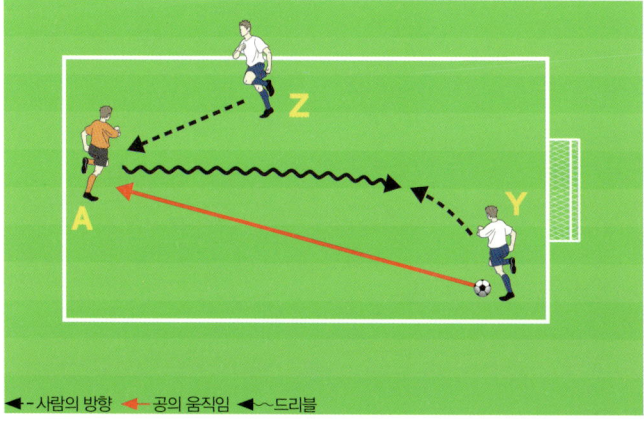

◀- 사람의 방향   ◀ 공의 움직임   ◀∼드리블

 지도자 MEMO

퍼스트 터치로 상대방을 제치는 기술은 상당히 중요하다. 같은 팀 선수에게 패스를 받을 때 수비수를 제칠 수 있는 중요 기술이지만 패스 훈련에 자주 등장하지 않는다. 이와 같은 형태로 꾸준히 훈련하는 것이 좋다.

프로그램 111 — 공 모으기 게임

개인 기술 향상 프로그램 : 종합 기술 ①

● 목적

놀이처럼 하되 전략을 생각하며 공을 몰고 가는 기술을 익힌다.

● 순서

① 4가지 색의 표식과 콘을 사용해 4개의 진영을 만든다.
② 중앙에 공을 놓는다.
③ 한 그룹에 4명씩 4개의 그룹을 만들어 각각의 구역에 들어간다.
④ 시작 구호가 울리면 동시에 중앙의 공을 자신의 진영으로 옮긴다.

● 규칙

- 다른 진영에서 공을 뺏는 것도 좋다.
- 2~3분이 지난 시점에서 종료. 가장 많은 공을 가져간 팀이 이긴다.

◀-사람의 방향   ◀─공의 움직임   ◀～드리블

 지도자 MEMO

드리블로 빠르게 공을 옮기는 기술, 상대방을 제치는 페인트, 공을 뺏는 수비 능력 등을 기를 수 있다. 익숙해지면 패스도 허용하는 등 여러모로 응용해보자.

프로그램 112 — 공 뺏기 게임

개인 기술 향상 프로그램 : 종합 기술 ②

● 목적

여러 가지 기술을 구사하며 이기기 위한 전략을 생각한다.

● 순서

① 한 그룹에 4명씩 3개의 그룹을 만들고 공을 4개 놓는다.
② 시작 구호와 함께 공을 뺏는다.

● 규칙

- 5~10분 지난 시점에서 종료. 두 개 이상의 공을 가진 팀이 이긴다.

◀-사람의 방향   ◀─공의 움직임   ◀～드리블

 지도자 MEMO

두 명이 한 개의 공을 지키고 남은 두 명이 공을 뺏는 등 상황 판단이 중요한 게임이다. 공의 개수를 3개 내지는 5개로 하면 1:1:1 혹은 2:2:1이 될 수 있지만, 4개인 경우 2:1:1이 되어 반드시 승자가 가려진다.

제8장

네덜란드식 체력 프로그램

신체능력을 높이는 훈련법에도 네덜란드다운 생각이 담겨 있다.
지구력을 높이기 위해 단순히 뛰는 것이 아니라
축구 요소와 게임의 긴장감을 더한다.
언제나 공은 가까이에 있다. 이것이 바로 네덜란드식 훈련법이다.

네덜란드 축구 기초지도 이론 〈실전편〉

8장 : 네덜란드식 체력 프로그램
취급설명서

1〉〉 육상 체력과 축구 체력은 전혀 다르다

체력 훈련에도 네덜란드의 사고방식이 녹아들어 있다. 단거리를 빨리 달리는 힘을 향상시키고 싶을 때, 여러분은 어떻게 할 것인가? 육상 트랙을 달리는 것이 왕도일지 모른다. 하지만 네덜란드에서는 이런 훈련을 그다지 추천하지 않는다. 육상의 체력과 축구의 체력에 공통점이 없기 때문이다. 같은 100미터를 달려도 축구에는 여러 가지 요소가 포함되어 있다.

아래의 그림을 보자. 육상의 체력과 축구의 체력은 많이 다르다. 또한, 170~180 심박 수로 '5분간 달리기 트레이닝'과 '5분간 1 대 1 트레이닝'이 있다고 가정하자. 두 훈련 모두 몸에 똑같은 부담을 주지만 '5분간 1 대 1 트레이닝'이 축구 기술과 전술을 향상시키는 데 도움을 준다.

"그래도 당신은 육상 트랙 달리기로 훈련하시겠습니까?"
"아니요, 축구 요소가 포함된 훈련으로 체력을 단련하겠습니다."

이것이 네덜란드식 사고방식이다.

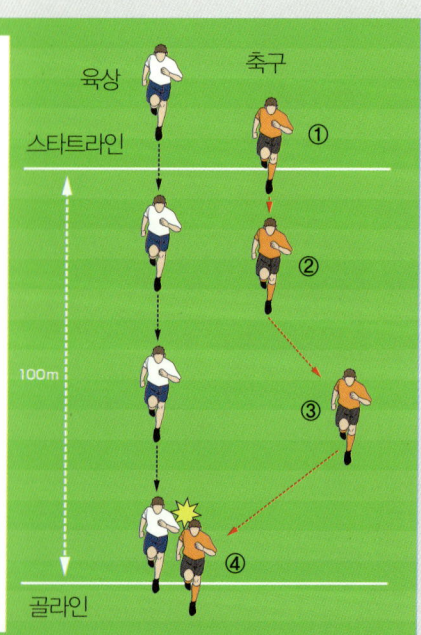

100m 달리기와 축구의 차이

① 예측과 위치 선정
다음 플레이를 예측해 위치를 수정하면 다른 선수보다 먼저 앞으로 나와 유리한 위치를 선점할 수 있다.

② 시작 (움직이기)
축구에는 전원이 일제히 시작해야 한다는 규칙이 없다. 타이밍을 잘 맞춰 달리면 상대 선수를 제칠 수 있다.

③ 방향전환
축구는 100미터 앞까지 똑바로 달리는 일이 거의 없다. 항상 방향을 바꾸면서 달린다.

④ 몸싸움
축구는 몸을 부딪쳐 상대방의 코스를 막을 수 있다. 육상에서는 이런 행위를 실격 처리한다.

2>> 체력 트레이닝의 네 가지 목적

체력 트레이닝에서는 드리블, 패스, 슈팅과 같은 행동을 '액션(Action)'이라 부른다. 체력은 크게 두 가지로 나뉘는데, 짧은 시간 안에 좁은 공간에서 민첩하게 많은 액션을 실시하는 능력과 슈팅력이나 전력 달리기 등 액션의 힘을 향상시키는 능력이 있다. 훈련별로 텀을 주며 지도하는 전술 트레이닝과는 달리 체력 트레이닝은 정해진 시간 내에 여러 가지 훈련을 해나간다.

'액션' = 드리블, 패스, 페인트, 슈팅…

액션의 횟수를 늘리는 체력 트레이닝

액션의 횟수를 늘린다.
10초에 한 번 액션을 했다면 5초에 한 번 할 수 있게 만들어 횟수를 늘린다.

많은 액션을 유지한다.
5초에 한 번, 6초에 한 번, 7초에 1번과 같이 체력소모에 따라 점점 늦춰지는 시간을 5초에 한 번으로 계속 유지할 수 있게 한다.

액션의 폭발력을 높이는 체력 트레이닝

액션의 폭발력을 높인다.
약한 슈팅보다는 강한 슈팅, 느리게 달리기보다는 빠르게 달리기 등 힘의 최고점을 높인다.

폭발적인 액션을 유지한다.
처음에는 100%, 다음에는 90%, 80%로 서서히 떨어지는 힘을 항상 100%로 유지한다.

3>> 초과회복(super compensation)에 대해서

인간의 몸은 일정한 부하를 준 후 충분한 휴식을 취하면 처음보다 큰 부하를 견딜 수 있도록 회복되는 능력이 있다. 부러졌던 뼈가 원래의 뼈보다 더 굵어지는 것이 이런 원리이다. '초과회복'이라 부르는 이 능력을 바탕으로 체력 트레이닝 프로그램을 짠다.

여기서 중요한 점은 충분히 휴식을 취하는 것이다. 몸에 가해지는 부하에 따라 휴식 시간이 달라지는데, 심박 수가 170~180 정도에 도달할 때까지 부하를 가했을 때는 회복하는 데 72시간이 걸린다. 통상적인 트레이닝을 하는 데는 문제가 없지만 다음 체력 트레이닝까지는 3일 동안 휴식을 취해야 한다. 덧붙여 시합을 마쳤을 때는 회복하는 데 48시간이 필요하다.

네덜란드식 체력 프로그램

CASE 1 >> 액션의 횟수를 늘린다
액션과 액션 간의 시간을 줄여 많은 액션을 실시해 지구력을 키운다.

액션의 횟수를 늘리는 프로그램 ①

프로그램 113 3 대 3 + 골키퍼

◀- 사람의 방향   ◀- 공의 움직임   ◀∼드리블

● 순서
① 일반적인 미니게임을 한다.
② 2분하고 3분 쉰다.
③ ②를 6번 하면 1세트 종료. 4분 쉰다.
④ 두 번째 세트도 위와 같이 한다.

● 데이터
- 목표 심박 수 : 170∼180
- 시간 : 2∼3분
- 횟수 : 6∼10번
- 휴식 : 3∼1분
- 세트 수 : 2세트
- 세트 간 휴식 : 4분
- 초과회복 시간 : 72시간

액션의 횟수를 늘리는 프로그램 ②

프로그램 114 2 대 2 + 4 프리맨

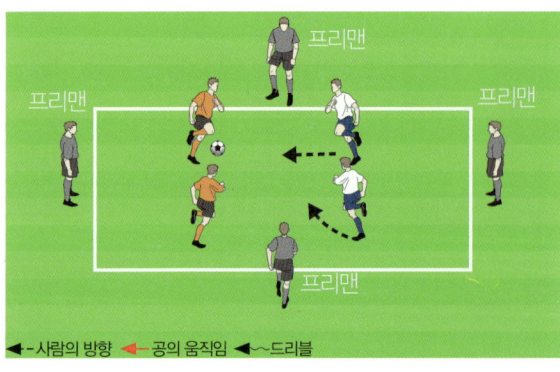

◀- 사람의 방향   ◀- 공의 움직임   ◀∼드리블

● 순서
① 주위에 프리맨을 두고 공을 지키는 게임이다.
② 항상 6 대 2로 공을 돌린다. 단, 프리맨은 움직이지 않는다.
③ 2분하고 3분 쉰다.
④ ③을 6번 하면 1세트 종료. 4분 쉰다.
⑤ 두 번째 세트도 위와 같이 한다.

● 데이터
- 목표 심박 수 : 170∼180
- 시간 : 2∼3분
- 횟수 : 6∼10번
- 휴식 : 3∼1분
- 세트 수 : 2세트
- 세트 간 휴식 : 4분
- 초과회복 시간 : 72시간

네덜란드식 체력 프로그램

CASE 2〉〉 많은 액션을 유지한다
CASE 1에서 익힌 액션을 오래 유지할 수 있도록 한다.

많은 액션을 유지하는 프로그램 ①

프로그램 115 8 대 8 + 골키퍼

● 순서
① 일반적인 미니게임을 한다. 인원이 많아 한 선수당 부하가 적다.
② 10분하고 2분 쉰다.
③ ②를 2번 하면 종료.

● 데이터
- 목표 심박 수 : 140~150
- 시간 : 10~15분
- 횟수 : 2~6번
- 휴식 : 2분
- 초과회복 시간 : 24시간

◀-사람의 방향　◀-공의 움직임　◀~드리블

많은 액션을 유지하는 프로그램 ②

프로그램 116 패스 & 고

● 순서
① A는 E와 원투를 한 다음 B 앞에 패스한다. 공을 하나 더 준비해 C도 동시에 시작한다.
② E는 F와 위치를 바꾼다.
③ A에게 패스를 받은 B는 드리블로 C가 있는 곳으로 간다.
④ B는 F가 있는 곳에 온 E와 원투를 한 다음 D에게 패스한다.
⑤ 이 순서를 반복한다.
⑥ 4분하고 2분 쉰다. 이를 4번 반복한다.

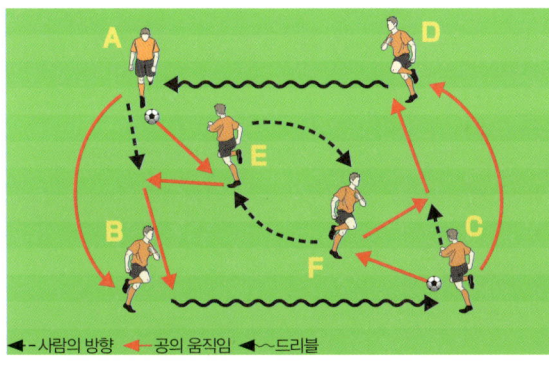

◀-사람의 방향　◀-공의 움직임　◀~드리블

● 데이터
- 목표 심박 수 : 160~170
- 시간 : 4~8분
- 횟수 : 4~6번
- 휴식 : 2분
- 초과회복 시간 : 24시간

네덜란드식 체력 프로그램

CASE 3 >> 액션의 폭발력을 높인다

전력으로 1 대 1 대결을 하거나 골대 앞으로 달려가는 등의 슈팅력, 주력과 같은 순간적인 힘의 최고치를 높인다.

액션의 폭발력을 높이는 프로그램 ①

프로그램 117 2조로 1 대 1

◀- 사람의 방향　◀- 공의 움직임　◀∼ 드리블

● 순서

① 1조가 코트에 들어가 30초간 1 대 1 대결을 한다.
② 2조가 코트에 들어가 30초간 1 대 1 대결을 한다. 1조는 쉰다.
③ 1조가 1 대 1 대결을 한다. 2조는 휴식한다. 이런 식으로 8번씩 1 대 1을 한다.
④ 1세트(8번 반복)가 끝나면 4분 휴식한다.
⑤ ①부터 반복해 2세트를 소화한다.

● 데이터
- 항상 전력을 다한다.
- 시간 : 30분
- 횟수 : 8∼10번
- 휴식 : 30초
- 세트 수 : 2∼4세트
- 세트 간 휴식 : 4분
- 초과회복 시간 : 48시간

액션의 폭발력을 높이는 프로그램 ②

프로그램 118 센터링 슈팅

◀- 사람의 방향　◀- 공의 움직임　◀∼ 드리블

● 순서

① A는 B에게 패스하고 전력으로 측면을 달려 올라간다.
② B는 공간패스를 하고 전력으로 골대 앞으로 달려간다.
③ A의 크로스를 B가 슈팅한다.
④ 다음 조도 똑같이 실시한다.
⑤ A와 B는 1분 안에 원래 위치로 돌아간다.
⑥ ①부터 순서를 반복한다. 3∼4조 정도 끊김 없이 반복한다.

● 데이터
- 항상 전력을 다한다.
- 횟수 : 8∼10번
- 휴식 : 1분
- 세트 수 : 2∼4세트
- 세트 간 휴식 : 4분
- 초과회복 시간 : 48시간

네덜란드식 체력 프로그램

CASE 4 >> 폭발적인 액션을 유지한다
전력 플레이를 반복해 위력과 힘을 유지하면서 플레이를 지속할 수 있도록 한다.

폭발적인 액션을 유지하는 프로그램 ①

프로그램 119 슈팅 전력 달리기

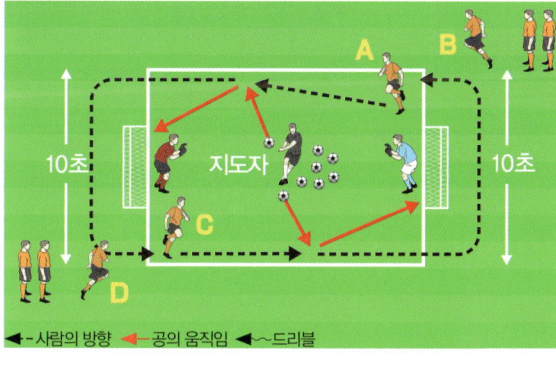

● 순서
① 지도자는 많은 양의 공을 준비하고 중앙에 선다.
② A와 C는 전력으로 달린다.
③ 지도자가 패스하면 바로 슈팅한다.
④ B와 D도 바로 전력 달리기를 시작한다.
⑤ A는 10초 안에 반대편 골대 왼쪽으로 이동해 지도자에게 받은 패스를 바로 슈팅한다.
⑥ ②부터 반복한다.

● 데이터
● 항상 전력을 다한다.
● 횟수 : 6~10번
● 휴식 : 10초
● 세트 수 : 2~4세트
● 세트 간 휴식 : 4분
● 초과회복 시간 : 72시간

폭발적인 액션을 유지하는 프로그램 ②

프로그램 120 루스볼(Loose ball, 어느 팀에도 속해 있지 않은 공)로 1 대 1 대결

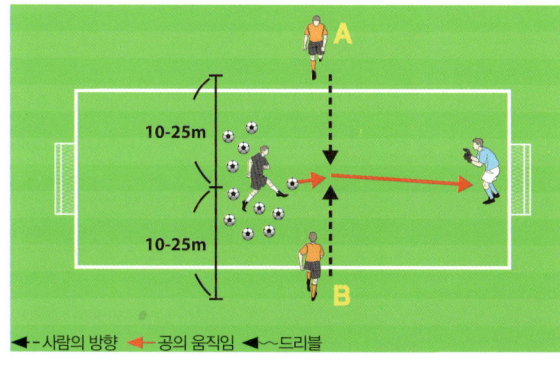

● 순서
① 지도자는 많은 양의 공을 준비하고 중앙에 선다.
② 지도자는 공을 중앙으로 보내고 그것을 신호로 A와 B는 전력으로 달린다.
③ 상대보다 빨리 공을 잡아 슈팅한다.
④ 10초 안에 원래 위치로 되돌아간다.
⑤ ②부터 반복한다.
⑥ 6번 하면 1세트 종료. 4분 휴식한다.

● 데이터
● 항상 전력을 다한다.
● 횟수 : 6~10번
● 휴식 : 10초
● 세트 수 : 2~4세트
● 세트 간 휴식 : 4분
● 초과회복 시간 : 72시간

실전분석샘플 ①

※2장에서 소개한 분석방법을 바탕으로 실제로 하야시가 작성한 실전분석 메모다. 분석할 때 참고하기 바란다.

시합일시	2009년 5월 31일 (19:20 킥오프)	분석자 이름	하야시 마사토
대상시합	(홈) 일본 대표 VS (원정) 벨기에 대표		득점: 4-0 (전반 2-0/후반 2-0)

기본 데이터

날씨	흐리고 가끔 비	득점경과 (시간/득점자)
필드 상황	양호	1-0 (21분/15번)
시합 종류	기린컵 2009	2-0 (23분/14번)
동원 관객 수	42,520명	3-0 (60분/9번)
부상선수	다마다 게이지	4-0 (77분/12번)

선수 명단 (△ = 분석하는 팀, ○ = 대전팀)

번호	△홈팀/선수이름	번호	○ 원정팀/선수이름
1	나라자키 세이고	1	스티넨
6	우치다 아쓰토	6	스워츠
22	나카자와 유지	14	알데르베이럴트
4	다나카 마르쿠스 툴리오	4	베르마엘렌
15	나카토모 유토	17	드 라에
10	나카무라 슌스케	15	무장기
17	하세베 마코토	7	하룬
14	나카무라 겐코	3	시몬
7	엔도 야스히토	5	포코뇰리
9	오카자키 신지	10	마르텐스
16	오쿠보 요시토	13	롤랑
교체선수(교체시간 → 교체선수 등번호)			
19	혼다 게이스케 (45분 → 10)	11	휘세헴스 (62분 → 15)
27	하시모토 히데오 (45분 → 17)	9	보센 (69분 → 5)
2	아베 유키 (62분 → 7)	18	뎀벨레 (82분 → 13)
13	고로키 신죠 (67분 → 14)		
12	야노 키쇼 (70분 → 9)		
5	야마구치 사토시 (74분 →4)		

시작할 때의 포메이션

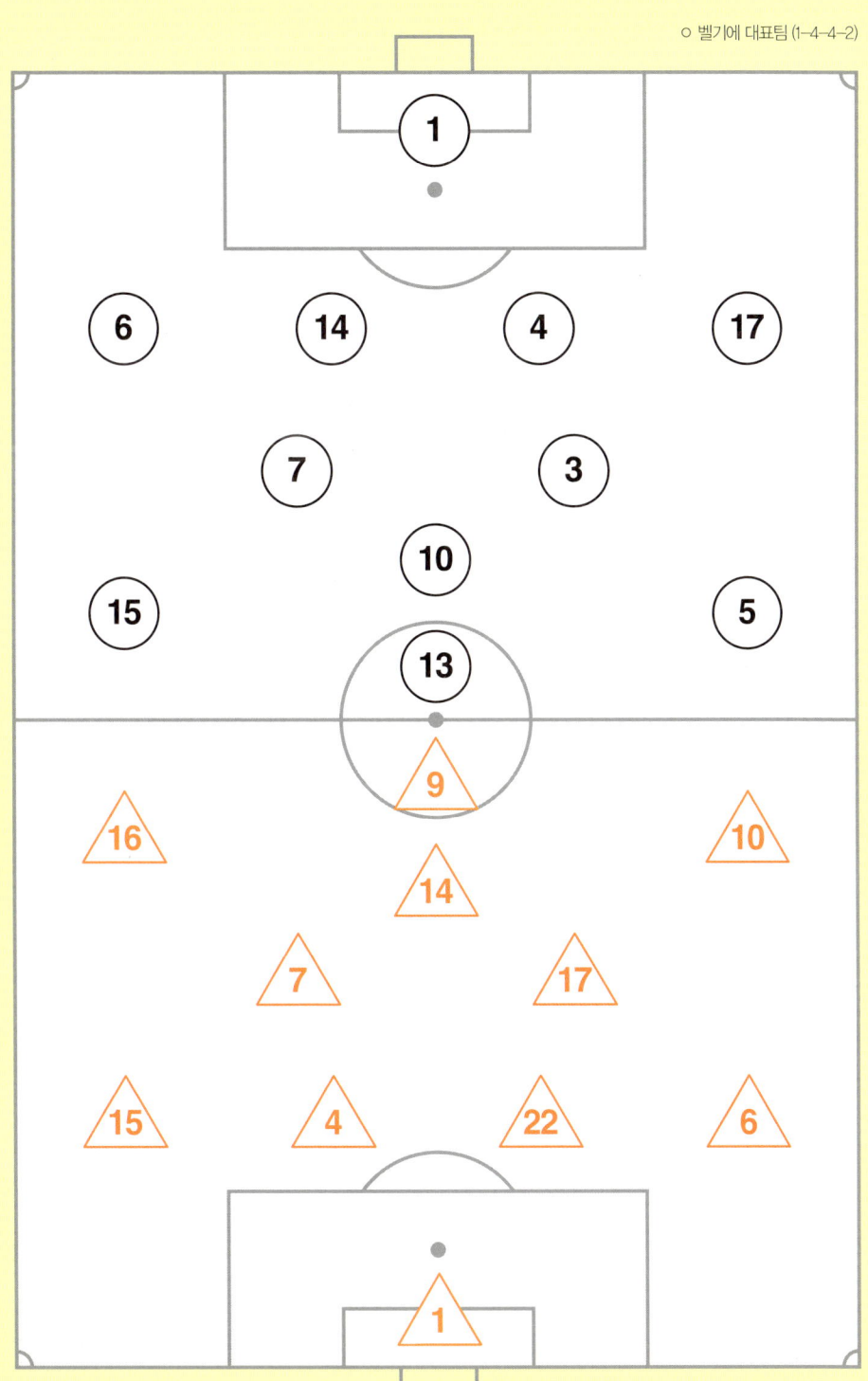

○ 벨기에 대표팀 (1-4-4-2)

△ 일본 대표팀 (1-4-4-2)

전반의 시합 흐름

- 벨기에는 뒷선으로 물러나 있다
- 일본이 시합의 주도권을 잡았다
- 벨기에 진영에서 시합이 전개된다
- 벨기에의 마크에서 벗어나 공간이 많이 생겼다
- 일본이 측면의 수적 우위를 이용하고 있다
- 전반 2-0 (△15 나카토모, △14 나카무라 득점)

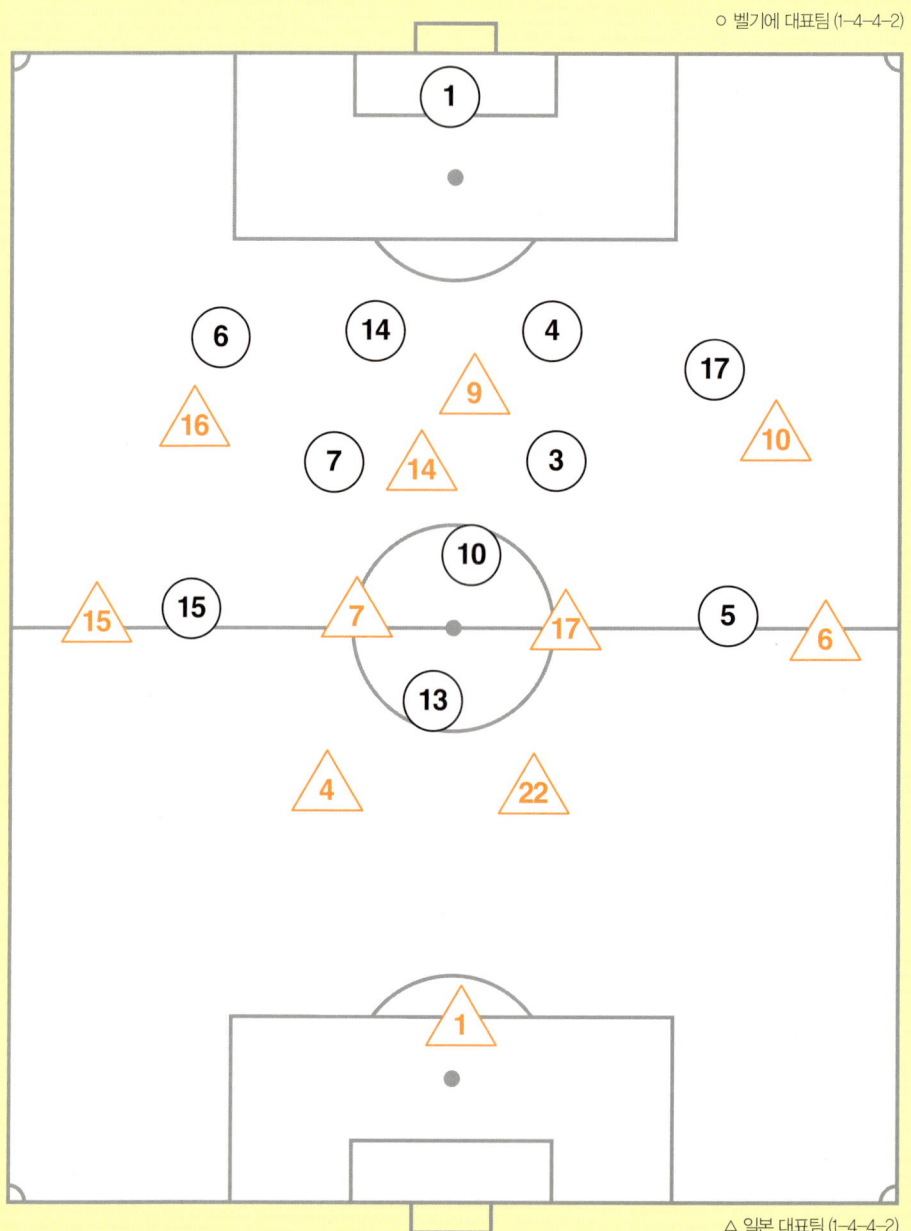

○ 벨기에 대표팀 (1-4-4-2)
△ 일본 대표팀 (1-4-4-2)

후반의 시합 흐름

- 벨기에가 미드필드에서 대인방어를 시도했다
- 벨기에가 앞에서부터 조금씩 압박을 가해 일본이 공격을 전개하기 어렵다
- 일본 풀백의 공격 가담으로 수적 우위가 눈에 띈다
- 벨기에는 여전히 공을 강하게 압박하지 않는다
- 일본이 측면에서 수비를 무너뜨리고 득점했다
- 후반 2득점 (△9 오카자키, △12 야노) 합계 4-0

○ 벨기에 대표팀 (1-4-4-2)

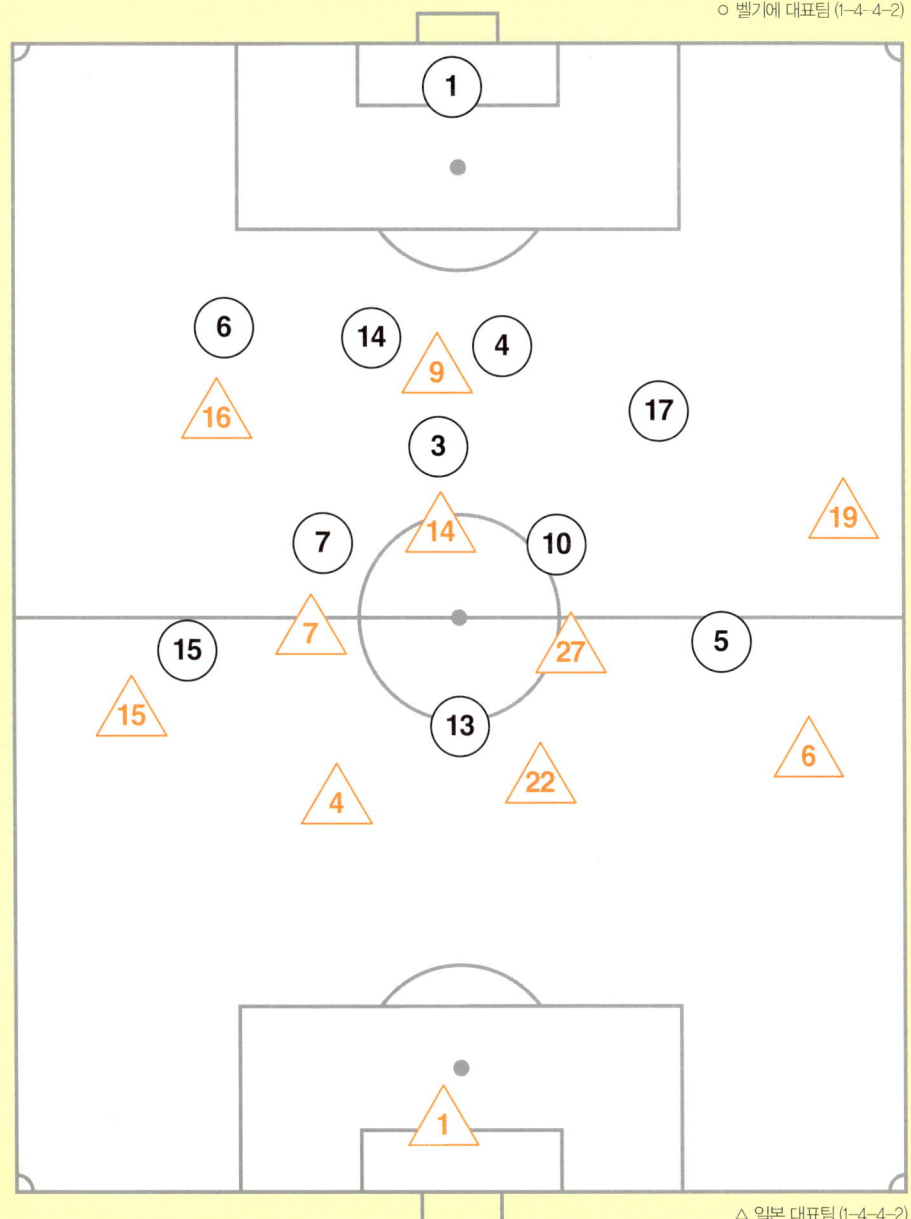

△ 일본 대표팀 (1-4-4-2)

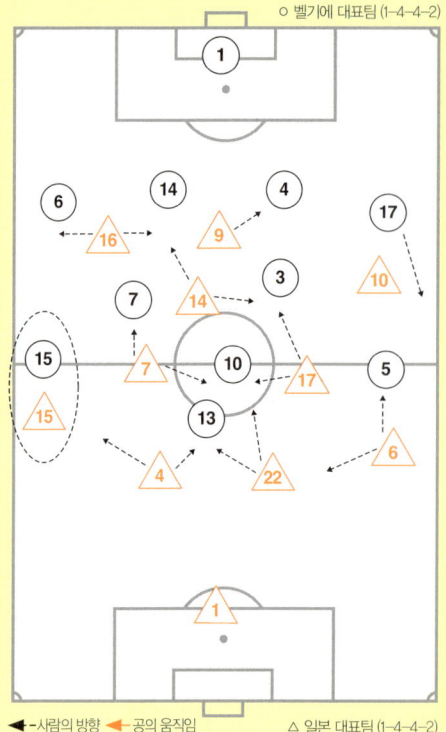

볼 포제션 오퍼넌트 (수비 시)

- 벨기에 ○1이 공을 가졌을 때 일본은 △9, △14 또는 △16이 벨기에 수비수 사이에 서서 공격 전개를 저지한다. 그 결과 골키퍼가 롱킥을 자주 구사했다.
- △9, △16이 전선에서 압박하는 경우, △14가 ○3을 마크한다.
- △7이 ○7을 마크, △17이 ○10을 마크한다.
- △9, △14가 전선에서 압박하는 경우, △17, △7이 ○7, ○3, ○10을 지역방어한다. 가끔 △22가 ○10을 마크하기도 한다.
- △10은 치고 올라오는 ○17을 마크한다.
- △6은 ○5를 저지하면서 안쪽을 커버하려고 한다.
- △15와 ○15는 1 대 1로 대인방어를 한다.
- 기본적으로 △4와 △22가 ○13을 지역방어로 막는다.
- 뒷 공간으로 파고들어 온 공은 △1이 수비에 가담해 언제나 패스를 받을 수 있도록 준비하며 대응한다.

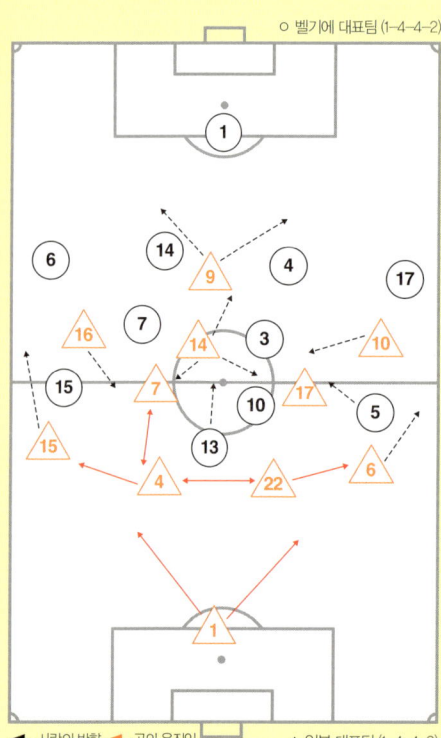

수비 → 공격의 전환 시

- 공을 뺏은 곳은 센터라인 부근~수비 진영라인.
- 벨기에는 빠르게 압박하지 않고 포워드가 센터라인 부근까지 내려온다.
- △1은 공을 뺏은 다음 재빨리 △4나 △22에게 길게 패스한다.
- 공을 많이 뺏은 곳에서 △7, △17, △22, △4의 패스 교환이 매우 잦다.
- 양 측면의 △15, △6은 빠르게 측면으로 넓게 퍼져 오버래핑에 대비한다. 상대팀이 많이 내려가 있어 패스를 받기 쉽다.
- △10은 깊은 곳(뒷 공간)으로는 침투하지 않고 바로 열린 공간으로 들어간다. 수비수와 미드필더 사이에 들어가 공을 받으려고 한다.
- 양 수비형 미드필더, △7, △17은 대체로 노마크로 패스를 받을 수 있었다. 전환할 때 깊은 곳까지 파고드는 경우가 있지만 대부분은 안전하게 옆으로 패스하거나 백패스로 공을 지킨다.
- △14는 상대팀 미드필더 ○7, ○3의 앞과 뒷 공간으로 들어가 패스를 받으려고 한다.
- 포워드 △9는 벨기에 수비진이 돌아오기 전에 생긴 뒷 공간을 활용하려는데 좋은 공이 오지 않는다.
- △16은 전환할 때 내려가 발로 공을 받으려고 하거나 포스트 플레이를 하려고 한다.
- 전체적으로 벨기에는 뒤로 물러나 수비를 정비하기 전에는 공격을 시도하기보다는 공을 지키려 하는 모습을 보였다.

○ 벨기에 대표팀 (1-4-4-2)

볼 포제션 (공격 시)

- 골키퍼 △1이 공을 갖고 △4, △22에게 길게 패스한다.
- 벨기에는 센터라인 부근까지 돌아가 지역방어로 수비한다.
- 상대의 라인이 낮아 수비라인이 공을 돌리기 쉽다.
- △4, △22 사이의 패스 교환이 많지만 템포는 빠르지 않다.
- △7과 △14는 ○10에 대항해 2 대 1로 공을 잘 뺏는다. 여기서부터 공격 전개.
- 양 풀백 △6과 △15는 공격 전개에는 조금 가담하고 대부분은 직접 상대 ○5와 ○15를 교란시켜 전방에 생기는 공간으로 파고들려 한다.
- ○7과 ○3 사이에 위치한 △14는 내려가 공격 전개에 가담하고 수비수와 미드필더 사이에 생기는 공간에 잘 침투한다.
- △10은 직접 마크하는 ○17이 높은 위치에 있어 안으로 움직여 공을 받고 측면에 공간을 만든다. 혹은 스스로 공간에 침투하기도 한다.
- 좌측 윙어 △16은 안쪽에 위치한다. 볼사이드로 내려가 발로 공을 받는다. 공간으로 파고들기도 한다. ○6이 움직임을 쫓기 때문에 공간이 많이 생긴다.
- 센터 포워드 △9는 뒷 공간으로 움직일 때가 많으며 포스트 플레이가 적다.

◀─ 사람의 방향   ◀─ 공의 움직임   △ 일본 대표팀 (1-4-4-2)

○ 벨기에 대표팀 (1-4-4-2)

공격 → 수비의 전환 시

- 공을 뺏긴 위치는 벨기에 진영, 수비라인이 많다.
- 벨기에는 가까운 선수에게 패스하려고 한다.
- 일본은 공을 뺏긴 선수와 주변 선수가 공을 가진 선수를 빠르게 압박한다.
- △9와 △16은 공을 뺏긴 순간, 압박한다. 골키퍼에게도 압박을 가한다. 그 결과 롱킥이 많아졌다.
- △14가 앞으로 압박하러 가면 △7이 빠르게 대응하고 앞의 수비형 미드필더 ○7과 ○3에 압박을 가한다. △17이 그 역할을 할 때도 있다.
- △14와 △10의 전환이 늦을 때가 있다. 그 사이 상대 팀이 미드필드에서 수적 우위를 만들 수 있는 가능성이 있다.
- 풀백 △15, △6은 올라간 위치에서 마크한다.
- 두 센터백 △4와 △22는 빠르게 뒷 공간 ○13을 커버한다. ○10이 노마크인 경우는 올라가 마크하기도 하지만 타이밍이 늦을 때도 있다.
- △1은 페널티 에어리어 부근에 위치한다.

◀─ 사람의 방향   ◀─ 공의 움직임   △ 일본 대표팀 (1-4-4-2)

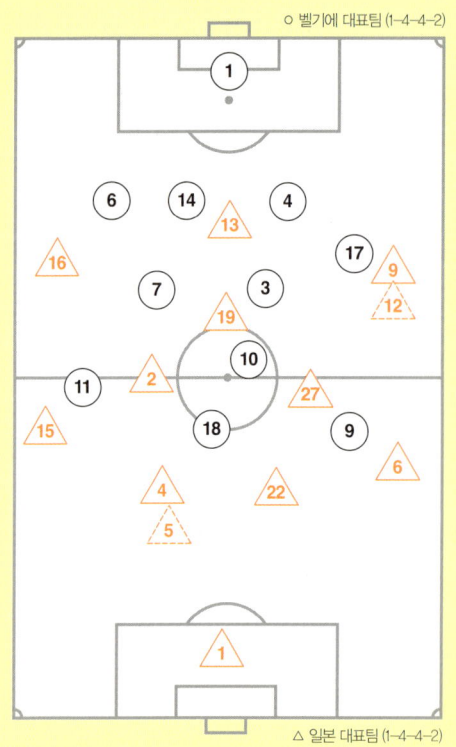

○ 벨기에 대표팀 (1-4-4-2)

△ 일본 대표팀 (1-4-4-2)

변경사항

● 일본
45분 △19 혼다 게이스케 In
　　　△10 나카무라 슌스케 Out
45분 △27 하시모토 히데오 In
　　　△17 하세베 마코토 Out
62분 △2 아베 유키 In
　　　△7 엔도 야스히토 Out
67분 △13 고로키 신죠 In
　　　△14 나카무라 겐코 Out
　　　포지션 변경
70분 △12 야노 키쇼 In
　　　△9 오카자키 신지 Out
74분 △5 야마구치 사토시 In
　　　△4 다나카 마르쿠스 툴리오 Out

● 벨기에
62분 ○11 In　○15 Out
69분 ○9 In　○5 Out
82분 ○18 In　○13 Out
포지션과 시스템 모두 변경 없음

● 득점 장면 + 세트플레이

1-0 (21분) △15 나카토모

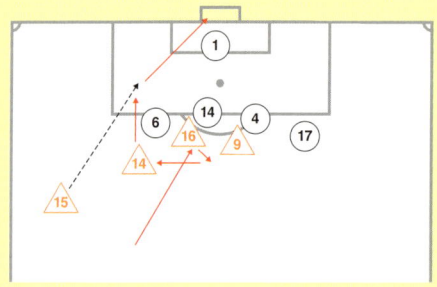

2-0 (23분) △14 나카무라

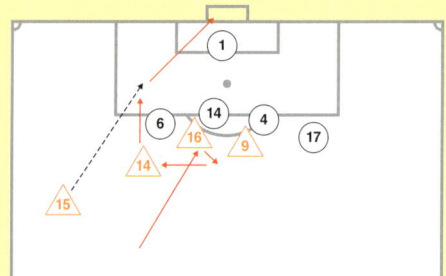

3-0 (60분) △9 오카자키

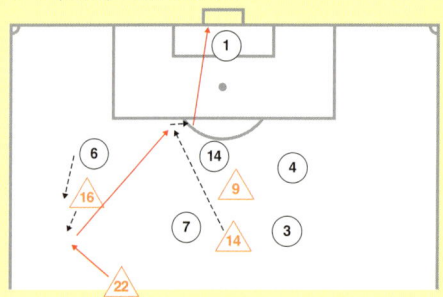

4-0 (77분) △12 야노

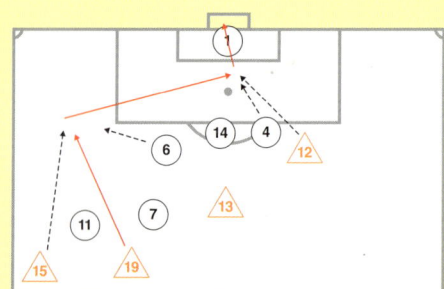

분석을 통해 알게 된 문제점 제기

1>> 볼 포제션 오퍼넌트 (수비 시)

- 전방부터 압박하는 경우, △9, △16, △14의 협력플레이가 중요하다.
- △14가 앞에서부터 압박할 때는 미드필더에서 수적 열세에 대응한다. 그때 중요한 것이 △7, △17과 △4, △22다. 측면 미드필더 △10도 협력플레이를 펼친다.

2>> 수비 → 공격의 전환 시

- 전선으로 공을 보낼 수 있을 때는 공을 지키며 빠르게 앞을 향해야 한다. △7, △17, △14의 빠른 판단과 △9, △16이 좋은 움직임을 보여야 한다.
- 최종라인에서 속도를 높여 공을 돌려야 하며 전선으로 빠르게 공을 보내야 한다. △4, △22의 판단력 향상이 필요하다.

3>> 볼 포제션 (공격 시)

- 포워드의 움직임에 다양성을 더한다. △9가 항상 깊은 곳(뒷 공간을 노림), △16이 공을 받으러 온다는 정해진 형태에서 협력플레이로 발전시킨다.
- 정중앙에서 무너뜨릴 때는 포워드와 미드필더의 협력플레이가 중요하다.
- △9와 △16의 협력플레이와 △14, △7 또는 △17의 지원에서부터의 공격 등을 늘린다.
- 내려가 수비하는 상대팀에 대항해 수비라인은 빠른 템포로 공을 돌린다. △4, △22, △15, △6은 빠르게 공을 돌려, 상대팀의 수비라인을 무너뜨리는 타이밍에 맞춰 빠르게 공을 앞으로 보낸다. 미드필더의 움직임도 좋아져야 한다.

4>> 공격 → 수비의 전환 시

- 앞으로 또는 옆으로 빠르게 올리고 커버하는 능력이 필요하다.
- △7, △14 등이 빠른 압박을 위해 포지션을 이탈하는 경우는 주변에 있는 △4, △22 또는 △10이 빠른 판단으로 미드필드에 수적 우위를 만들지 못하게 한다.
- ○10이 수비의 뒷 공간으로 빠졌을 때 커버의 판단과 빠른 대처가 필요하다. ○13의 마크를 위해 서로 지원을 한다. △15, △4, △22, △6 등이 주요 선수다. 혹은 △7과 △17.

실전분석샘플 ②

시합일시	2009년 9월 5일 (14:00 킥오프)	분석자 이름	하야시 마사토
대상시합	(홈) 네덜란드 대표 VS (원정) 일본 대표		스코어: 3-0 (전반 0-0/후반 3-0)

기본 데이터

날씨	흐리고 가끔 비	득점경과 (시간/득점자)
필드 상황	보통	1-0 (69분/7번) 2-0 (73분/10번) 3-0 (87분/18번)
시합 종류	친선시합	
동원 관객 수	25,000명	
부상선수	없음	
출전정지선수	없음	
특별 정보	없음	

선수 명단 (△ = 분석하는 팀, ○ = 대전팀)

번호	△홈팀/선수이름	번호	○ 원정팀/선수이름
1	포름	23	가와시마 에이지
2	반 더 비엘	6	우치다 아쓰토
3	루벤스	22	나카자와 유지
4	마티센	4	다나카 마르쿠스 툴리오
5	반 브롱호스트	15	나카토모 유토
8	니헬 데 용	10	나카무라 슌스케
10	스네이더르	17	하세베 마코토
6	멘데스	14	나카무라 겐코
7	판 페르시	7	엔도 야스히토
9	카윗	9	오카자키 신지
11	로번	11	다마다 게이지
교체선수(교체시간 → 교체선수 등번호)			
19	엘리아 (45분 → 11)	20	혼다 게이스케 (45분 → 11)
16	페르트하이젠 (45분 → 1)	13	고로키 신죠 (70분 → 14)
17	데 제우 (64분 → 6)		
18	훈텔라르 (64분 → 9)		
15	반 더 바르트 (78분 → 10)		

시작할 때의 포메이션

○ 네덜란드 대표팀 (1-4-3-3)

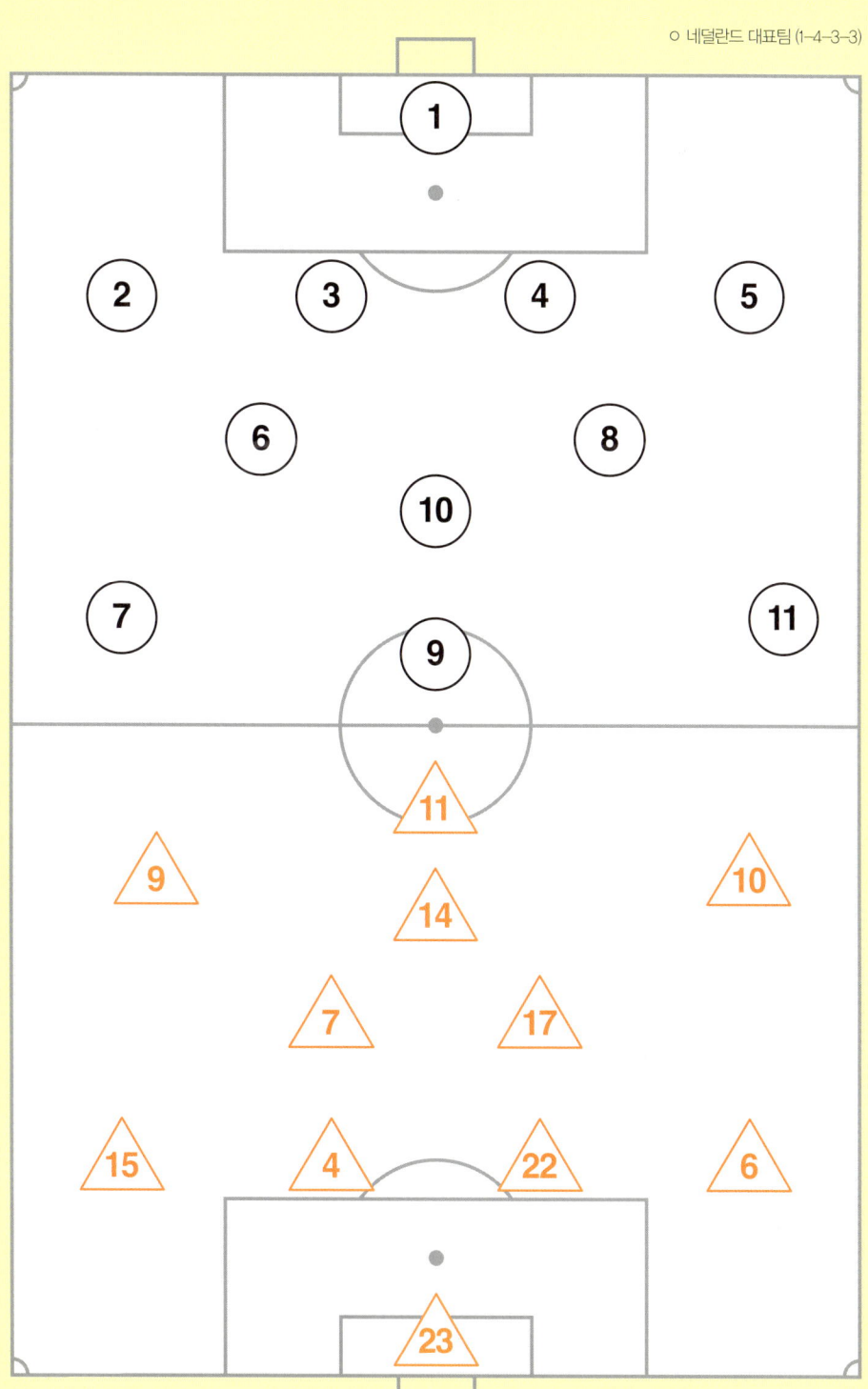

△ 일본 대표팀 (1-4-4-2)

전반의 시합 흐름

- 일본은 포워드가 적극적으로 압박했다
- 네덜란드는 공격을 제대로 전개하지 못했다
- 일본은 수비형 미드필더가 노마크 상태를 유리하게 활용했다
- 몇 번의 기회를 만든 일본
- 일본이 측면 공간에서 수적 우위를 이용하고 있다

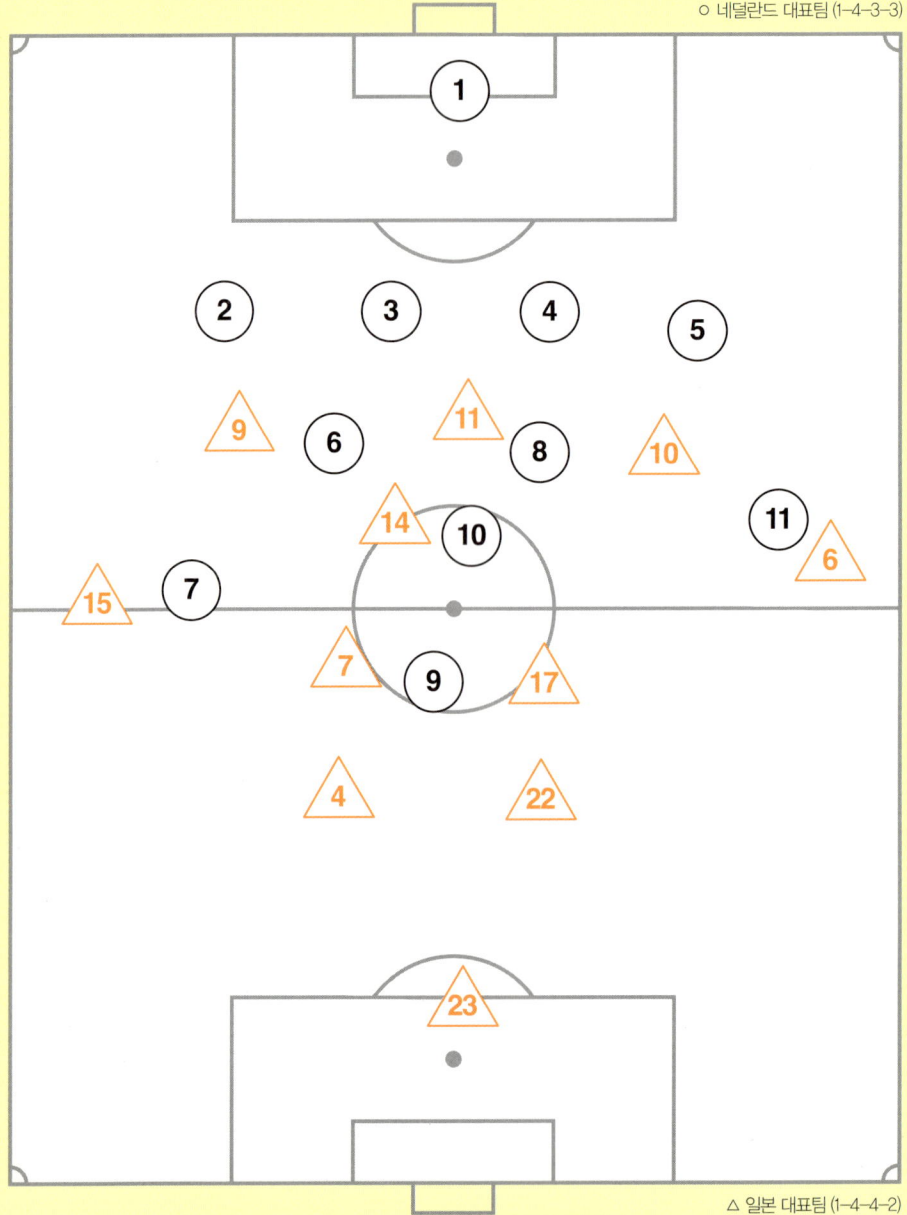

○ 네덜란드 대표팀 (1-4-3-3)
△ 일본 대표팀 (1-4-4-2)

후반의 시합 흐름

- 일본이 상당히 높은 곳에서 압박하기 시작했다
- 그 때문에 미드필드에 공간이 생겼다
- 미드필드에서는 네덜란드가 유리하다
- 네덜란드의 센터서클 에어리어의 압박이 늘었다
- 너무 높은 지역에서의 압박으로 서서히 일본 수비진이 체력을 소모해 실점했다
- 후반 득점 (3-0)

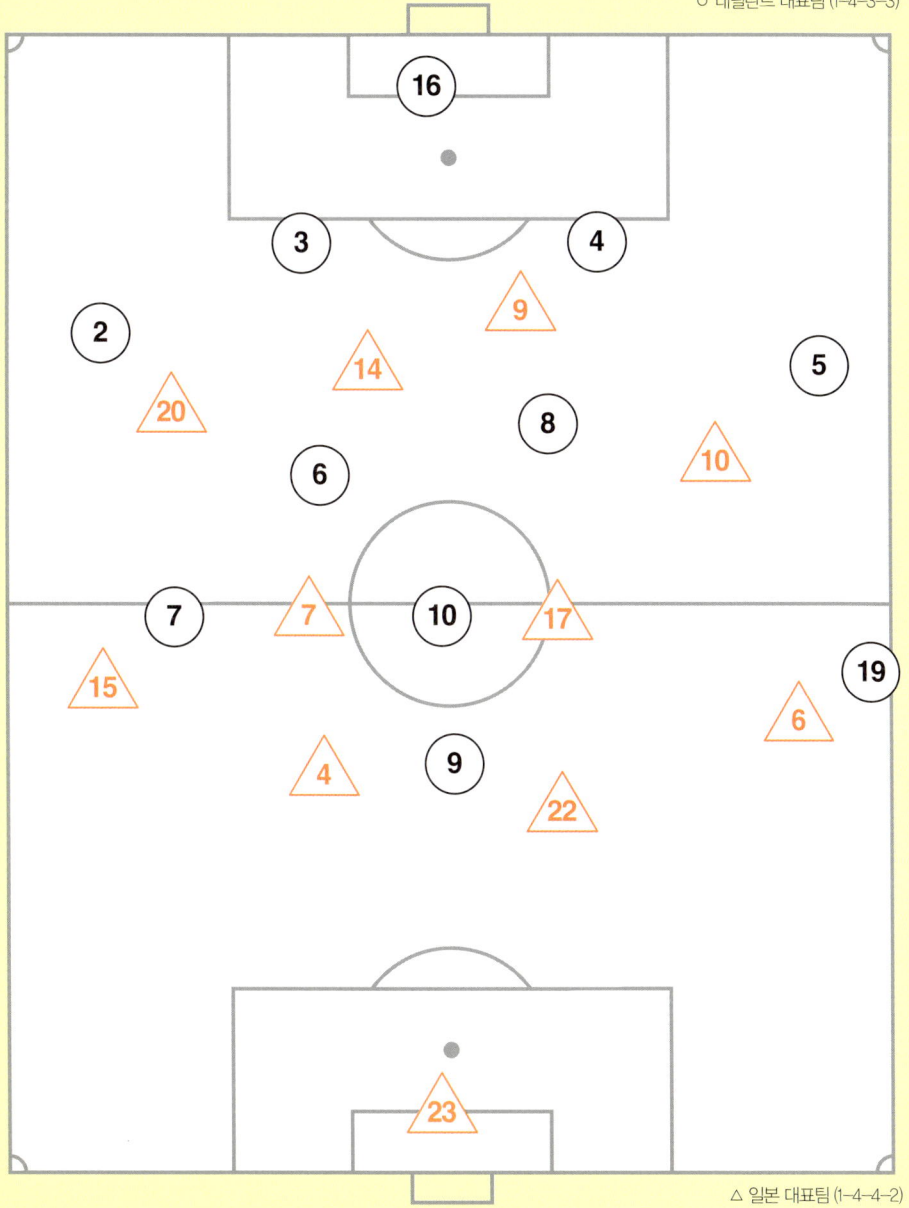

○ 네덜란드 대표팀 (1-4-3-3)
△ 일본 대표팀 (1-4-4-2)

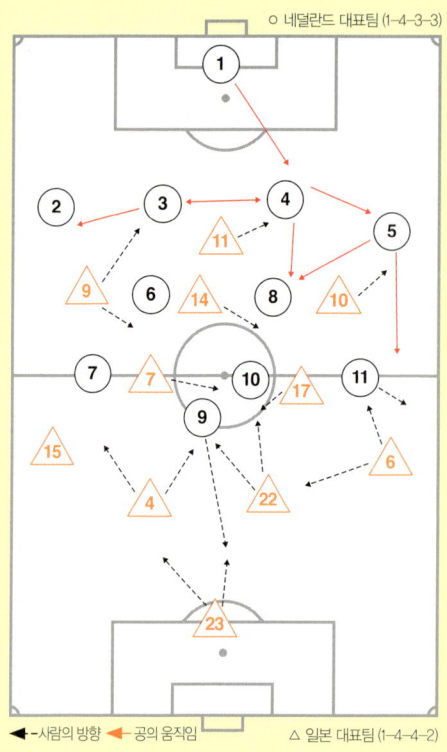

볼 포제션 오퍼넌트 (수비 시)

- 네덜란드는 골키퍼를 이용해 공을 지키면서 앞으로 보낸다.
- ○3과 ○4에게 △9와 △11이 각각 비교적 빠른 단계에서 압박을 가한다.
- ○2에는 △9, ○5에는 △10이 공에 압박을 건다.
- 그때 ○6과 ○8이 노마크된 것을 △14와 △7 중 하나가 앞으로 나와 마크한다. 이에 맞춰 △14나 △11이 내려와 한쪽을 마크한다.
- 이 때문에 남은 △17이나 △7이 ○10을 마크한다.
- ○7과 ○11은 측면에 위치하지 않고 자유롭게 돌아다니지만 기본적으로는 △6과 △15가 대인방어처럼 마크한다.
- △10과 △9로 끼어들듯이 공을 뺏으려고 한다.
- ○9에 대해서 센터백 △22와 △4가 지역방어한다.
- △23은 페널티 에어리어 부근에서 수비의 뒷 공간을 커버한다.

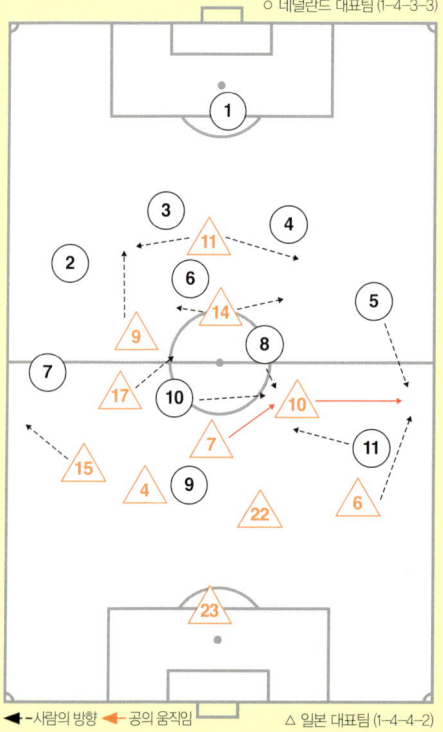

수비 → 공격의 전환 시

- 공을 뺏은 곳은 센터라인 부근~수비 진영 라인.
- 네덜란드는 공에 가까운 선수가 바로 압박을 가한다.
- 공을 뺏은 다음 △22와 △4를 지원해야 한다는 의식이 별로 없어 앞으로 공을 보낼 때가 많다.
- △15와 △6은 전방에 빠르게 위치를 선점해 공을 받으려고 한다.
- △10은 공을 받으려고 움직이지만 전방과 노마크 선수를 찾는 데 2~3번은 터치해야 해 시간이 걸린다.
- 미드필드의 빈 공간에서 △9가 좋은 위치를 차지할 때가 많지만 직접적으로 사용할 때는 많이 없다.
- △17은 미드필드의 공간을 찾아 움직인다.
- 중앙과 왼쪽 측면에 자주 위치하는 △11은 공을 발로 받으려는 움직임이 많다. 그러나 상대팀을 등지고 받으려는 경우가 많아 관리가 어렵다.

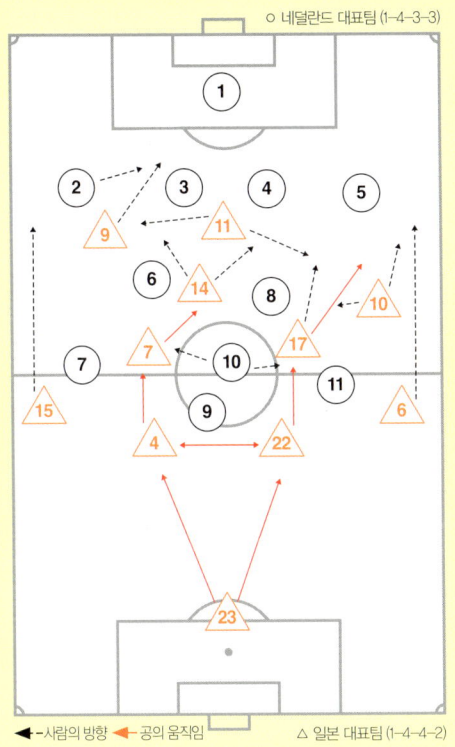

볼 포제션 (공격 시)

- 골키퍼 △23이 공을 가지면 △4, △22에 긴 패스.
- 네덜란드는 센터라인 부근에서 압박을 시도한다. 앞에서는 공의 진행 방향을 제한하려고 하지 않는다.
- 네덜란드 포워드의 압박은 그렇게 높지 않아 △22와 △4는 골키퍼에게서 공을 받아 돌리기 쉽다.
- 특히 ○11은 수비를 별로 하지 않아 일본의 오른쪽 측면 △10과 △6이 있는 곳에 큰 공간이 생긴다.
- △15는 측면 공간을 활용하기 위해 오버래핑을 시도한다. 공격 전개에는 특별히 가담하지 않는다.
- 상대팀의 ○10에 대응해 2 대 1의 상태가 되는 △17과 △7은 비교적 자유롭게 공을 받는다. 그 후의 플레이는 전방으로의 긴 패스가 많다.
- △10은 ○5가 수비라인에 남아 있어 공간에서 공을 받을 수 있다. 터치 수가 많아 다음 플레이까지 시간이 걸린다.
- △9와 △14는 뒷 공간으로 파고들 때가 많다. △14는 공격 전개에도 가담한다.
- △11은 뒤로 들어가는 움직임은 적지만 발로 공을 받으려는 움직임이 많다.

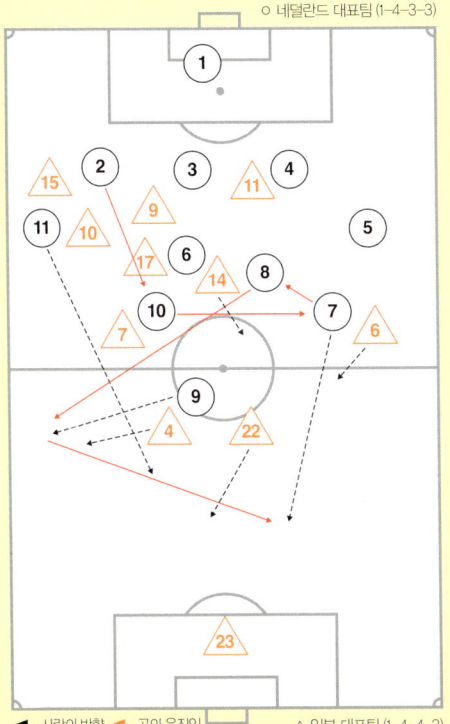

공격 → 수비의 전환 시

- 공을 뺏기는 위치는 네덜란드 진영~센터라인 부근.
- 네덜란드는 전환을 이용해 빠르게 공격해 온다.
- 공격에 너무 많은 사람이 가담하는 일본은 △6과 △15가 모두 올라간 상태와 미드필드에서 균형이 깨지는 모습을 자주 볼 수 있다.
- 전방에서 볼사이드를 빠르게 압박해 상대가 백패스와 긴 패스를 하게 만들었다.
- 그러나 △7과 센터백 △4, △22의 3명밖에 위험 관리를 하지 않아 위험한 장면이 많았다.
- △10과 △17은 공을 가진 선수를 빠르게 압박하지만 돌아오는 전환에서는 상당히 느렸다.
- △11, △9도 공을 뺏겼을 때는 빠르게 압박한다.
- △23은 잇따른 역습(뒤로 오는 긴 패스)으로 흐름을 끊었다.

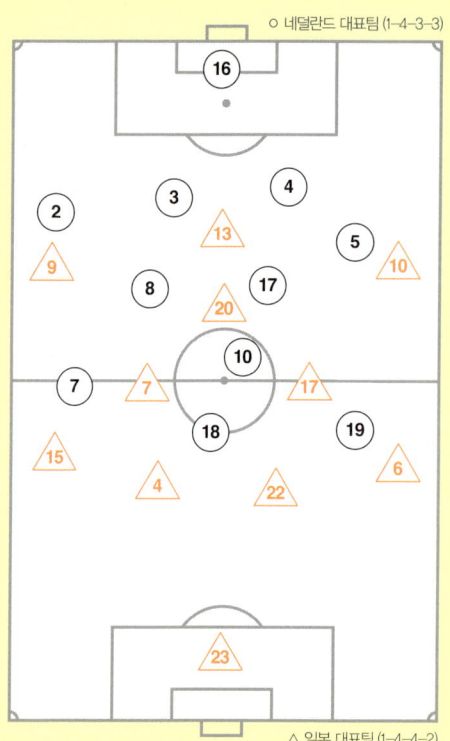

○ 네덜란드 대표팀 (1-4-3-3)
△ 일본 대표팀 (1-4-4-2)

변경사항

● **일본**

45분 △20 혼다 게이스케 In
　　　△11 다마다 게이지 Out
70분 △13 고로키 신죠 In
　　　△14 나카무라 겐코 Out

시스템 변경

● **네덜란드**

45분 ○19 In ○11 Out
45분 ○16 In ○1 Out
64분 ○18 In ○9 Out
64분 ○17 In ○6 Out
78분 ○15 In ○10 Out

포지션과 시스템 모두 변경 없음

● 득점 장면 + 세트플레이

0-1 (69분) ○7 판 페르시

0-2 (73분) ○10 스네이더르

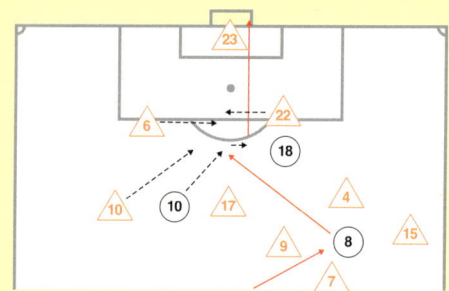

0-3 (87분) ○18 훈텔라르

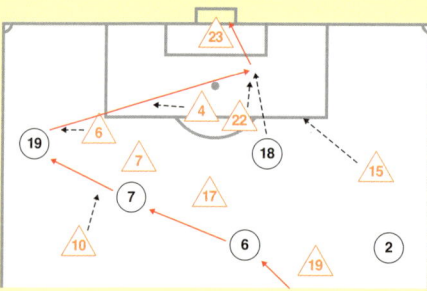

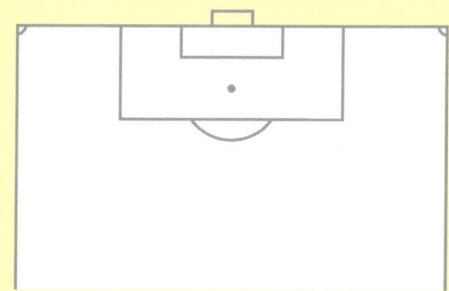

분석을 통해 알게 된 문제점 제기

1》 볼 포제션 오퍼넌트 (수비 시)

- 측면으로 공을 몬 다음 상대팀의 미드필더 O6과 O8로 접근하는 방법을 개선한다.
- 포워드가 접근할 수 없을 때는 △17, △7, △10, △9가 협력플레이로 대응해야 한다.
- 후반에 높은 위치에서 압박했던 것을 수정한다. △20, △13, △9 등이 주요 선수다.
- 미드필드의 공간이 넓어 상대팀이 자유롭게 공을 지배할 수 있다. 그 결과 수비수가 한 박자씩 늦게 된다.

2》 수비 → 공격 전환 시

- 전방에 공을 보낼 수 있을 때는 빠르게 공을 앞으로 몰고 간다. △7, △17, △10이 판단해 △9, △11이 우선적으로 공을 받을 수 있게 해야 한다.
- △22와 △4가 빠르게 위치를 선점하고 공을 지킬 수 있는 선택지를 늘린다.

3》 볼 포제션 (공격 시)

- 왼쪽 측면의 공간을 유리하게 이용한다.
- △10과 △6이 포워드 △9, △11과 협력해 측면 공격의 질을 향상시킨다. 상대방을 유인해 반대 측면에서 공격을 전개하는 것도 중요하다.
- 중앙의 △17과 △7 중 한 명이 노마크 되는 것을 이용해 공격을 개선한다.
- △9와 △11의 움직임의 질, △10의 패스의 질을 향상시킨다.
- 수비라인으로 공을 지킬 때의 템포 변화가 필요하다.
- △4와 △22가 공을 지킬 때의 점유율 향상에 따른, 팀을 '위한' 플레이와 공격의 선택지가 늘어난다. △15와 △6도 공격을 전개할 때 가담하는 것이 중요하다.

4》 공격 → 수비 전환 시

- 볼 포제션 때도 말했지만 위험 관리를 해야 한다. △6과 △15의 관계, △7과 △17의 관계 등 한쪽이 올라가면 한쪽은 뒤를 돌봐줘야 한다.
- 측면으로 공이 빠져나가면 빠르게 균형을 잡는다.
- △22나 △4가 유인되어 밖으로 나오지 않도록 △6과 △15는 빠르게 돌아간다.
- 전선에서 공을 제대로 압박할 수 있도록 훈련한다.
- 앞을 막을 것인가? 옆을 막을 것인가? 빠른 판단이 필요하다.

실전분석샘플 ③

시합일시	2009년 8월 어느 날 (9:30분 킥오프)	분석자 이름	하야시 마사토
대상시합	전 일본 소년 축구 대회 소년 축구 클럽 A VS 소년 축구 클럽 B	스코어: 2-0 (전반 0-0/후반2-0)	

주니어급 대회의 시합에서 양 팀의 실력 차가 많이 나거나 시스템이 제대로 작동하지 않는 경우, '실전 분석 샘플①(P.216~223)'로 분석할 수 없을 수 있다. 이런 경우, 분석할 팀이 공을 갖고 있을 때와 상대팀이 공을 갖고 있을 때를 나눠서 메모하고 문제점을 분석해 과제를 만든다.

선수표

번호	△홈팀/선수이름
교체선수(시간/등번호)	

시작할 때의 포메이션

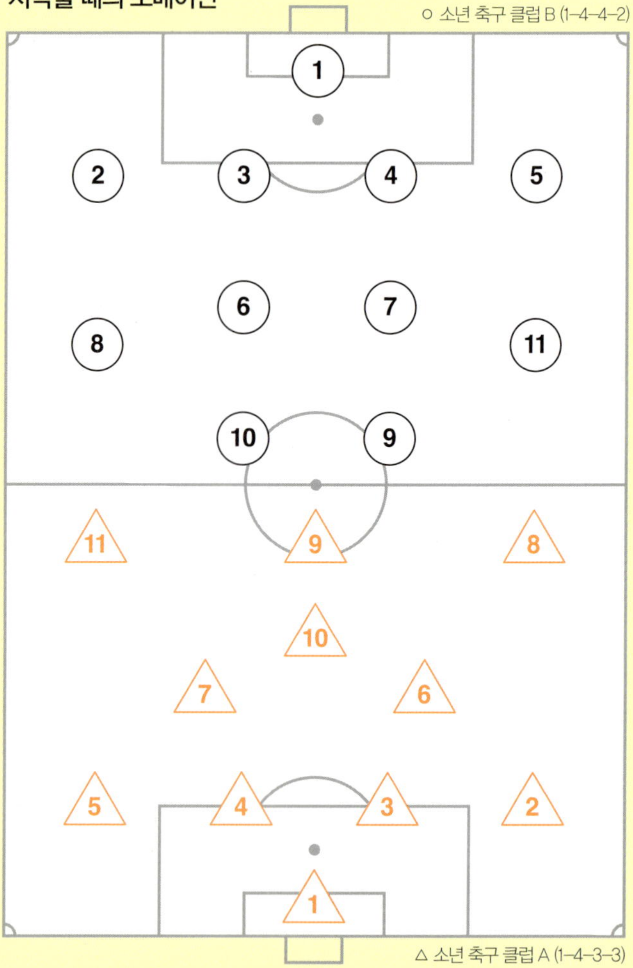

○ 소년 축구 클럽 B (1-4-4-2)

△ 소년 축구 클럽 A (1-4-3-3)

1》 분석할 팀이 공을 가졌을 때

공격 전개
- 선수가 의도적으로 필드를 넓게 사용하지 않았다.
- 공을 뺏은 뒤에는 무조건 포워드의 뒷 공간으로 길게 패스했다. 골키퍼도 길게 패스할 때가 많았다.
- 미드필더 + 수비수는 공간을 이용한 위치 선정을 하지 못했다.
- 단조로운 긴 패스가 많아 득점 기회가 적었다.
- 포워드와 호흡을 맞추지 못해 상대팀에게 공을 잘 뺏겼다.

득점
- 전반 시작과 세트 플레이 때 흘러나온 공으로 득점할 기회가 있었지만 제대로 살리지 못했다.

2》 상대팀이 공을 갖고 있을 때

공격 전개
- 한 명 한 명 마크하려는 생각은 있지만, 팀 전체가 호흡을 맞춰 상대팀에게 공간을 내주지 말아야 한다는 생각은 하지 못한 것 같다. 그래서 상대팀이 중앙에 생긴 큰 공간을 활용할 수 있었다. 특히 포워드와 미드필더 + 수비수가 유기적이지 못했다.
- 수비라인이 비교적 낮아 뒷 공간은 없었지만 선수 간의 거리가 멀어 상대팀이 미드필드에서 쉽게 패스할 수 있었다.
- 상대팀은 미드필드의 공간을 이용해 좌우로 공을 보내 많은 기회를 만들었다.
- 라인별로 협력플레이가 되지 않았다.

득점
- 빠르게 마크하지 않고 어물쩍거리며 슈팅을 늦게 막아 상대팀이 득점했다.
- 파고 들어오는 선수가 많아 쉽게 패스를 당했고 슈팅을 허락했다.

분석을 통해 본 문제점

팀이 공을 가졌을 때
① 골키퍼부터 공격을 전개하는 힘을 길러야 한다. 긴 패스로 전방에 공을 보내지 말고 수비수 + 미드필더가 공간을 넓게 사용해 확실한 공격 기회를 만들어가야 한다.
② 공을 뺏은 후 긴 패스가 아닌 짧은 패스를 해야 한다. 포워드 + 미드필더 혹은 수비수의 빠른 위치 선정과 공을 뺏은 선수의 판단이 중요하다.

상대팀이 공을 가졌을 때
① 포워드와 미드필더 + 수비수의 협력으로 상대팀이 활용할 수 있는 공간을 좁게 유지한다. 한 선수씩 압박하는 게 아니라 팀 전체로 압박해야 한다. 수비라인이 밀고 올라오는 것도 필요하다.
② 포워드의 수비력을 강화시킨다. 후방 미드필더와의 협력플레이를 생각하며 수비해야 한다.

실전분석샘플 ※복사해서 사용하시기 바랍니다.

시합일시		분석자 이름	
대상시합			

기본 데이터

날씨		득점경과 (시간/득점자)	
필드 상황			
시합 종류			
동원 관객 수			
부상선수			
출전정지선수			
특별 정보			

선수 명단 (△ = 분석하는 팀, ○ = 대전팀)

번호	△홈팀/선수이름	번호	○원정팀/선수이름

교체선수(교체시간 → 교체선수 등번호)			

시작할 때의 포메이션

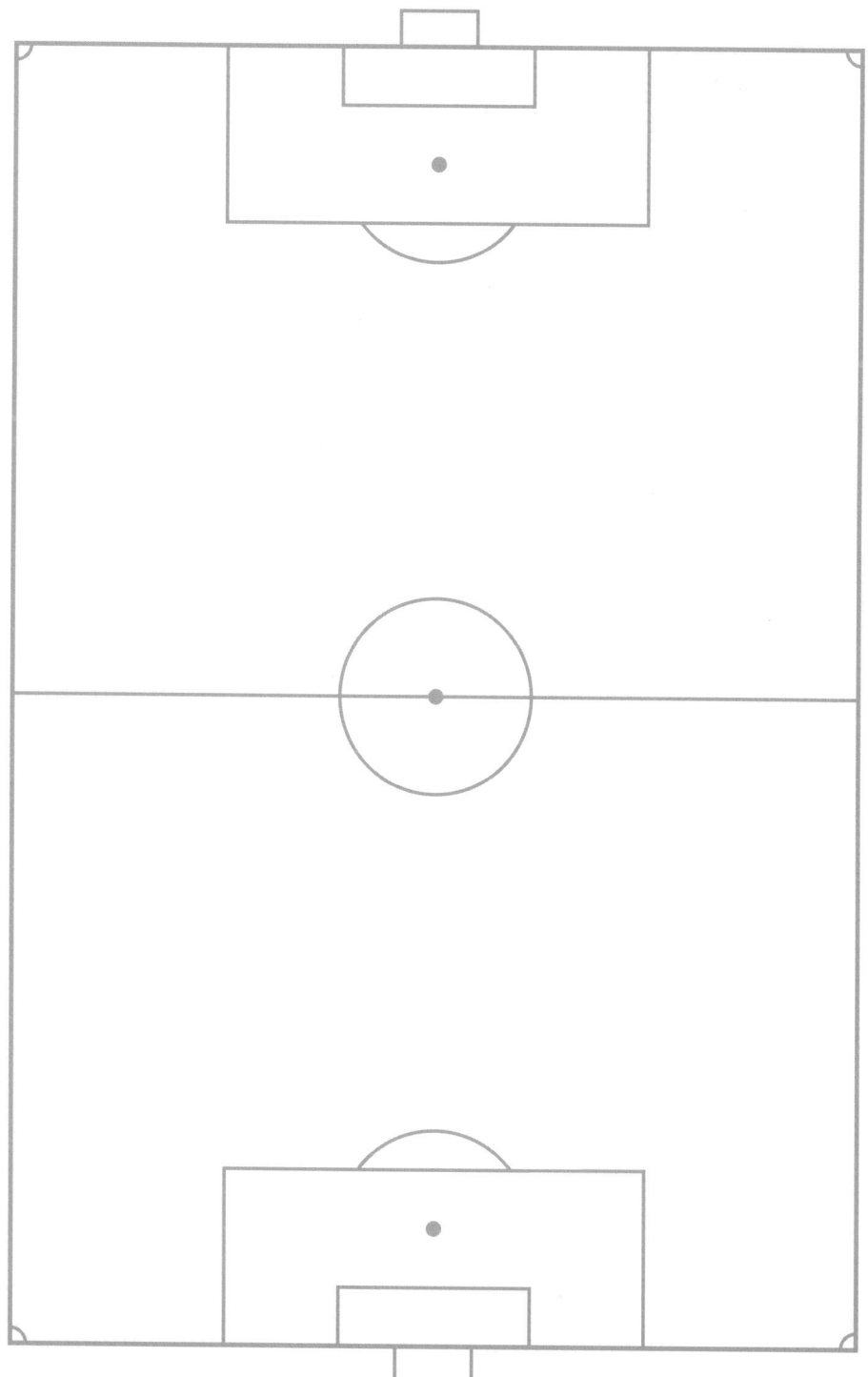

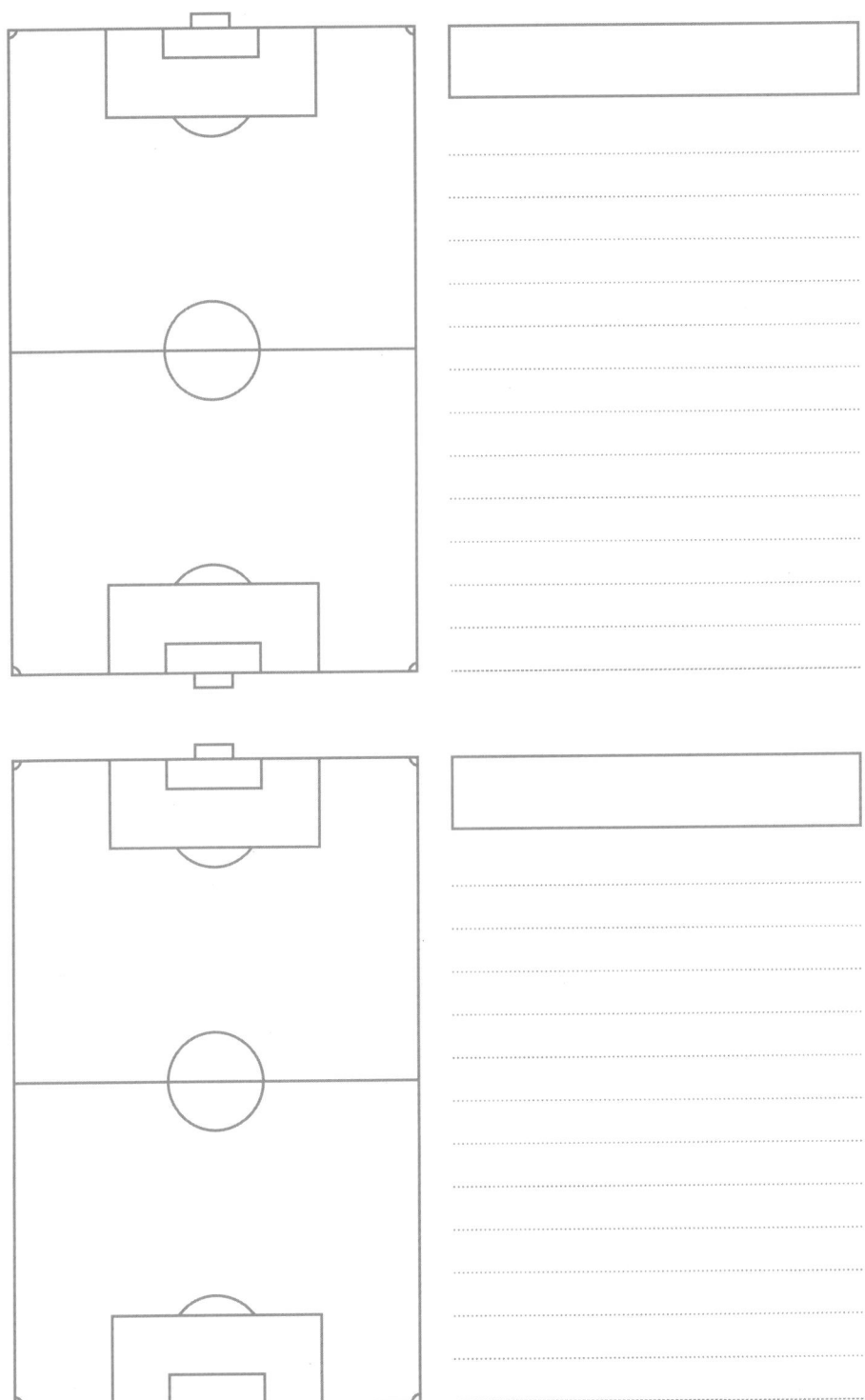

※ '전반, 후반 시합의 흐름', '볼 포제션 오퍼넌트(수비 시)', '볼 포제션(공격 시)', '공수 전환' 등의 분석용으로 복사해 사용하시기 바랍니다.

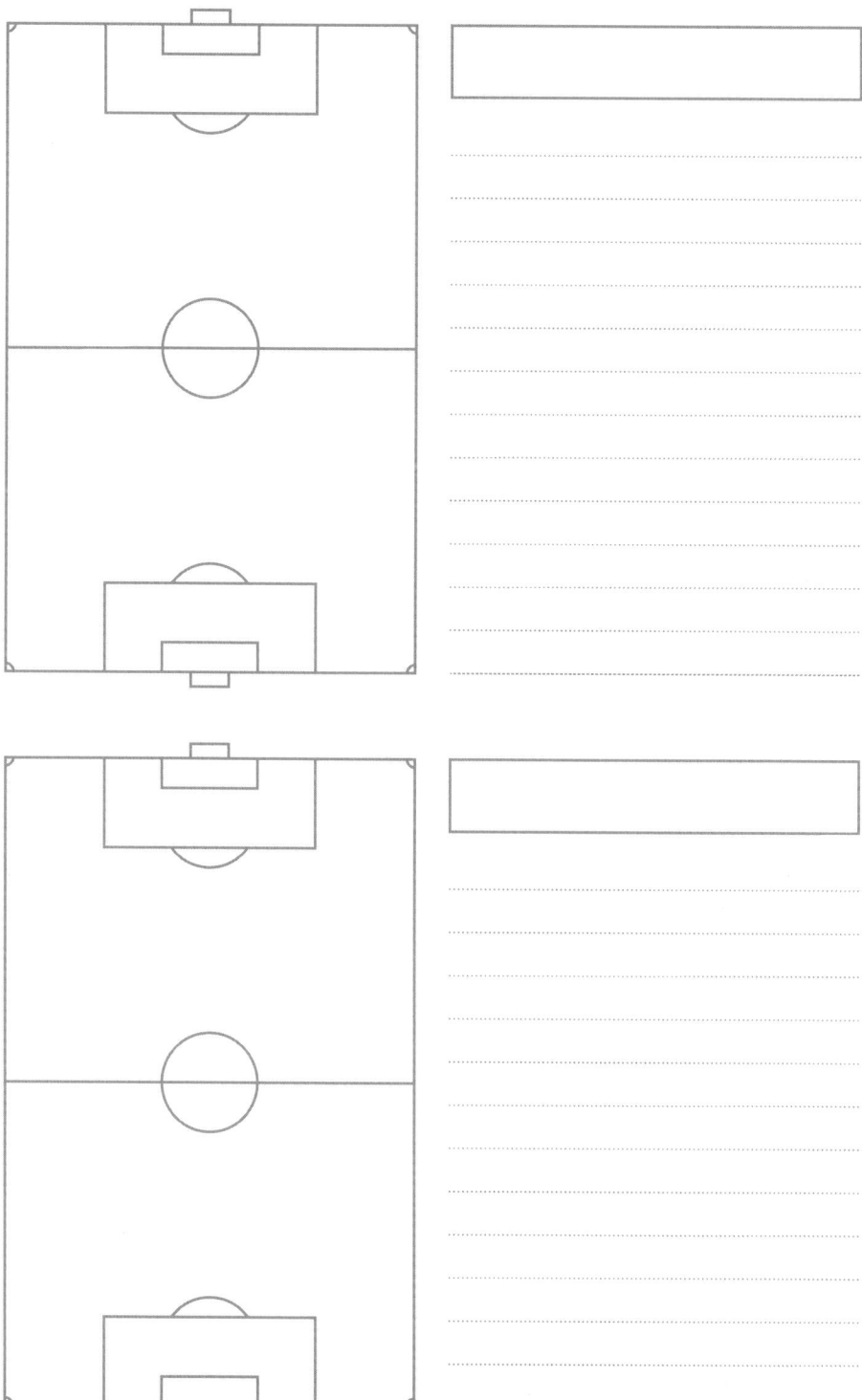

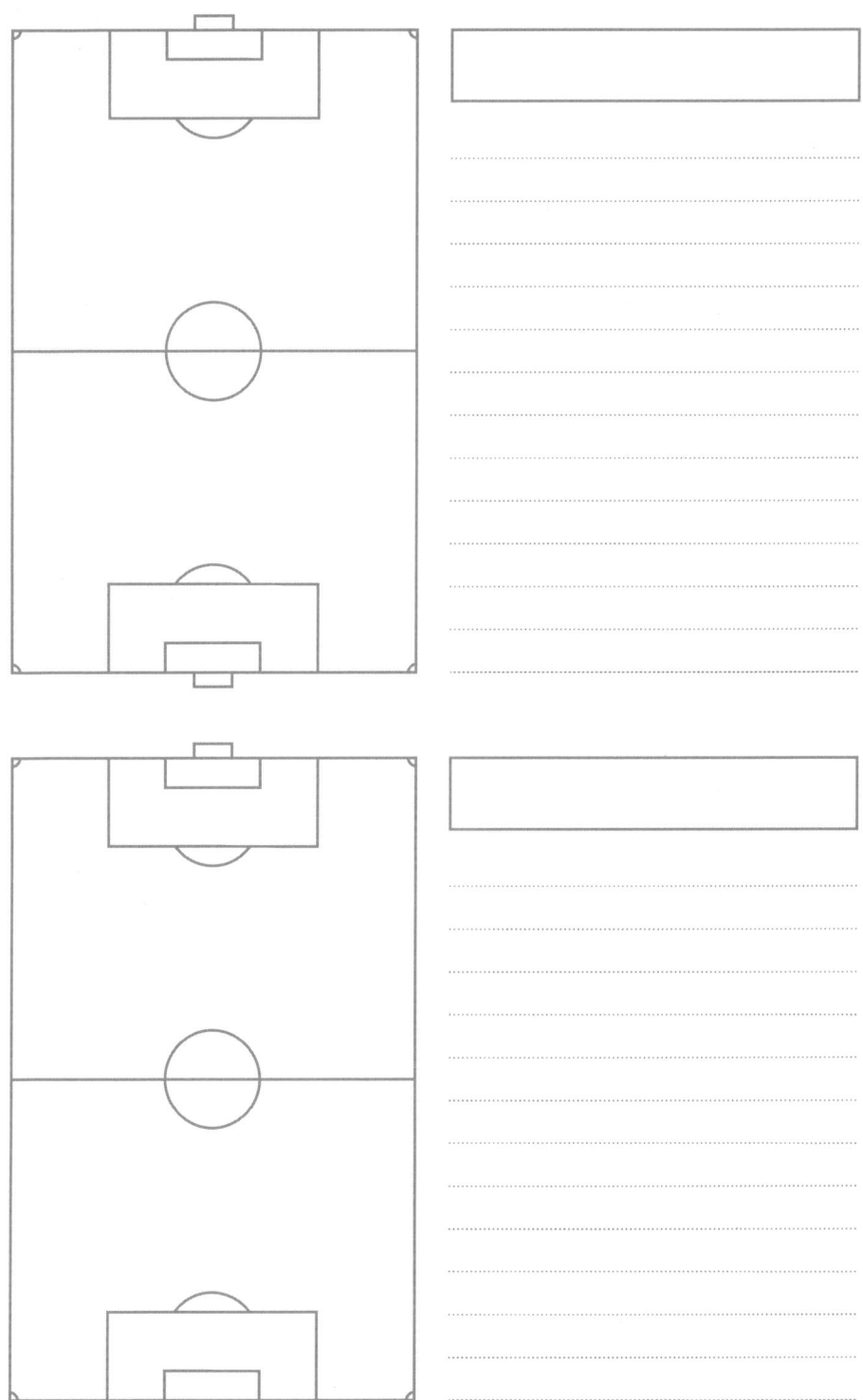

※ '득점 장면', '세트플레이' 등의 분석용으로 복사해 사용하시기 바랍니다.

분석을 통해 알게 된 문제점 제기

| 볼 포제션 오퍼넌트 (수비 시) | 볼 포제션 (공격 시) |

| 수비 → 공격의 전환 시 | 공격 → 수비의 전환 시 |

New 축구교본
네덜란드 토털 사커편

1판 7쇄 | 2024년 5월 13일
지 은 이 | 하야시 마사토
감 수 자 | 홍명보·최재호·정재곤
옮 긴 이 | 조미량
발 행 인 | 김인태
발 행 처 | 삼호미디어
등   록 | 1993년 10월 12일 제21-494호
주   소 | 서울특별시 서초구 강남대로 545-21 거림빌딩 4층
           www.samhomedia.com
전   화 | (02)544-9456
팩   스 | (02)512-3593

ISBN 978-89-7849-439-7 13690

Copyright 2011 by SAMHO MEDIA PUBLISHING CO.

출판사의 허락 없이 무단 복제와 무단 전재를 금합니다.
잘못된 책은 구입처에서 교환해 드립니다.